大場一央著

心即理——王陽明前期思想の研究

汲古書院

目次

凡　例

本書で頻繁に引用する王陽明の資料は、『王文成公全書』三十八巻、隆慶六年刊本（「四部叢刊」所収）による。

また本書の引用に際しては『全書』との略称を用いる。

なお、『全書』巻一～巻三「語録」は、『伝習録』という名称が広く人口に膾炙している関係上、こちらを表記することとする。

心即理——王陽明前期思想の研究

序章　「陽明学」研究について

一、「陽明学」という問題

王陽明（名・守仁、字・伯安、一四七二～一五二八）という人物は不思議な思想家である。「陽明学」という、東アジア有数の思想にその名を冠せられ、その「陽明学」なるものは今日なお研究者や中国文化愛好者に止まらず、幅広い人々にある種の有効性を感じさせ、彼らを惹きつける。巷間には「陽明学」と名の付いた書物が流通し、それは相も変わらず出版され続けている。だが、「陽明学」とは何か、という問いには、いまだ端的な規定が存在しない。また、後述するように「心即理」など一言も言っていない思想家も陽明学者として認識されることがある。

そのような曖昧模糊とした学問でありながら、一方で「心即理」「知行合一」「致良知」といった言葉が一人歩きし、我が国で言えば中江藤樹（一六〇八～一六四八）、熊沢蕃山（一六一九～一六九一）、大塩中齋（一七九三～一八三七）、吉田松陰（一八三〇～一八五九）のような所謂「陽明学者」、河井蒼龍窟（一八二七～一八六八）や西郷南洲（一八二七～一八七七）のような「陽明学の影響があった」とされる経世家、果ては安岡瓠堂（一八九八～一九八三）のような「歴代総理の指南役」と呼ばれる「昭和の陽明学者」まで、「陽明学」というものは、何を基準とするか不明なままに彼らを載せて歴史の一脈を形成し、時に彼らを出現させ、また運び去っていくかの如く認知されている。そしてこの水脈は、王陽明という人物に淵源するものの如く考えられているのである。

だが、このような認識は、例えば朱子学者を『四書章句集註』に基づいて四書を読み解く人」と、かなり粗い規程で分類するのと同じように、陽明学者を『伝習録』に基づいて生きようとする人」と、これまた非常に粗雑な規程で把握しようとした場合ですら、前記の人々は、中江藤樹であっても陽明学者とは言い難くなってくるのであり、(1)本来は学派の輪郭を大まかに縁取って分かり易くする為の規程が、却って誰も彼も陽明学者と言って良いものか怪しくなってくる強烈な遠心力を働かせ、彼らを次々にふるい落とし、「陽明学」なるものの理解を更に遠くへと押しやってしまう程に脆いものと言わざるを得ない。

そのような事態は何も我が国に限ったことではなく、既に陽明に親炙した高弟達の段階で、陽明思想の理解は相当程度の懸隔が生じており、所謂「王学三派」（王龍渓は六派にまで分類する）に分裂した。そのような中、「天泉橋問答」（『伝習録』下巻、第百十五条）に代表される、陽明思想の枢機に関する、銭徳洪（一四九一～一五七四）と王龍渓（一四九八～一五八三）との対立を裁定する絶好機を迎えながら、陽明は「調停両可」して、これを止めようとしない。遂に陽明に好意的な黄宗羲（一六一〇～一六九五）にさえ

陽明先生の学は、泰州、龍渓（現成派）が出て天下に風行し、また泰州・龍渓によってその伝を失った。泰州、龍渓はその師の説に間々不満を覚え、ますます仏教の秘を啓いて、これを師の説にすりかえた。彼らが禅を奉じることを正当化するために陽明を御輿にしたのである。しかし龍渓の後、力量が龍渓よりすぎたものがなく、また（鄒東廓、銭徳洪、欧陽南野、聶双江、羅念菴、黄洛村、王塘南、胡廬山ら）江右学派（修証派・帰寂派）が龍渓後学を救正することができたので、決定的に決裂してしまうまでにはいたらなかった。泰州の後、多くの者

はよく素手で竜蛇を搏つような奔放ぶりを示した。それが伝わって顔山農、何心隠一派となると、ついに復び名教で繋ぎ止めることができなくなった。(2)

（『明儒学案』巻三十二、「泰州学案」）

と批判される程に混乱した。

黄宗羲の現成派批判に党派的色彩が認められるとしても、「師の説に間々不満を覚え、ますます仏教の秘を啓き」「名教で繋ぎ止められない」などという一派が存在し、そう言って激烈に批判している黄宗羲ですらそれを「陽明学」の一派として認知している時点で、「陽明学」という括りは実につかみ所のないものとなってくる。

無論、我が国と中国との「陽明学」を巡る理解の複雑さは同質のものではなく、中国では少なくとも致良知を「陽明学」の枢機と認知し、「陽明学者」としての正当性を戦わすべき場として見出してはいる。しかしながら、議論の前提となる良知理解について既に懸隔が甚だしいので、その良知を致すという工夫論について議論しても、少しも距離が縮まらないのである。良知が単に先天的に人に備わった善なる心という程度の理解であれば、それは「性」と何ら変わりはなく、ただの言葉の言い換えに過ぎない。有り体に言ってしまえば、善を人倫日用の倫理とし、倫理の知覚を「良知」として、知覚された倫理を生活上で実行することを「致良知」とする銭徳洪と、日用に執着しないがそれでいて日用を離れない、といくら言った所で、実際の説明効果として人倫日用の上、無善無悪に良知を設定して本体即工夫を説く王龍渓とでは、既に善悪の認識から心の認識、それらへの対応の仕方まで、どれもこれも食い違っているのであって、それが偶々かそれとも満を持してかは不明だが、心と善とに関する双方の認識を披瀝し合い、陽明に裁定を求めたものの、結局双方共に決定的な認可を与えられなかったというのが「天泉橋問答」である。(3)

銭徳洪や王龍渓の思想をここで論うつもりはない。しかし、「天泉橋問答」に関する限り、確かに心と善とに関する問答が交わされ、銭徳洪は『伝習録』下巻百十五条で「共に反省した」（徳洪汝中倶有省）と記し、王龍渓は『王畿集』巻一「天泉証道記」で「これ以後、天泉橋で交わされた議論が天下に伝えられ、学派は一つにまとまった」（自此海内相伝天泉証悟之論、道脈始帰於一云）と記しながら、実際には双方の記述は食い違い、先師は双方を認めつつも暗に自分の説を主としたのだと互いにほのめかし合う始末で、全く折り合う気配がない。(4)しかもこの両者はそれぞれ後世「修証派」「現成派」と呼ばれる王学三派の内二派の領袖なのであるから、この決裂は「陽明学派」にとって極めて深刻なものである。思想の枢機理解が共有されていない集団を果たして「陽明学派」と呼べるのか、「陽明学」などという学問が厳密に言って本当に存在するのか、という疑問すらあってしかるべき状態と言わねばならない。

これを混乱と見るか豊穣と見るかは人それぞれではあるが、問題は、このような学問を「陽明学」と括って済まし、宛も系統立った学派展開を遂げているものとして話を進める態度である。

「陽明学」の魅力を担保しているのが良知という心であるからには、また、「象山文集序」（『全書』巻七「文録」四）にて、「聖人の学は心学なり」（聖人之学、心学也）と宣言したのが他ならぬ王陽明その人であるからには、後学の間でかくも分裂しているこの心に対する理解を、創始者王陽明その人に問い直す必要があるだろう。そして、「陽明学」という余りに漠とした学問に取り組む前に、大なり小なりその母胎となった王陽明という人の思想に、銘々異なる見解を述べる高弟達の証言をとりあえず除けて、問いかけることは、何より重要なことなのではないだろうか。そうでなくては、「これ以後、天泉橋で交わされた議論が天下に伝えられ、学派は一つにまとまった」というような印象操作でもしない限り、「陽明学」のみならず、王陽明はいつまでも分かったようで分からない不思議な思想家ということになる。

二、「陽明学」研究の問題

学術研究で王陽明の思想はどのように扱われてきたのであろうか。王陽明あるいは「陽明学」に関する明治以降の研究書や研究論文の数は非常に多く、枚挙に暇がない。

明治、大正から昭和戦前期にかけての研究は概して「教学」的であって、そこには、西欧東漸の危機感、または西欧崇拝という当時の文化状況からの要請に基づき、西洋哲学と儒教との概念上の引き当てを試みて彼の思惟を明晰に理解する、あるいは我にも彼の普遍的思惟がかねて存在することを自己確認するという作業があり、また、一方では我が国民道徳を宣揚し、西欧文明に対峙すべく儒教の今日的な有効性を示そうという対抗作業があったことは、先行研究で広く知られたことである。(5) 王陽明は「陽明学」と共にその一翼を担わされ、特に「教学」としての有効性を期待されていた。

ここで共有されている問題意識は、「心即理」や「知行合一」、「致良知」などに対する分析の深化よりも、寧ろそれらを如何に西洋哲学の概念に引き当てるか、または我が国の道徳を如何に国民に知らしめ、教化していくかということである。

戦後に入って興ってきたのは、王陽明や「陽明学」を一度中国に返し、儒教思想史、中国思想史などの流れの中で捉え直そうという動きである。宋明理学史の画期である朱子と王陽明との思想内容の分析、対比を試みる研究をはじめとして、「近代」的価値を前提として、前近代の思想中に「近代」を創出する精神の存在を認めようとする研究、

「理」の思想史や「気」の思想史、あるいは明代思想史、三教交流史など、色々な流れが設定され、王陽明はその中の特徴的な一人として研究されてきた。近年では思想の普遍性という視点を大幅に後退させ、地域性と思想との関係に注目する、中国史や中国文化に密着した研究もあり、またテキスト成立過程の全面的再検討を行って、思想分析以前の条件整備に取り組む研究や、テキストの流通範囲を調査して、思想受容の内実を探ろうとする研究もあって、その内容は実に多様化した。そして、陽明後学の思想展開を概観して「陽明学」の流れを見出そうとする動きも、戦後になってはじめて本格化したと言って良い。

戦後初期の研究成果が、戦前から活躍していた、または戦前の研究環境によって育まれた研究者によってなされたことを考えれば、戦前と戦後との安易な断絶を言うことは不可能である。したがって、戦前、戦後の研究動向が如上のように截然と分かれる訳ではない。

では何故このような大まかな区分をしたかというと、ここで確認しておきたいのは詳細な研究史ではなくて、第一節で確認した王陽明と「陽明学」とのつかみどころのなさに対するアプローチ方法の傾向であって、王陽明単独で扱う傾向と、思想史の流れの中で扱う傾向とが、大枠右のような区分で存在しているように思えたからである。

では、単純に王陽明を単独で扱っているから王陽明に対して精緻な研究となっているかというと、それは前述の通り、それが「教学」的色彩を帯びていて、分析の深化とは違う方向へ向かっている場合そうは言えない。

対して、思想史の流れに王陽明を載せ、テーマ・項目ごとに概念分析をして他の思想家と比較し、その特徴をあぶり出していくという方法は、資料分析の客観性や公平性に担保されて、王陽明の思想を解明していくに有効である。しかし、この場合王陽明は通過点に過ぎず、陽明とは別の対象――例えば「理」や「気」、「近代」など――に向けられている限り、比較項目の分析が終了すれば陽明の役割はそこで終了する運命にある。それは「陽明学」研究でも同様で、陽明後学との距離を測定したい場合、陽明は比較対象に止まり、陽明自身が何を考えていたかは、後学との距離によって大きく左右される。またテーマに沿って採り上げられ比較される概念には、テーマという光の照射角度があらかじめ決定されているものであり、それに当てられて表れる相貌、陰翳は、結局はテーマから見たそれであって、陽明の素顔と常に一致するという保証はどこにもない。このことに警戒しない限り、テーマの設定が陽明の思想分析に無意識に反映されているという事態は充分にありうるのであって、明代思想史や三教交流史、日本陽明学史についても同様のことが言える。

ここにおいて、思想が語られる場合に必ず付随する、テーマ選択の主観性が全く存在しないと証明することは、恐らく誰にもできない。「教学」であれ、何らかのテーマであれ、人が人の思想に対して行う研究という作業につきまとう、主観性という根源的な要素によって、陽明は右にも左にも揺れ続けるのである。ここには、第一節で確認した「陽明学」自身の分裂とは異なる、外から差し込まれる視線の交錯が存在する。

三、言葉と概念

では、我々は更に客観性を追い求め、客観性に基づいた有無を言わさぬ決定力を以て、王陽明の思想を分析し尽くすことを目指すべきなのだろうか。その場合、客観性とは何を言うのであろうか。

概念という、我々が思想を論じる際に当たり前のように用いるこの言葉には、語られた個別事象を離れて単独で意味を持ち、それを見る人々に共有可能な抽象的意味を確定し供給するという、これまた当たり前の機能が認められている。それは単独の内容を持つと同時に、他の概念と結びついたり、あるいは他の概念を生みだしたりしながら、網の目を形成して説明範囲を拡大させ、世界を覆っていくと、そう言った所でとりたてて新奇なことではないだろう。そして、ある思想について発せられた途端、発した当人と切り離された言葉は、その人の主観をも徐々に捨象して、共有する人々の拡大と共に、純然たる概念と化していく。

日常使用される言葉とそうではない概念とに違いがあるとするならば、前者は日常で語られることによって主観性、個別性を強め、多彩に派生しながらも継ぎ目のはっきりしないままに様々な意味を抱え込み、それらを語る当人に根を下ろして彼の主人に色調を与えつつ、みずからもまた豊かになっていくものである。この場合言葉に期待されるのは、それを使用する人独特の味わいを醸成してやることである。これに対し概念は、共有される過程で多くの人の検討を経過することで、日常で語られる主観性、個別性を捨象し、よりしぼられ、より明晰で、より簡潔であることによって、共有できる人々の範囲を更に拡大し、他の概念と規則正しく結びつき、世界を覆うことで、考察や説明を行う全体を構成できる。

おおよそ思想研究における客観性とは、まず第一に概念のこうした性格に担保されている。説明範囲の拡大、共有する人々の拡大とは、その概念を用いた考察や説明が指示範囲、共有範囲の双方において普遍的になっていくということであり、普遍的な考察や説明を追求する思想という行為に、個別性が強く意味が明確ではない主観性が混入されることは許されない。したがって研究者は、こうした概念の性格を前提として、研究対象である思想家が使用する概念の用例を取り集め、これを結んだりほどいたりしながら、彼の概念操作の跡を手繰っていき、彼の思想を探っていくのである。

「理」や「気」、「性」や「心」が思想を議論する際の主眼となり、思想史を論じる際の中心軸たりうるためには、これらが抽象的に比較可能な概念として、可能な限り主観性、個別性を排しつつ共有されうると、研究者ばかりでなくそれを使用した思想家もまた、そのように理解していたのだいう了解がなければならない。ここには、概念なる今日の哲学用語が保有する抽象性への信頼を、それを用いて議論していない思想空間にも見出そうとする暗黙の意図が存する。このような了解の下、思想家の性格は、彼がある概念に認めた明確な意味と、彼が行った概念操作の仕方との二点に絞って研究され、我々はある思想家と他の思想家とがそれぞれ行った、概念の意味付けと概念操作との比較などから思想の特徴を測定することが可能である。

もう一方で、概念を用いながら思想家が綴った文章、あるいは語録には、概念と概念とを結びつけるより日常的な言葉が存在し、その使用方法は概念程に確定的ではない。そこで研究者は、この言葉の使用傾向や頻度、語彙の幅、それが使用されてきた歴史、当時の文法などを丹念に蒐集し、ここに法則を見出して、これらの可能性を狭めていく。かくて思想における言葉は、常に不動なものとして取り扱われ、思想を語る言葉全体が明確に整理でき、それこそが客観性であるという意見は、研究者の信念となるのである。

だが、それは必ずしも常に決定的な方法ではない。

何故なら、この方法が決定的であるのは、対象である思想家もまた、そのような信念の下に概念や言葉を用いている場合に限定されるからである。もしも、このような信念とは逆に、思想の説明を日常の個別性に密着させるべく、概念に複数の意味を込める思想家が存在したら、しかもそれは更に多様に派生するように使用されているとしたら、言葉の抽象性に対する信念を持つ研究者は、その思想家が内容に乏しい、あるい主観性、個別性の強い、思想家ならぬ思想家と断定するか、あるいは何とかして概念使用の跡を見出そうと努めることであろう。しかし、それは研究者の信念の吐露に過ぎず、対象である思想家がこのように表現せねば意味がないと信じた、言葉とは全く別のものに客観性、普遍性を認める信念、そしてその信念によって産み出された議論の形式は、研究者の信じる客観性には該当しないために、普遍的な説明として認められないのである。

言葉や概念の法則性に鋭敏で、なおかつその操作に対する規則を見出し、それを遵守し共有することに思想の客観性、普遍性を期待するという文化があるとして、それならば確かに如上の研究者の信念は有効である。

その場合、世界の実在、人の当為は、言葉に委ねられる。言葉から概念が生まれ、抽象世界が安定的に構築されるのは、この信念が共有されていればこそである。

これに懐疑的な研究者は、一方で印象や主観にのみ真実を実感し、抽象性の否定を客観性、普遍性の否定にまで延伸して、あるいは自己の内に閉じこもり、少数の人々との、印象や主観のか細い共有に安息するかもしれない。これはしかし、前の信念に対抗する、裏返しの信念に過ぎない。

四、形式

これから検討される王陽明は、このいずれにも属さない。陽明の目的は、宋明理学共通の目標、「修己治人」の実現であって、自己と他者との緊張関係こそが真実追求の場となる。ここでは、概念に構築された抽象世界を展開したところで、日常生活において決断し、行為し、それが社会的効果を創出して、社会的価値が認められないようでは意味を認められない。それは、概念の抽象性ではなくて、簡単に言ってしまえば「誰が見ても良いこと」、つまり、日常生活中の個別事象への対応に生み出され、己と他者とが共に認める、個別の価値、効果にこそ、客観的、普遍的な真実がそのまま認められることを意味する。

このような思想空間では、親に対するある具体的な働きかけが孝として認められるか、という議論はされても、孝とは何か、という議論はなされない(6)。ここで重要なのは、かかる議論が向ける視線は、常に日常生活上で親に対して行われる、具体的な働きかけそれ自体の価値、効果であり、孝という言葉に込められた抽象的意味ではない、ということである。この場合孝は、個別の価値、効果と密着し、そこから昇華することはない。親に対する具体的な働きかけの価値、効果を検討することなどは、概念の抽象性への信念からすれば、孝という概念――そのようなものが仮に設定されているとして――の抽象的意味へ向かう過程の、捨象の段階に過ぎず、ここにそのまま真実を認めるなどということはありえないことである。

陽明は龍場で講学を開始した際に教条を掲げ、その劈頭で

昔の人にこういう言葉がある。

もしも善をなせば父母が怒り、兄弟は怨み、宗族郷党は賤しみ憎むので善をなさないというならそれで宜しい。

だが善をなせば父母が愛し、兄弟は悦び、宗族郷党は敬い信ずるものである。どうして苦しんでも善をなし、君子とならないのだろうか。

もしも悪をなせば父母が愛し、兄弟は悦び、宗族郷党は敬い信ずるので悪をなすというならそれで宜しい。だが悪をなせば父母が怒り、兄弟は怨み、宗族郷党は賤しみ憎むものである。どうして苦しんでも必ず悪をなし、小人となるのか。

これを思えば、諸君が志を立てる所が分かるだろう(7)。


（『全書』巻二十六「続編」一「教条示龍場諸生」）

と言う。ここには概念の抽象性に対する信念から見た場合、何の面白味もない言葉が連ねられてあるだけである。それは善という言葉に対する抽象的な意味付けが存在しないからであり、このような概念ならざる言葉に陽明の思想があるとも思えない。しかし、現に陽明はそこに「誰が見ても良い」という客観性、普遍性を見ていたのであって、このことは客観性、普遍性と概念とが、截然と分けられることを意味する。したがって、陽明の思想を検討する場合、彼の使用した言葉に概念を探すことよりも、こうした陽明自身の信念に注意することの方が遙かに重要なのである。

自己と他者との緊張関係における、個別の価値や効果に真実を見るという態度には、個別事象に対して主観を以て決断し働きかける自己と、彼に対する承認によってその客観性と普遍性とを認める他者とがあり、両者相俟ってはじめて価値・効果を認定されるという信念が存在する。そこでは、自己が親に対して抱く愛情より発せられ、温凊定省を行うという主観性と、それに対し親が与える満足という客観性、それを他の大勢が良いこととして認めるという普遍性が存在し、その全体が打ち揃ってはじめて価値、効果が認められる。これら三者の協働によってしか、価値、効果は創出されないのであるから、かかる信念には、抽象性によって分断され、相容れぬものとされた「主観性・個別性」対「客観性・普遍性」という対立構図は、そもそも存在していないことになる。

ここに、概念、主観、客観、個別、普遍という言葉から、陽明思想は解放される。

しかし、陽明は決して、言葉そのものを捨て、真実を見るための役割を何ら期待していなかった訳ではない。そのことはまず、陽明が講学し、経書解釈に関して議論し、あるいは門人との議論に勤しんだ事実からも知れることだが、それと同時に、個別事象に対するさまざまな対応について検討する際、それらの要素を「理」や「心」、「天理」や「人欲」という言葉に回収していこうとする努力が存在していることから、陽明における言葉の役割を低く見積もることはできないのである。先程の孝にしても、孝という言葉を使用することで、具体的な働きかけに存在する、孝に該当する要素を回収していこうとしているのである。

真実が個別的な価値、効果にのみ認められるにも拘わらず、わざわざ言葉でその要素を回収することに、一体何の意味があるのか。「誰が見ても良いこと」がその場の人に認められれば、それはそれでもう十分であって、「誰が見ても良いこととは何か」を検討していく必要はないはずである。一般的に、言葉に回収する作業に意義が認められるとすれば、それは個別の価値、効果を捨象していって、全事象を貫いてその上に抽象的に存在する、概念的意味を把握する作業としてであり、それ故に、研究者も思想家がこのような作業を行っていたものとし、彼の言葉を概念として、その言葉に込められた抽象的意味を検討し、その概念間の結合によって広がる抽象世界を探っていくのである。しかし、そのような作業を陽明が否定して、個別の価値・効果にそのまま真実を認めていることは先程述べた通りである。

したがって、こうした言葉による回収は、概念による抽象的意味付けによって真実を把握しようとする哲学的作業と異なり、別の目的を持った作業であるであると考えられなければならない。

四、形式

『伝習録』序文では、陽明の最も愛した弟子徐曰仁が、陽明の言葉として、次のように記している。

聖賢が人を教えるのは医者が薬を用いるのと同じだ。みな病に応じて処方し、虚実、温涼、陰陽、内外を斟酌して、時に応じて加減するのである。要するに病を去れば良いのであって、はじめから定説などというものはない。もしも一方に拘り執着すれば、まず人を殺してしまうに相違あるまい。今、私は諸君とそれぞれ偏り蔽われている点について、戒め、磨いているに過ぎないが、それを改め変化することができれば、私の言葉などは無用の長物となる。もしも言葉を守って訓戒とすれば、他日己を誤り、人を誤らせるであろう。私の罪過は贖うことができない(8)。

（『全書』巻一「語録」「伝習録序」）

言葉は、日常生活中でそれぞれの人が個別に「偏り蔽われている点について、戒め、磨」き、「それを改め変化する」ために用いられるものである。したがって徐曰仁は、孔子にとって言葉は「子貢に対し「言うことなき」というのも少ないとはしない。顔子に対して「終日言う」というのも多いとはしない。それぞれに必要なだけ語っているのみである」という風に使用されると指摘する。そして、

吾がともがらがかりそめにも先生の言葉を、ただ耳に入れ、口に出すだけで、身に体さないということになれば、先生の言葉を記録した私は、先生に対する罪人となってしまうのである。

と続ける。曰仁にとって議論は、最終的に「身に体」することを目的とする。教によって病を去り、身を変化させることを目的とする陽明もまた、同様に考えていたと言ってよい。要はどちらも体認を説いているのである。個別の価値、効果を言葉に回収せねばならないのは、それを言葉の次元で捨象し、概念へと集約していくためではなく、言葉による回収を経過して、場面場面の価値、効果を整理して、自己の内に集約していくためである。これは、個別の価値、効果から遡って、それらを生み出した自己の心を見極め、それを更に磨いていく作業に他ならない。したがって、孝と言い、理と言い、心と言い、天理と言い、人欲と言うのも、それらは個別事象への対応に認められた自己の言行の善し悪しをそのような言葉で指示し、更にみずからを鍛え上げる、すなわち工夫する方向付けをするための言葉として使用されているのである。つまり、これらの言葉は概念ではなく、善し悪しを整理するために使用される工夫論

上の言葉であって、単独で抽象的意味を持ち、具体的個人を離れた認識論や宇宙論を形成する言葉ではない。

したがって、そうした言葉で善し悪しを整理し、更に自分を磨いていくための方法、すなわち工夫論の展開形式までは言葉で迫れるが、それを通して彼らが実感した真実は、その形式にそってみずから生きてみなくては、絶対に見えてこないものであり、概念をいくら探してみても、そこには何も見えてこないのである。

ここにおいて、言葉に集約していく形式と自己に集約していく形式との相違を自覚しないことを、陽明と曰仁とが共に「罪」と言った理由が、了解されるのである。

集約の方向が自己に向けられる目的は、言葉によって自己の要素を指示し、価値、効果の母胎である心を見極め、鍛え上げることにある。そこには、自己の全人格的ありよう、砕いて言えば「人物」に対する希求が存在する。すなわち、そのような価値、効果を体現し、新たに創出し続ける、聖人の実現こそ、彼が言葉を利用することの目的なのである。

つまり、陽明における言葉とは、個別の価値、効果を自己の内に集約し、聖人の実現に取りかかるための道具である。聖人の実現と言っても、『伝習録』上巻第百条で説かれているように、博大の知識を獲得し、絶大な才能を誇ることではなく、同質の心を実現することであって[9]、体認とは心への集約と精錬とに他ならない。一方で、価値、効果は個別事象上でしか創出しえないものだから、心に集約したと言っても、その真価を測る場は、日常生活上の言行に止まり続けるのである。

ここに、日常生活上の社会関係（外）を真実追求の場としつつ、全てを心（内）に集約していく「心学」が成立する根拠があり、そこには工夫論の形式が存在して、この両者を繋ぐのである。

五、対話

言葉の中には彼が認めた真実を認めることはできないと、研究対象みずから釘を刺している状態で、概念上の検討――その存在は、概念の抽象性に対する信念がない時点ですでに分かりきっていることである――を通じ、その概念間の結合中に出現する抽象世界に、陽明が見た真実を探ることは難しいと言わざるを得ない。

真実は心にあると言われても、既に亡い人の心を直に探ることなどできないのだから、それも不可能である。では、どうすれば良いのか。

まずはじめに考えられるのは、王陽明や徐曰仁の信念を信じ、みずからもまた陽明の徒として体認していくという方法である。これは、岡田武彦氏が『王陽明と明末の儒学』で述べられた、「著者が思想家と同じ心になって、共に疑い共に悩みつつ、思想上の課題を解決していこうとした過程をそのまま筆にのぼせ」「これをもし内面的研究というならば、著者はこのような手法によって、史的立場に従いながら、同時にそれを超えていくものができる何ものかが得られると信ずる」という方法[10]に他ならない。

また岡田氏は講演で、日本の民族性は陽明学の摂取に適合している、とされたが[11]、こうした発言には、みずからの内に陽明を実感し、それを実感できた自己の内に、そもそも陽明と同質のものを具有していたのだという発見、確信が存在する。そして、日本人が陽明学を好むのは、「民族性に根ざす日本の哲学思想が陽明学に通ずるところがあるから[12]」という発言によって、陽明学が自己のみならず、我が国道義の精粋に等しいという確信までをも持っておられることが分かる。

これはこれまで検討してきた陽明の信念を引き継いだ、最も正当なる方法であると思うし、また、岡田氏には研究上の多大な示唆を受けていることをここに断っておかねばならない。

それを踏まえた上で、私はもう一つの仕方を試みてみたい。それは方法と言う程のことではなくて、陽明が交わした対話全体の中に、工夫論に表れた形式と、陽明の摑んだ真実との双方を、一体のものとして探る仕方である。

陽明が体認の経路に言葉を用いたのははっきりしているのだから、その言葉によって語られた対話には、彼の工夫論の形式が存在しているはずであり、その中には、陽明が工夫を行う中で得られた実感を色濃く反映した、形式の中核をなす言葉が存在しているはずである。しかし、対話から形式だけを切り取った所で、陽明が実感した内容はそこに浮かび上がってはこない。くどいようだが、陽明が言葉に込めたのは実感であって抽象的意味ではないのである。

天理や人欲、心や理という言葉にそれぞれ明確な意味が規定され、それらを組み上げた所に抽象的意味の建造物が出現する場合、言葉を探るだけでそこに抽象的意味の世界が開けてくるかもしれない。だが、言葉の存在が自己に向けるために使用されている場合、その言葉は偏に陽明自身の実感を成立根拠としているのであって、しかも陽明はそれを捨象して概念化していないのだから、どの言葉も陽明の実感へと向かう距離を示す標識に他ならないし、こうした言葉を使用している陽明の心には、彼の実感だけが想起されているのである。こうした場合は言葉に限らず、対話全体の中に彼の実感がまるごと投影されている可能性の方が極めて高いのだから、言葉を概念とそうではない言葉とで区別し、対話から引き剥がすことをせず、丁度「教条示龍場諸生」のような何の変哲もない文章に注目するような仕方で、対話全体の中から実感を探っていかねばならないのである。その中で形式は、対話全体の中で最も論理性の高い要素として、単発的な印象に堕することを防ぎつつ、対話を一貫した文脈の下に理解していくよすがとなる。

このように、陽明の実感が対話に色濃く反映されていることを心得ておくだけで、あるいは形式の理解を超えた何ものかが見えてくるのかもしれない。私が採ろうとしているのはこうした至極単純な仕方である。

ここで興味深いのは、安田二郎氏が『中国近世思想研究』で行った考察である。

安田氏は、朱子と陽明との思想をそこで考察したが、朱子の思想では「理」と「気」とを対象とし、その概念的意味を探る一方、陽明にはこれを行わず、両者の比較を工夫論の比較によって行っている。その理由は、陽明の物理解にある。「陽明が親に事えるという現実の行為を外にして事親一般はないと考えたに反して、朱子は個々の事親一般を考えた為であると思う。換言すれば、朱子の物（事）は概念的であり、陽明のそれは行為的であった[13]」ということは、陽明に個別の事物を離れた「理」や「気」は想定されていないのであり、そうした思考からは、「理」や「気」一般、という理解もまた発生してこないのである。したがって、安田氏は概念を並べて比較する方法ではなく、「為学の概念」に注目し、朱子が「それに到達するまでの過程に即して理論を構成したに対して」陽明は「その体験そのものから出発して理論を構成した」「一は下からの理論であり、他は上からの理論である[14]」という風に比較する。

安田氏は、イデア、ロゴス、エートスと朱子の説く理とを比較した結果、「理が気から独立せる最高の原理として宇宙論的にとり上げられたのは、主として道徳的意義の故である[15]」とし、「概念の中核が事にあることは、陽明の場合と同じである[16]」とするが、一方で朱子には「物が事の係わる対象として観念されている限りに於いて[17]」、物のみに対する思考が存在していたとする。「事と係わる対象として観念される限りに於いて」という限定がつきつつも、事という個別事象と切り離された物が存在するということは、「事親一般」（「孝」の概念）に対する思考が存在する可能性を残し、そこから「理」や「気」一般に対する思考（概念の存在）が発生する余地もまた、存在するのである。この場合、概念の抽象性に対する信念に基づいた朱子研究は成立可能なのであろうが、私は朱子に対するこのような方法の是非を云々する資格はないので、ひとまず措いておく。

朱子と陽明との思想を概念によって比較した場合、朱子もまた、「体験」を語ったが、それは「理」（安田氏の言葉で言えば理想）や「気」（同じく現実）の概念の距離を測定することから遡及可能であり、個別の価値、効果を離れて「理気二元論」から朱子の目指していた「理気同一」という「理想状態」「体験の事実」の概念化が可能である。[18]これに対し、陽明の場合は存在論が不在のため、[19]こうした方法の使用が不可能である。故に安田氏は、両者の「為学の概念」を分析した上で、改めて陽明が見たであろう「体験」を、朱子と同じく「理気同一」という概念に変換してみると、陽明はこの概念をそのまま「為学の概念」とした、つまり観念的理想状態を現実の場でまず体験してから工夫せよと説いたが、現実には自分の心の「悪の存在可能性」は否定のしようがないので、「理気同一説が現実の説明に於いて破綻を来している」という結論を下さざるをえなくなっている。ここが安田氏の研究における最も興味深い点である。[20]

こうした結論を下さざるをえないのは、偏に陽明の見たものを「理気同一」と概念化したことによる。確かに「理気同一」と言う概念に即せば、悪の存在可能性は絶対にないのであり、「理気同一」である心を現実生活にもってきて「為学の概念」を構築すれば、陽明の工夫論は安田氏の言う通り、自分の心の中には悪が存在するという現実と共に破綻する。だがそれは、陽明の「経験」が陽明の中で「理気同一」という抽象的なものに回収されていた場合に限定される。そもそも「陽明が親に事えるという現実の行為を外にして事親一般はないと考えた」と言い、「〜一般」という把握が不可能だとして、陽明の「理」、「気」を概念的に措定して比較することよりも、「為学の概念」の比較を選んだのは他ならぬ安田氏自身である。「〜一般」という概念が積み上げられない中で、「理」が個別の事についている限り、「理一般」なる概念はここに存在しない。そのような状況で陽明の説く「理」を概念的に把握不能なままに、「理気同一」と言ったとしても、それが安田氏の理解する朱子の理（理想）や気（現実）と同じである保証はどこにもない。寧ろ、陽明が理を心の全面に押し出してきた信念には、理が概念上の「理気同一」ではなくて、失敗したら修正する、人として当たり前の「正しさ」に密着していると考えていた場合、善悪は「異質的なものではなく同質的なものの量的相違である、というに過ぎない」と言われるのは、人はそうして心の過不及を制御し、成長していくのが正しい生き方である、という日常の常識からして当然であり、「過ちて改めざる、これを過ちと謂う」と述べた、孔子の正統を往くものである。「理」を「体認の経路」としての言葉、「それで良い」という程度の意味として考える陽明の信念からすれば、かく解釈する方が自然であるように思われる。

かかる場合、陽明が気についてほとんど語っていないのは、言葉に真実を見ることを「罪」と言った陽明からしてみれば、現実に眼前している事を一々「気」で説明する必要などない、それより先に工夫せよ、と考えていたからかもしれないのである。つまり、安田氏の導き出した陽明の「破綻」とは、概念比較によって陽明の思想を検討すれば、必ずそう言われてしまう「破綻」なのであって、言葉の中に意味を見出すことを峻拒した陽明からすれば、言われなき「破綻」である。

ならば、対話中から「為学の概念」のみを取り出して工夫論を観念的に取り扱うのではなく、日常生活上の言行に表れた心に真実を探るという信念を語った陽明の言葉、それが「病に応じて処方し、虚実、温涼、陰陽、内外を斟酌して、時に応じて加減する」ものであって、同じ言葉を用いていたとしても、その内容は時により相手によって一律に同じではないことを心に留めつつ、寧ろそれらが個別事象に密着している性格を利用して、対話全体に反映された陽明の実感を、工夫論の形式を通して把握できはしないのだろうか。それが「体験」に過ぎず、「概念」ではないという所で済まさず、工夫論の形式に対してひとまず出した結論が陽明の他の対話と齟齬を来すことがなくなるまで辛抱強く待ち、陽明が対話を通して表白した工夫論の形式、そこに込められた実感を、自分の言葉で整理し直してみるという至極単純な仕方が、陽明が見た真実を探っていく仕方として通用する可能性も、充分にあるのではないだろうか。

だが、それにはより深い経験を要するであろうし、また本来、陽明の思想を最も簡明に示すはずであった「良知」という言葉で語られた対話は、寧ろ後学の分裂を将来したことを勘案すれば、陽明思想全体に一度にこの仕方を試みることは無謀である。したがって本書は良知以前、所謂王陽明前期思想に焦点を当てることにした。岡田氏に比べてまだ言葉に惑うきらいはなきにしもあらずだし、安田氏に比べて言葉を精緻に扱わないきらいもなきにしもあらずであって、この仕方は交錯する視線の矢をまた一本放つだけかもしれない。ただ、私自身はこの仕方が有効であるとの信念を持って、王陽明とじっくり向き合ってみたいと考えている。

以上、本書執筆の目的とその仕方に関する梗概をここに記す。

序章注釈

(1) 中江藤樹が『陽明全集』を入手したのは三十七歳の時であり、彼の最晩年である(「藤樹先生年譜」、『藤樹先生文集』第五冊(別冊)所収、岩波書店、一九四〇年、三五頁)。それ以前に『王龍渓語録』を手に入れていることから、あるいはこれを以て陽明学者と認められるかもしれない。しかし、そうだとしても彼の代表的著作『翁問答』はそれ以前の著作であるし、『全集』との出会いによって藤樹の思想に大転換が起こったという記述は見られない。最も致命的なことに、その大転換がない状態で、陽明があれだけこだわった「致知」の読みを、「知に致る」と読んでいることから、私は藤樹を専門としないので軽々には断じられないが、仮に藤樹を陽明学者とするにしても、そこには充分な検討が加えられる必要があるように思われる。我が国の所謂「陽明学者」に分類される人には、こうした何を以て陽明学者と言いうるのか曖昧なケースが多く存在する。それは日本の陽明学者を分類した嚆矢である井上哲次郎『日本陽明学派之哲学』(富山房、一九〇〇年)にも顕著に表れている。井上は、一、徳行を先にして学問を後にすること、二、理一元論の世界観、三、ただただ心を明らかにすること、

四、経験を排除した唯理論、五、実行重視、を陽明学の特徴として挙げ（三〜四頁）、こうした基準にそって様々な人士を、単に陽明を信奉していた、あるいは『伝習録』も愛読していたという程度の理由で陽明学者に分類し、その弟子筋を「陽明学者」の門人だったことがあるという理由で「陽明学者」にしているが、それがどの程度深刻なものであるか、検討の余地があると思われる。

（2）陽明先生之学、有泰州龍渓而風行天下、亦因泰州龍渓而漸失其伝。泰州龍渓時時不満其師説、益啓瞿曇之秘、而帰之師。蓋躋陽明而為禅矣。然龍渓之後、力量無過於龍渓者、又得江右為之救正、故不至十分決裂。泰州之後、其人多能赤手以搏龍蛇。伝至顔山農何心隠一派、遂復非名教之所能羈絡矣。

（3）天泉橋問答の原文を挙げると以下の通り。

丁亥年九月、先生起復征思田。将命行時、徳洪与汝中論学。汝中挙先生教言曰、無善無悪是心之体、有善有悪是意之動、知善知悪是良知、為善去悪是格物。徳洪曰、此意如何。汝中曰、此恐未是究竟話頭。若説心体是無善無悪、意亦是無善無悪的意、知亦是無善無悪的知、物是無善無悪的物矣。若説意有善悪、畢竟心体還有善悪在。徳洪曰、心体是天命之性、原是無善無悪的。但人有習心、意念上見有善悪在。格致誠正修、此正是復那性体功夫。若原無悪、功夫亦不消説矣。是夕、侍坐天泉橋各挙請正。先生曰、我今将行。正要你們来講破此意。二君之見、正好相資為用、不可各執一辺。我這裏接人原有此二種。利根之人、直従本源上悟入。人心本体原是明瑩無滞的、原是箇未発之中。利根之人一悟本体、即是功夫、人已内外一斉倶透了。其次不免有習心在本体受蔽。故且教在意念上、実落為善去悪。功夫熟後、渣滓去得尽時、本体亦明尽了。汝中之見、是我這裏接利根人的、徳洪之見、是我這裏為其次立法的。二君相取為用、則中人上下皆可引入於道。若各執一辺、眼前便有失人。便於道体各有未尽。既而曰、已後与朋友講学、切不可失了我的宗旨。無善無悪是心之体、有善有悪是意之動、知善知悪的是良知、為善去悪是格物。只依我這話頭、随人指点、自没病痛。此原是徹上徹下功夫。利根之人世亦難遇。本体功夫一悟尽透、此顔子明道所不敢承当。豈可軽易望人。人有習心、不教他在良知上実用為善去悪功夫、只去懸空想箇本体、一切事為倶不著、実不過養成一箇虚寂。此箇病痛不是小小。不可不早説破。是日徳洪汝中倶有省。

この条に限って見てみると、龍渓の説は「心体が無善無悪ならば……も無善無悪であり」という風に、心の性格に意、知、物の性格を取り込もうとし、徳洪の説は「心は天命の性だからそれはもとより無善無悪であろう。ただ、人には習心があるので……である」という風に、工夫の要請を議論の中心に据えようとして、心の性格を意、知、物から切り離そうとする。このように、両者は異なる視点で話をしているのだが、これを単に出発点の相違（荒木見悟氏の言葉を借りれば、「本来態と現実態」という構図）であるとすることも可能ではあるものの、一方で、龍渓には心を観念的に措定し、その心理解に依拠して工夫理解をも観念的に処理することで、個別の意念に振り回されることなく、観念的に措定した心の世界をとり守り、ここから一歩も離れまいとする意図がある。対して徳洪は工夫の手の付け所が日常具体的に発生する意念であることを示すために、心が無善無悪ならば意こそ我々の前に現前する心（習心）だとしているが、ここには心とは何かという観念的議論を排し、工夫に特化させようという意図がある。そうした場合、龍渓のこの議論だと、観念的に広がる心的世界を把握することが既に工夫であって、更には個別の意念に振り回されず、寧ろそれに心的世界を妨礙されないよう無化していくことが工夫である、という議論が成立する可能性がある。そして、銭徳洪の議論だと、心が無善無悪であっても、個別の意念に対してそれをしっかり正すことが工夫であって、更には既に善を知り悪を知る心は現在しているという陽明の心理解を、知覚機能のない性（性体）の領域に押し戻してしまう（復性）議論が成立する可能性がある。このように両者の対立は決定的に次元を異にしており、かつ、どちらも四句教から逸脱する危険性があるので、ここに調和点を見出すのはそう容易ではない。

これに対し、「二人の意見は助け合いながら使用するのがちょうど良く、一辺に固執してはならない」（二君之見、正好相資為用、不可各執一辺）というのが「調停両可」である。ただ、この第百十五条では、その後陽明が銭徳洪の説を再度述べ、こちらが「徹上徹下の功夫」であり、このような工夫を用いなければ虚寂に流れるとしていて、どちらかと言えば徳洪を認めたということを臭わせている。だが後述するように、龍渓の証言は全く異なる。

（4）　王龍渓「天泉証道記」（『王畿集』巻一、「陽明後学文献叢書」、二〇〇七年）も大体似たような記述ではあるが、ここで龍渓は、四句教は悟りに至らない者への便宜的方便（権法）であるとし、我が説こそ先師の本意（伝心秘蔵）であり、陽明も「今お前が言い尽くしたのは、天機が漏らされたのであって、ふたたび秘しておくこともできまい」（今既已説破、亦是天機該泄時、豈容復秘）と言ったことになっている。その上でここでも「調停両可」されるのだが、『伝習録』下巻、第百十五条にある「既而曰」以下の内容は存在しない。かわりに「汝中此意、正好保任、不宜軽以示人。概而言之、反成漏泄。徳洪却須進此一格、始為玄通。徳洪資性沈毅、汝中資性明朗、故其所得、亦各因其所近。若能互相取益、使吾教法上下皆通、始善学耳。自此海内相伝天泉証悟之論、道脈始帰於一云」という文が入る。「汝中の意は正によく我が意図を汲みとって継承するものであるが、軽々に人に示してはならぬ。いきなり言ってしまうと天機を漏らすことになってしまう。徳洪は逆にもう一歩進めば玄通となる」（汝中此意、正好保任、不宜軽以示人。概而言之、反成漏泄。徳洪却須進此一格、始為玄通）という表現には、自分の説が正統な師説の理解だが、しかし、これを言っても凡愚には理解できない（若執四無之見、不通得衆人之意、只好接上根人、中根以下之人、無従接受）から先師は保留したという、龍渓の暗黙の意思が込められているようである。そうすると、「自此海内相伝天泉証悟之論、道脈始帰於一云」というのも結局は龍渓の説にまとまったという風にも読めるが、はっきりしない。

いずれにせよ、龍渓も徳洪も全く折り合っていないことは確かであり、これら二人のどちらも記述に嘘がない場合、陽明は、どちらにもとれる発言をして、両者が自分にひきつけて解釈したと考えた方が適当であろう。

問題は、陽明がこのような説明をした理由であるが、私はここに陽明の明確な意図があったと考える。しかしこれは後期思想の問題として今後検討したい所なので、今回は深く論じない。

（5）『陽明学の研究・成立編』（現代情報社、一九七一年）第一章、「陽明学研究はどう進められてきたか」で山下龍二氏は、高瀬武次郎、山田準、三島復などを並べ「これらに共通した点は、第一に西洋哲学に対して東洋哲学を顕示しようという意識と、第二に東洋哲学は倫理学たるところにその特色があるとする考えである。そこであらゆる歴史性を捨てて、表面的にはカントやプラグマティズムやソクラテスやグリーンなどなどの哲学説と比較考究する。哲学説にしても、必ず一定の歴史性を有するという側面に関しては盲目的であった。孔孟の精神をどれだけ継承しているか、また、それが西洋哲学の概念によってどれだけ説明できるか、ということが彼らの関心事であった。つまり陽明学を実際面では国民教育に役立たせようとし、理論面では、哲学的倫理学的な解説をつけようとした、といえる。この考え方は、ひろくいえば漢学復興の理念と一致しており、孔子教や朱子学の研究の場合とほぼ同じことであった。要するに陽明学を明代期の歴史的産物として把握することなく、儒教的理想人格の一つとして教学的に研究したのであった」（九三〜九四頁）と指摘する。そしてこれに「戦前の諸研究」と題し、戦前の陽明学研究を代表させている。この傾向は確かに存在すると私も考える。そして山下氏も言うように、これは陽明学研究に限ったことではなく、「聖旨にもとづく漢学」（四頁）共通の点である。

しかし、山下氏が戦後の新しい傾向としてあげている安田二郎氏『中国近世思想研究』の「陽明学の性格」が一九四三年に書かれたことを考えれば、如上の傾向はあくまで傾向であって、戦前と戦後とが截然と分かれる訳でないことは後述する通りである。

（6）例えば『伝習録』上巻、第五条、「ある人が孝を知り、ある人が弟を知ると称するようなことも、必ずその人が孝を行い弟を行ってはじめて彼は孝を知り、弟を知ると自称できるのである。少しばかり孝弟の話を説くことを暁ったからといって、孝弟を知ると自称できると思うな」（就如称某人知孝、某人知弟、必是其人已曽行孝行弟、方可称他知孝知弟。不成只是暁得説些孝弟的話、便可称為知孝弟）という陽明の言葉が、それを端的に物語っている。なお、これを単に行為を重視する立場として見ることに私は賛同しない。これについては第二章「知」で論じる。

（7） 昔人有言。使為善而父母怒之、兄弟怨之、宗族郷党賤悪之、如此而不為善可也。為善則父母愛之、兄弟悦之、宗族郷党敬信之。何苦而不為善、為君子。使為悪而父母愛之、兄弟悦之、宗族郷党敬信之、如此而為悪可也。為悪則父母怒之、兄弟怨之、宗族郷党賤悪之。何苦而必為悪、為小人。諸生念此、亦可以知所立志矣。

（8） 以下は「伝習録序」から引用した部分の原文。（ ）内は引用していない部分。

（門人有私録陽明先生之言者。先生聞之、謂之曰、）聖賢教人、如医用薬。皆因病立方、酌其虚実、温涼、陰陽、内外、而時時加減之。要在去病。初無定説。若拘執一方、鮮不殺人矣。今某与諸君、不過各就偏蔽、箴切砥礪、但能改化、即吾言已為贅疣。若遂守為成訓、他日誤人。某之罪過、可復追贖乎。

（蓋子貢専求聖人於言語之間。故孔子以無言警之、使之実体諸心、以求自得。顔子於孔子之言、黙識心通、無不在已。故与之言終日、若決江河而之海也。）故孔子於子貢之無言不為少、於顔子之終日言不為多。各当其可而已。

吾儕於先生之言、苟徒入耳出口、不体諸身、則愛之録此、実先生之罪人矣。

（9） 「聖人の聖人たる所以は、ただその心が天理に純であって、人欲が雑わっていないことにある。精金の精である所以が、ただその無垢で銅や鉛が雑わっていないからというのと同じである。（中略）しかしながら、聖人の才力にも大小の違いがある。金の分両に軽重があるのと同じである。（中略）やはり精金である所以は、無垢にあって分両にはない。聖人たる所以は天理に純であることにあって、才力にはない」。（聖人之所以為聖、只是其心純乎天理、而無人欲之雑。猶精金之所以為精、但以其成色足、而無銅鉛之雑也。（中略）然聖人之才力、亦有大小不同。猶金之分両有軽重。（中略）蓋所以為精金者在足色、而不在分両。所以為聖者、在純乎天理、而不在才力也）。

（10） 『王陽明と明末の儒学』（明徳出版社、一九七〇年）二頁。こうした自己を投入していく陽明研究のあり方を、小島毅氏は「人格の完成」（「陽明学」二〇〇八年）という論文で論じ、それは伝統的に「みずからの生きる糧にしようとする江湖の人々による実践的欲求」であって、そこには「王陽明を「全人格的生活の努力と主張」の体現と見るとき、そこには立場や方法を超えた共通の世界が現出してくる」「魔性」が存在すると指摘される。「魔性」がその先に如何なる主張を予想する言葉か俄には判じかねるが、ともあれ、この指摘は陽明の思想が工夫を行わずにはいられないように人々を惹きつける力を現在もなお保有していることを示唆している。そしてそれは、陽明の信念によるものであることは、最前から述べた通りである。

(11) 『王陽明大伝』(『岡田武彦全集』第一巻、二〇〇二年)二四頁。
(12) 同右。五頁。
(13) 『中国近世思想研究』(弘文堂、一九四八年)一八八頁。
(14) 同右。一八三〜一八四頁。
(15) 同右。八八頁。
(16) 同右。一八八頁。
(17) 同右。一八八頁。
(18) 同右。二〇一頁。「固よりかの心と理とが一つである様な事態は、朱子にとっても単なる理想ではなかった。それは生きた体験の事実であった」。前頁では理を理想、気を現実を示す概念として捉え、「思うに道徳の世界は何れにせよ理想の世界であり、常に現実との乖離を予想する。それ故に現実がどうなっているかの説明のほかに、理想がいかにして実現可能であるかの説明が、道徳論には不可避となる。そこに気のほかに理が、しかも存在論の原理としてとり上げられねばならぬ所以がある。尤も道徳論のみの要求を充すのであれば、現実は非存在であり、理想こそ真の存在であるとするだけでも十分であったろう。すなわち理の原理を気に置き換えて理論を構成することも可能であったろう。然し現実に眼を掩うことができず、現実から出発する朱子としては」理気二元論を言い、「体験の事実そのものから出発せずして却ってそこへ到達するまでの過程に即して理論を構成した。それはかかる事態が単なる理想ではないけれども、然し実現さるべきものである限りに於て未だ現実ではないという理由に基くのでなければならぬ。そこに示されているのは、理気二元論の構成に於ると全然同じ態度である。理気二元論も亦たこれを下からの理論として特徴づけて差支えない。理気二元論の性格がかかるものであるとすれば、陽明の理気同一説が上からの理論であることは、容易に気づかれ得るだろう。そしてそのことは理気同一説が現実の説明に於て破綻を来していることによって、有力に証拠づけられる」としている。
(19) 同右。一八七頁。「陽明の物の概念の中核はあくまで事にあったのであり、外的な物などは二次的にしか考えられていなかった、換言すれば陽明としては格物の解釈が大切なのであって、外的な物に係わる存在論的思弁などは関心の中心になかったというべきではないか。前に引いた陽明の朱子格物説批判に於て、物の概念から常識的な物の意味を駆逐して、これを専ら事の意味に解せんとしている事実は、我々をかかる解釈に導かざるを得ないのである」。
(20) 同右。二〇一〜二〇五頁。

第一章　大悟

一、連なり

王陽明の思想で特徴的なのは、長い精神的苦悩を経て辿り着いた龍場大悟においてその基本型が決定し、以後没するまでの二十年間、龍場大悟を超える経験がついぞなかったことである。

先生が以前仰った。「良知の二字は、龍場から後、この意を出るものではない」と。[1]

また、「陽明先生年譜序」「刻陽明先生年譜序」（共に『全書』巻三十六「年譜付録」）では、銭徳洪、王龍渓が、先生は龍場で良知の旨を悟ったのである、と述べており、[2]良知説と龍場大悟とは、深く関係していることが分かる。ならば、龍場大悟とは、良知説の発見を指すのであろうか。

しかし、『陽明先生出身靖乱録』の様な創作物ならまだしも、良知説提唱について最も早い時期を主張する黄宗賢ですら、龍場大悟を以て良知説の発見だとは言っていないし、良知説が活発に説かれた形跡はない。では何故彼らが龍場大悟を語る時「良知」が出てくるのか。普通に考えて「良知」という用語使用による思想展開がなされていない以上、良知説の発見を指すことはあり得ない。寧ろ彼らの意識において、龍場大悟の内容が、そのまま良知説まで引き継がれていると捉えられていた、故に良知の「旨」と言ったのであろう。龍場が主であり、良知説はそれに随うものである。銭徳洪「刻文録叙説」における「学の三変、教の三変」はこの消息を指している。良知説提唱、致良知の宣揚は、「教」の最終形態であり、いわば大悟で完成した「学」の、表現上の変遷に過ぎないと銭徳洪は言う。これは前の陽明の言葉、「良知の二字は、龍場から後、この意を出るものではない」に沿うものである。したがって、龍場大悟の内容は良知説提唱前後に関わらず、三十七歳以後、五十七歳までの陽明思想全般を貫いて統括していた。陽明自身の言葉を借りるならば、「学の頭脳」「主意」と言ったものは、全てこの大悟の内容を指す。

このことを了解した上でもう一つ留意すべきことは、龍場大悟がかくも決定的な経験であったならば、陽明が説く心即理、知行合一、誠意、立誠、立志、致良知といった言葉は、全て龍場大悟と何らかの結びつきを保有しつつ派生したもののはずであり、また、これらの言葉から遡及していく先に共通して見えてくるものこそ、龍場大悟の内容となるはずであるということである。その時、致良知は他の言葉を否定し、乗り越え、龍場大悟と無関係に説かれるものではない。

こうしてみると、てんでに語られたかのように見える言葉と、決定的経験である大悟との間を繋ぐ、陽明の意識に存在する糸の存在を予想し、これを手繰るべく試みることこそ、陽明を見ていく者の手順としてまず了解されるべきもののようである。大悟から言葉への派生、言葉から大悟への遡及、そうした陽明内部の連なりを手繰る試みが必要である。

だが、陽明研究において龍場大悟は単に心即理を悟ったことに限定され(3)、良知説だけではなく、他の言葉との連続性もまた、あまり注意されておらず、大悟から各言葉への派生と、各言葉から大悟への遡及という視点からの陽明思想の追求は、余りなされてこなかったように思われる。

そしてこのことが、後年の良知説のみならず、心即理以下の各言葉の解釈に相当程度の幅を生み、且、その幅の基ともいうべき心の解釈についても、「孝のような真誠惻怛の真情[4]」から、「全ての制約から解放され、何者にも束縛されない主体としての心」までと幅広い。私見では、後者の解釈は、近代の可能性としての心の主体性、若しくは三綱五常の道を超越した普遍性なるものへの到達を予定する三教一致を主目的とする議論であり、いわば陽明を頭越しに他を見るべく陽明思想を見ようとする行為であって、このような間テクスト性の分析とも言うべきアプローチが、陽明思想の分析に決定的な有効性を持っているとは必ずしも思えない。陽明が当たり前のこと（孝のような真誠惻怛の真情の絶対性）を再び言うために新奇な議論を立てたとしても、それは彼が如何に当たり前のことを実感できない状況に置かれていたかということに他ならず、新奇な議論はそれを実感するための方法論であり、議論が新奇であるからといって、その多様な発展可能性に引きずられて、目的とするものまでもが新奇であるとするのは性急に過ぎる。大悟から言葉への連なりは、分断されてはならない。

よって本章では、先に述べた派生と遡及の連なりを追求するための基礎固めとして、陽明が龍場大悟前後に至るまでの足跡を「年譜」を元に追い、『伝習録』上巻、特に徐日仁所録の十四条などに照らしながら、この経路より見える大悟の内容を探ってみたい。

二、挫折

「年譜」によれば、陽明が始めて聖賢に志したのは十一歳の時である。しかしこの周辺を見ても、陽明が聖賢をどのように捉えていたのか定かではない。人相見の言葉に触発されて後、読書する度に静坐して思いを凝らしたり、

「登第は多分第一等のことではありますまい。読書して聖賢を学ぶだけです[5]」と言って工夫に関心を向けた発言をしている一方、十五歳の時には居庸関を出て夷狄に騎射を習ったり、伏波将軍馬援を夢に見る程に敬慕し、遂には当時畿内や陝西方面で蜂起した匪賊の鎮定を朝廷に幾度も上奏しようとして父に赫怒されたりと、対社会的な、それも軍事方面への関心が強く表れている。この時点で陽明は、工夫と事功との二つを聖賢の要素と考えていたのかもしれない。あるいは、所謂「陽明五溺」の一つに騎射が挙げられているように、事功は聖賢とは関係のない所の志かもしれない。いずれにせよ、幼年より血気盛ん、才気煥発で、「私は普段同輩を見下し、世の慣習を軽蔑する心があった。その後、やや自制してはみたが、外側を無理に押さえつけるだけであった。貴州に流謫されること三年にして百難を嘗め尽くして後、見る所があった[6]」と振り返っていることを考えると、この頃はまだ少年の意気に任せた、聖賢への漠然とした憧れを抱いていたに過ぎず、後に繋がる本格的な問題意識を持っていたとは言い難い。

しかし、十一歳の時に才気に任せて作った詩「蔽月山房」や、先程の思いを凝らす工夫を見ると、心に対して少なからぬ関心のあったことが伺える[7]。

次に十七歳の時、結婚に際し婚礼の席を抜け出して道士と養生の道について話し、朝まで坐していたという記録がある。陽明が長生の道に興味を持ち始めたのがこの頃であるが、それよりも注目したいのは、官舎に貯蔵していた紙を使い尽くす程に書道に熱中し、既に格物体験をしていたことである。その消息は次のように記されている。

「私が始めて書を学んだ時、古帖を模写して字形を得ただけであった。後、軽々しく書くのをやめた。思いを凝らし、慮りを静め、形を心に推し量った。久しくこのことを行って、はじめて書法に通じたのであった。（中略）（程明道の語を見て）古人は時に随い、事に随って、ただ心に学ぶだけであるということを知った。この心が精明であれば、綺麗な字もまたその中にあるのである」。後に学ぶ者と格物について論じる時には、よくこの経験を挙げて証拠とした。(8)

これを見ると、「物を格すということは心をただすことである。心がただしければ物も格される」という、後年に提唱される格物解釈の祖型と言っても差し支えない内容が簡潔に記されており、格物と心とが、この時点で既に密接に繋がったものとして考えられていることに目を引かれる。だが不思議なことに、現行の『全書』でこの経験が語られている箇所はほぼ存在しない。にも拘わらず「格物について論じる時には、よくこの経験を挙げ」たと書かれている。「年譜」は銭徳洪が中心となり、王門の総力を挙げて編集されたものである。また、『全書』の収録文書の取捨選択も、同じく王門直弟子達が協議し、銭徳洪が中心となって行われた。徳洪という編集責任者で共通しているはずの「年譜」と『全書』との矛盾は、何を意味するのか。

「年譜」の「よく証拠とした」という記述を正しいものとすると、この経験は教学の場では「証拠」として多用された話ではあるが、あくまでも援用としての例証に過ぎないために、他の「証拠」と共に割愛されたと考えるのが妥当かと思われる。だとすれば、この話は格物に関する『全書』記載の他の話と比べ、教としての価値が認められなかった、つまり学ぶ者が工夫を行うに当たって不十分なやり方であったということになる。それもそのはずで、陽明がもしこの経験を以て完全に自足していたのであれば、翌年の妻一斎との会見の意味はない。

翌年妻一斎と会見して陽明が感じ入ったのは、宋儒の格物に関して話した時に、「聖人は必ず学んで至ることができる」という言葉を聞いたことによる。陽明が特に格物について会話したのは、書法の経験がこの直前に存在していることからして、書法の「格物経験」が、陽明の中に際だって印象深かったからであろう。現に大悟までの陽明の学問に対する葛藤は、一貫して格物にまつわるものであり、大悟もまた「格物致知の大旨」に対する悟りであるとされている。それ故に格物経験の端緒である書法の経験は、それ自身、後に例証としての価値しか認められないものであっても、「年譜」に記載されることとなったのであろう。

先年は官舎の紙を使い果たす程に書道に熱中し、この会見の後は科挙の勉強内容を自得すべく経、子、史で出典を調べたり、冗談好きであった自分を反省して黙ったり、朱子の書を収集して読みあさったりした。この間には、字形の様な単純な物理探求から、倫理探求への移行が存在する。書法経験に欠けているものがあるとすれば、それは正しく倫理である。いくら心に字形をおしはかったところで、綺麗な字は生み出せても、倫理は創出されない。

前にその可能性を指摘した通り、陽明には工夫と事功とが並列した聖賢像に落ち着く要素があった。しかし、ここで陽明は、聖人の要件を倫理に絞り、書法で得た格物経験を倫理獲得へと向けることに情熱を燃やしたのである。

こうして見ると、婁一斎との出会いが担った役割は、格物を倫理獲得の手段として自覚させたことである。もしくは、書法の経験に取り組んでいる当初は格物を行っているという自覚がなく、婁一斎との会見で格物について聞いた時に、書法の経験こそ格物ではないかと思い、格物に強く興味を抱いた、と考えた方が正確かもしれない。

とまれ、もう一度書法の経験を振り返ってみると、これが教として成立するためには、理が倫理とならねばならない。すなわち、心を精明にすると字形ではなくて「誰それのために書かねばならぬ」という倫理的意識が心に浮かび上がってくることとなる。そうすると、理の移行に伴い、物とは字そのものから、字を書くという「事」に移行する。そして、何のために書くのか心に推し量り、書くことが倫理的行為として成立するよう格すこと、これこそ格物となって、書法の経験は教に昇格するはずである。尤も、孝養などと異なり、書くという行為が倫理的にどれだけ大きな役割を担い得るか考えれば、やはりこれ自体が教となるのは難しく、書法の経験が光るのは、偏に心を精明にすれば、より良い字形が心に浮かび上がったという、心に理（のようなもの）を見た一点に絞られる。

それはさておき、理が倫理となるからには、以上のように物理解が字形のような物そのものから事へと移行していかねば、論理的に齟齬をきたす。しかし陽明は、理を倫理としながら、物を事とはせず、相変わらず物そのものに固執して、二十一歳、二十七歳の挫折へと全力で突き進むこととなる。(9)

ある日、物には必ず表裏精麤があり、一草一木にも皆至理が含まれている、と先儒（朱子）が言っていることについて考えた。官舎の中に竹が多かったのでこれを取って格し、その理を沈思したが得られず、とうとう病になってしまった。先生は聖賢にはなれる人となれない人とがいるのだと諦めた。世俗に随って辞章の学に就いた。(10)　（二十一歳）

以前の探求は博いとはいえ、順序に循って精しくやらなかったので、得ることがなかったのは仕方がないと悔い、また順序に循ってだんだんと心にしみこませようと考えた。しかし、物の理と我が心とが結局分かれて二つになってしまった。長い間沈鬱としていると、昔の病が再び起こった。ますます聖賢にはなれる人となれない人とがいるのだと諦めた。たまたま、道士が養生について話しているのを聞き、とうとう世を捨てて山に入ろうと決意した。(11)　（二十七歳）

「物には表裏精麤があり、一草一木にも皆至理が含まれている」という朱子の言葉について解釈に苦しんだ後、「（以前の探求は）順序に循って精しくやらなかった」と言っていることからも分かるように、陽明はこの言葉を朱子の議論全体から切り離して、単独で自得しようとしたようである。陽明が読書において個々の文章の意味を全体の繋がりから体系的に読み解こうとはせず、自己の中で打ち立てた基準に照らしてその都度意味づけを行っていた例が多いことは、『全書』中の彼の引用文例の解釈から見てもすぐに分かることであるし、何より『朱子晩年定論』の編集がそれを如実に物語っている。[12] そしてこの陽明らしさが、彼を重度の鬱に陥れることとなる。文献批判よりも経書の精神に直入して自得することを重視した陽明にとって、このような行動に出たこと自体は無理なことではない。ただ、文章の内容を単独で自得しようとしたことはともかく、「竹（物）を格してその理を沈思した」という方法は、これで至理を得られないならば、ひたすら読書に励んでみるなど、次の方法を模索すべきである。なのに、病になるまで粘り続け、仮に「年譜」の年数に誤差があったとしても、失敗してから方針を変えるまでにかなりの間を空けるからには、余程この方法自体に確信があったと見なければならない。[13] その確信とはやはり、心に綺麗な字が浮かび上がってきた、かの書法の経験によるものだろう。ある文字に対して字形を心に推し量るのと、竹に対して竹の理を沈思するのとは全く同じやり方である。

書法の経験では、物の理は心に浮かび上がってくるという、格物の祖型理解が生まれ、婁一斎との会見では、格物を用いれば、倫理を習得し、聖人に至れるという希望を見出した。この時点で陽明は、書法の経験を全否定して格物に取り組んだ訳ではない。格物の祖型は既に書法の経験で出来上がっており、それに読書を取り入れることで、格物が倫理獲得の手段（窮理）として機能し、倫理の体現者たる聖人になれると思っていたのである。「一木一草にも皆至理が含まれている」という朱子の言葉に基づき、竹を取ってきて「その理を沈思する」という手続きは、宋儒の言を尊重する反面、字に対して「思いを凝らし、慮を静め」て字形を心に浮かび上がらせたみずからの方法を試みている。故に、先儒の書によって至理を含んでいると約束された一草一木に、書法の時の方法で窮理に臨めば、物そのものに含まれた至理はやがて心に浮かび上がってくると思ったこと自体は、不自然でも唐突でもない。確かに婁一斎の格物説を聞いて読書に励んでいたのが、いきなり竹を取ってくると意味不明だが、書法の経験を加味すれば、陽明自身の中では書法の経験で得られた実感に後押しされて、それを試みるに値する行為だと思っていたと考えられるのである。したがって、竹に対して沈思し、理を求めたのは、朱子の言葉を読み込んだ結果ではなく、「一木一草にも皆至理が含まれている」という言葉に、書法の経験を重ね合わせた結果と考えられよう。ここには書法の経験時の物理解がそのまま持ち込まれている。だが、竹に臨む心に倫理は一向に見えてこなかった。

次の二十七歳では、「順序に循って精しくやらなかった」と言って、一度自分のやり方を捨てたが、何を材料にしても物の理と我が心とが二つになってしまう。「心に浮かび上がらせる」やり方を捨て、「心にしみこませる」やり方に変えたものの、理を事ではなく物そのものから引き出そうとする陽明の錯覚は、やはり残ったままである。

竹に至理が含まれるという考え方と、物の理を心にしみこませるという考え方とには、共通した理解がある。それは、理が物そのものにあるという理解である。陽明がそれらから引きだそうと試みた理とは、倫理である。倫理が三綱五常である限り、それは今自分が置かれている社会関係上に存在するものであって、物が事を意味することは自明である。なのに何故陽明はその可能性に思い至らず、物そのものに固執するのか。

それは朱子が「一木一草にも皆至理が含まれている」と言ったからではなく、書法の経験で無意識に持っていた物理解があり、特定の字に対して意識を集中していると、綺麗な字が心に浮かび上がってきてやがては書法に通じたように、物そのものに倫理が含まれていて、それは自分が今置かれている社会関係を経過せずに、抽象的な仁や義や理と言った観念が、いつしか心に実感されると信じていたからではないか。ここで希求されている倫理は、個別性のない非常に抽象的な存在である。竹に止まらず、書物の字面を追ってその文脈を探り、書物の中に説かれる倫理なる観念をつかみ取ろうとする作業も、結局は自分が今置かれている社会関係を無視し、物そのものから引きだそうという点で、竹の中に倫理を探る行為と何ら変わりがない。

社会的関係の存在しない観念的な物理解と、社会関係にしか存在しない倫理との不自然な結合が、物理を通して倫理を心に実感できないという奇妙な悩みを引き起こしたのである。陽明の場合、それが極端であった。そして結局、倫理が実感できないばかりか、心に理を直に感じ取ろうとする、後の陽明からすれば正しい方法までをも放棄してしまい、絶望的な状況に陥ってしまった。しかしもともと事ではなく物そのものに理を見ようとしたのは陽明である。これは単に理が外にあるか内にあるか、朱子学が内包する問題か否か、という問題ではなく、朱子の言葉をそこだけ切り取ってみた結果、書法の経験に引きずられた陽明の物理解が突出し、朱子学の体系的理解という歯止めが効かないままに、倫理を物そのものに見ようとする、思考の大混乱が発生してしまったことを意味する。だが、それもまた、経験を軸に考察を進める陽明の性格が如実に現れたものであって、経験を軸にするからこそ、後述する孝心の実感による復活を遂げ、龍場の経験で学が成立したこと考えれば、この混乱を軽々に扱うことはできない。恐らくこの時期の陽明の試行錯誤は、これまで見てきたように相当程度実感に引きずられ、かつ朱子学に対しても体系的理解を試みているようには見えないのであるから、これを朱子学を意図的に曲解した、あるいは、普通に朱子学を学べば竹を取ってくるはずがない、などという後代の思想的常識から解釈することは難しいように思われる。

何事も思い入れが強く、極度に熱中する天才肌の陽明にしてみれば、この状況が重度の鬱状態を将来したとしても致し方のないことである。ここに婁一斎との出会いがもたらした幸と不幸とが、表裏一体のものとして現れている。

婁一斎との会見は、一方で理を儒教倫理に集約することに陽明を導いたものの、もう一方で、書法の経験における物理解を覆すような物理解を与えることはできなかった。故に陽明は、一方で格物によって倫理は獲得できるという確信をもちながら、一方で物そのものに倫理が実感できないという奇妙な混乱に苦しみつつ、とうとう深い挫折感を味わうこととなる。この問題の解決は、結局龍場大悟まで持ち越されることとなる。
方法論に対する懐疑がない以上、結果が出ない理由は学ぶ者の努力か素質に還元される他ない。故に彼は「聖人には分がある」と打ちのめされなければならなかったのである。

三、孝

その後、龍場大悟までに陽明が迷い込んだ道は、仏、老、辞章が主である[14]。これらは、挫折から復帰の合間に登場し、いずれも陽明の要求に答えることが出来ずに結局克服されている。辞章は陽明が元々詩文に秀で、李夢陽、何景明らと交友があったことから、挫折にうちひしがれ、世俗に身を投じようとした時に自ずと選択せられたのであろうが、仏老に陽明が期待したのは心の絶対的な境地獲得であった。

室を陽明洞中に築き、導引の術を行った。久しくそれを行っていると、予知能力が身についた。(中略) 更に久しく行っていると悟って言った。「これは精神を弄ぶものであり、道ではない」。　(三十一歳)

静かにすること久しく、世を離れて隠遁しようと思ったが、祖母の岑と父の龍山公への思いだけは離れず、ためらって意を決することができなかった。久しくしてにわかに悟って言った。「この念は子供の時から生じたものであって、この念を去ることができるならば、人性を断滅することになってしまう[15]」。　(同)

前者が老、後者が仏に対する見解であるが、前者は予知能力まで身につけながら、「精神を弄ぶ」とされ、後者は「人性の断滅」として拒否されている。では仏老の何が心にとって有害だとされたのか。この後三十三歳の時に著した「山東郷試録」では、「仏老の天下の害を為すこと、已に一日にあらず」という策問を出し、「天下の道は一つである。二つあるとするのは道が明らかでないからである」「夫子の道が明らかになれば、異端は攻めずとも勝手に滅びるであろう」「(仏老は)独りその己を為すに専らであって、意が天下国家にない。吾が夫子の格致誠正から修斉治平に達する学問は仏老と異なる」と説き[16]、論旨は儒教内部の堕落を追及するものでありながら、仏老との宥和を峻拒している。また、後年王門で仏老を好み、ことあるごとに三教の宥和を引き出そうとする蕭恵、王嘉秀の徒に対し、「私は幼い頃から仏老に志して自得したと言い、儒を学ぶに足らないとしたことがあった。その後夷地に三年居て、聖人の学がこのように簡易広大であることを発見し、これまでの三十年を無駄に過ごしたと悔い嘆いた。大抵仏老の学とは、その妙所は聖学とわずかな違いがある。お前が学んでいる仏老は紛い物である。そのようなものを信じ学ぶなどとは、梟が鳳凰の食べ残しである腐った鼠を盗み食いするようなものだ[17]」「(王嘉秀が、仏老は聖学の上半分である心の清澄を目的とするのは同じだから見るものがあり、聖学で卑俗に墜ちるのに比べれば純粋性があると言ったのに対し)聖人の道は大中至正であり、上下一貫、上半分(上達、心の清澄)、下半分(下学、倫理)と言う区別はない[18]」と言い、静謐を好む陸清伯には「明明徳を説いて親民を説かなければ老仏に似ている[19]」と言っている。本章は陽明の異端観が主題ではないので詳細は省くが、陽明の仏老批判は儒者の仏老批判としては目立った論理展開は存在しない。ただ、聖学と異端との分岐点が何であるかを考えれば、その開きは陽明において天地程の違いを持っていたと言って良いし、そもそも陽明が仏老を有害とした理由の重さが分かる。

その分岐点とは倫理である。この倫理は「修斉治平」、「親民」の如く、人と人との繋がりの中に存在する道である。陽明はこの人生当行の道が如何に切実にして易うべからざるものであるかを、経書に書いてあるから信じたのではない。生まれながらにして存在する親への思いをはたと実感したことで、それが日常卑近のことでありながら如何に大事なことであるか切実に実感したのである。親への思いに問題の解決を見、仏老はそれを損なうと陽明が思ったことは、裏を返せば、仏老の悟りとは偏に外物と遮断された状況下にあって倫理を感じない所に存在する、個人内部に極端に限定されるものだと捉えられていたことを示す。故に陽明にとって倫理とはまずはじめに孝であり、親への捨てきれぬ思いを我が心に実感したことは、彼に儒教回帰を促す強烈な経験となった。儒教に挫折したと思った陽明は、仏老に心の問題を解決してくれる望みをかけた。だが、心の絶対的な境地獲得は、親への思いを惑いとする仏老の論理では獲得出来なかった。個人内部に極端に限定された悟りを求めて仏老に迷い込んだことが、却って真実を追究する場が社会関係にこそ存在することを実感させたと、逆説的に捉えることも可能である。

三、孝

しかし、陽明は仏老に迷い込んだから個人内部に極端に限定された思考を展開したのではない。そもそも儒教に挫折したと思ったのは、社会関係上に倫理が認められなかったからではなくて、物そのものと己との間に何らの理も引き出せなかったからである。ここに他者はなく、ひたすら自己の中に完結する思考が存在する。同じように、仏老にも自己の中で完結した悟りを追求した。つまり、儒、仏、道という学問の表面的な差異の中を漂泊し続けたというよりも、陽明はひたすら自己内部に籠もり続け、その中に何かが得られるのではないかと考え続けていたということになる。十七歳の時、書法の経験をする一方、婚礼の席を抜け出して道士と話し、朝まで坐するという異常な行動には、もともと陽明自身が述懐する「同輩を見下し、世の慣習を軽蔑する心」があり、それが社会関係に意味を認めず、個人内部に向かっていくよう彼を導いたのである。故に、仏老に迷い込んだから個人内部に極端に限定された思考を展開したとは言い難いのであって、朱子の言葉を切り取って勝手に解釈してしまったように、仏老に迷い込んだからといって、その影響が如何ほどのものであるか、甚だ疑問である。

そうした中、親という存在が心の中を占め、それに対する思いに己の「人性」を感じ取ったということは、自己に籠もり続けていた陽明の意識が、社会関係に進み出てきたことを示す。それは単に社交的か否か、儒か仏か道かという表面的な問題ではなくて、真実をどこに実感し得るのかという思想上の立脚点が転換したことを意味する。

彼が親への思いに救いを見たことは、親へと向かう子としての已むべからざる心情にこそ、理（倫理）を感じ取ったからに他ならないし、それに衝き動かされたということは、倫理に対する渇望が存在し続けていたことを物語る。妻一斎が与えた希望は、陽明の中で燠となって燻り続け、親への思いに触れることで、孝心の実感として火の手を上げ、やがて儒教回帰の情熱となって燃え広がったと言えよう。かつて陽明を混乱に陥れた経験は、その対象を字から親へと移したことで、物理解もまた自動的に親そのものから親への思いという事へと移行し、龍場大悟に結実する陽明の復活を喚起するのである。そうした意味で、王陽明という人物の思想は、良くも悪くも経験に衝き動かされて成立していると言える。

この後間を置かずして、坐禅にふける僧侶に孝を説いて改心させたという逸話、そして前出の「山東郷試録」の策問は、この経験が陽明がとって悟りにも等しい確信を抱かせたことを物語る。

更にこのことを裏付けるように、『伝習録』上巻、徐曰仁所録部分には、工夫を説くに当たり、孝心を手掛かりに心を天理一枚に恢復させせようとする条が半分を占める。代表的な条は第三条である。

冬に親を温くしようとするのは、ただ心の孝を尽くし、少しの人欲の介在も恐れるようにしなくてはならない。

夏も同様である。（中略）これはすべて誠に孝の心が具体的に発現した細目である。この誠に孝の心があって後この細目が発現するのである。[20]

該当しない条が工夫に関する条ではなく、六経は史であるとか、唐虞三代の治、文中子評価の条であることを勘案すると、工夫に関する教えのほとんどに、孝が出されていると言って良い。このことは、陽明が孝を最も発現しやすい理と考えていたことを示すと共に、三十一歳の時の孝心の実感が如何に重要であったかをも示す。加えて、これらが工夫に関する項目、就中、格物に関する問答であることを考えると、孝心の実感がこれまでの模索の流れと無関係に起こったものではなく、少なくとも陽明の意識においては、格物の考察、つまり彼の学問観に大きな契機として映ったのである。

ここで注目すべきは、「この誠に孝の心があって後この細目が発現するのである」と説かれていることである。陽明が挫折を味わったのは、物そのものからいつまでたっても倫理が引き出せないことであった。しかし、ここでは親への思いが親に対する働きかけを引き起こし、それが純粋であれば孝養が効果的に行えると述べている。我が心から発せられた倫理的意識が孝養を引き起こし、親との関係という事において倫理を成立させていることに注目せねばならない。かつて外から内にしみこませようとしていた理は、ここでは心から浮き上がってくるものとして認識されている。書法の経験で最も重要な要素であった、「心をただせば物は格される」という思考が、物を事とすることで復活し、それはまた、倫理を追求する上で必須の思考として認知されるのである。

三、孝

だが、孝はあくまでも親との関係に限定され、社会関係における自己の心のありよう全般に適用可能なものではない。陽明が「孝を仁を行うの本と言っても良いが、仁の本と言ってはいけない」という明道の言葉を支持した所以である。[21]したがって、孝心の実感を以てしても、まだ陽明は完全に問題を解決したという確信を持つことが出来なかった。というよりも、孝心を実感した時点では、『伝習録』第三条で展開されているようなまとまった工夫にはまだ結実していなかったと言った方が正確である。その証拠として、孝心の実感から龍場大悟の間には、まだ陽明の格物説を提示していないことが挙げられる。この時点では、物が事に移行しているという自覚がなく、その自覚は龍場大悟まで待たねばならない。

ここまで見てみると、陽明の場合まず個人的に強烈な経験があり、ここで得た実感を整理していくことで、それを学問理解に反映しようとする傾向が顕著に見られる。それは自分で一から考えて模索し、一歩一歩自得してきた内容が、大悟に至って始めて相互に連関して華開いた経緯を見ていく上で見過ごせぬことである。大悟とは、格物を軸に学問によって聖人＝倫理の体現者を目指そうとした王陽明の、切実なる精神的格闘の内に堆積された内容が集大成したものなのである。

四、大悟

正徳元年、朝政を壟断する宦官劉瑾を弾劾した戴宝之、薄舜美が投獄された。これを救うべく抗疏した結果、陽明もまた獄に下され、廷杖四十を受けて仮死状態に陥った上で、遙か南のかた龍場へと、二年がかりで流謫される憂き目に遭った。陽明三十七歳のこの年、龍場における消息は、次のように記されている。

時に、劉瑾の憾みは未だ已んでいなかった。（陽明は）「性を尽くし、命に至る[22]」べく思索を重ね、得失栄辱は皆超克出来たが、生死の一念だけは変化しなかった。石槨を作り、「命を俟つのみである」と誓った。日夜端座して澄心黙考し、静一を求める内に、久しくして胸中がすっきりしてきた。しかし従者は皆病み始めたので、自分で薪を折り水を汲み、粥を作ってこれを養った。彼らが抑鬱とするのを恐れては詩を歌い、悦ばなければ故国越の音楽を奏で、冗談を交えたりしていたら、はじめて疾病（持病の結核）と夷狄の艱難とを忘れることができた。これによって、聖人がここにいたらこれ以外に何ができたであろうか、と考えた。ある夜突然、格物致知の大旨を大悟した。それは眠っている時、何者かが語りかけてきたかのようであった。思わず驚喜して躍り上がったために、従者は皆驚いた。聖人の道は吾が性に自足しているのだ、以前理を事物に求めたのは間違いであったとはじめて知った。暗記していた五経の言で証明してみたが、ことごとく吻合した。よって『五経臆説』を著した。[23]

（三十七歳）

黄宗賢の「陽明先生行状」は、生死の一念克服を静一の中に求めていると大悟した、と説くだけで、その内容は記されていない。だが、「年譜」の記述はこれに異なる。生死の一念克服に取り組んだのは同じだが、大悟に至ったのはその時ではない。すっきりした自分のすぐ横で苦しむ従者に対して心を動かし、自分の為すべきことに専念していると、疾病、夷狄の艱難を忘れることができ、「聖人がここにいたらこれ以外に何ができたであろうか」と延々考えている正にその中で大悟したと記している。ということは、静一の心に解決を見たのではなくて、今目の前に苦しむ従者に対して専一になっている心に解決を見たことになる。生死の一念は後退し、目の前の従者へ向けた意識一枚となっている。

「行状」と「年譜」との差は大きい。何故ならば、「行状」の説き方であれば、生死の一念に意識を集中させて心を静一にしていると問題が解決されたことになり、従者のような外の事物は何の関係もない。この場合大悟は、絶えず変動する外界との関係を断ち切り、静謐の内に人生の最大難関である生死の一念を超越した先に見える、心に掛かる物が何一つとしてない絶対的境地を獲得したことにもなり得る。だがこれでは陽明が口を酸っぱくして何度も説いている、「釈氏の私心無きは、結局社会を切り捨ててまで獲得しようとするものであり、私心に他ならない(24)」、という異端拒絶の主張と明らかに齟齬をきたす。加えて、先の孝心の実感や、後年「今学ぶ者を見るに、段々寂滅虚無に流れ込み、聖学から脱落して新奇な論を為している(25)」と批判していることと脈絡がつかない。格物に対する問題意識が唐突に姿を消しているのも不自然である。

寧ろ、「年譜」で説かれる構図こそ注目される。「年譜」では「疾病と夷狄の艱難」自体は考察の対象とならず、従者に向けた意識に専一になっていると、自然とそれは「忘れる」と説かれている。

すっきりした状態の心には意識の対象（事物）がないのに対し、専一になった心には倫理的意識が充溢している。同じ忘れるにしても、前者は空寂によって意図的に忘れるよう心を嗾け、後者は倫理的意識一枚になっているので自然と忘れるのである。

「行状」のとる立場は前者であり、「年譜」のとる立場は後者である。だが、社会関係を無視し、個人内部に限定された心に真実を見る前者は、かつて「人性の断滅」とされたものではないか。孝心の実感は忘れられてしまったのであろうか。前に述べた通り、そのようなことはあるまい。

これまでの経緯を見る時、かかる認識をしている陽明が「聖人の道は吾が性に自足する」と言う場合、「吾が性」とは、従者を思いやる倫理的意識を指すと考えるべきではないだろうか。この立場に立った陽明の言う性や心の本体なるものは、日常的な心に密着しているというより寧ろ日常の倫理的意識なくしては成立しないものである。

従者と己との関係を繋ぐ思いやりという意識。これは、これまで自覚することのなかった、人と人との間にのみ存在する「事」に対して発揮されたものである。事に対して切実になる。そうすると、薪を折り、水を汲み、粥を煮るという行為が、それを行わなくてはならぬと心に浮かび上がり、彼を掻き立てる。彼が掻き立てられるからこそ、それ以外の事柄は自然に「忘れる」のである。専一、あるいは切実と、言葉にすれば一言で済むが、「彼らが抑鬱とするのを恐れ」、「悦ばなければ故国越の音楽を奏で、冗談を交えたりして」という必死さが、有無を言わさずそうさせたことを物語っている。

その行為を「聖人がここにいたらこれ以外に何ができたであろうか」と反省し、欠缺がないと判断された瞬間、この行為に「聖人の道」を見る。それは、従者という物そのものではなしに、病に苦しむ従者に対する我が心より浮かび上がってきたのである。したがって、この行為を浮かび上がらせた心に「吾が性」を見る。陽明があれ程に希求した、倫理を心に自得しようという目的は、ようやくここに達成された。

孝心の実感で無自覚に行われた、物そのものから事への移行は、ここにおいてはっきりと自覚されている。「以前理を事物に求めたのは誤りであった」という言葉がそれに当たる。書法の経験にはじまり、婁一斎との会見後にねじれた、物と倫理との関係は、龍場の経験にて解消された。

先に引用した『伝習録』上巻、第三条、孝の心が誠に働けば自ずから具体的表現としての行為が現れる、とは陽明が従者を思いやり、あの手この手を尽くしたのと同じ構造である。「誠に」とは、専一になっていることである。つまり、孝心の実感によって感じ取られた専一な倫理的意識が、孝養として発現されるためには、如上の経験が結実し、集大成された龍場大悟を待たねばならなかった。龍場以後、倫理は事に感じ取られ、それに専一であればある程、為すべき行為を心に浮かび上がらせ、働きかけることができるのである。ここで我々は、字形を我が心に浮かび上がらせた書法の経験、理を倫理に絞り込んだ妻一斎との会見、物を自分と親との関係に見た孝心の実感、専一な倫理的意識が行為となって発現された龍場の経験が打って一丸となり、結実していることに気付かされる。

そして更に、この心は社会全般に向かって開かれていく。有名な『伝習録』上巻、第三十二条、「虚霊不昧、衆理具って万事出づ。心外理無く、心外事無し」は、専一なる倫理的意識が親に対する孝に止まらず、社会関係全般に対する自己の心のありようとして様々に立ち現れ、様々に働きかけることを示している。様々ではあるが、それが倫理という枠で一致する。故に「衆理」である。陽明における性とは、単に倫理的意識を感じ取るに止まらず、そうした意識が切実であればある程、速やかに行為として具現化され、外に働きかける。故に「万事出づ」である。この心が事に対して専一であれば必ず行為する。全ては心において統合的に処理される。故に「心外理無く、心外事無し」である。倫理は獲得するのではなく、発現するものとなった。龍場大悟の内容が「心即理」と言われる所以である。

五、格物

ところで、龍場大悟は「格物致知の大旨」を悟ったことであると記されている。致良知説提唱前の致知は格物に組み込まれるに止まるのだから[26]、これは格物の旨を得たと読んで差し支えない。これまでの経緯をふまえれば、格物について悩んできたのだからそれは当然と言えるが、格物とは工夫である。しかし、これまで見てきたのは、格物という工夫に取り組む中で得られた心理解である。今し方それを「心即理」と言ったにも拘わらず、心理解が同時に工夫の説明でもあるいうのは、一体どういうことか。

『伝習録』上巻、第七条には次のようにある。

格物の格字は、孟子の「大人は君心を格《ただ》す」と同様、「ただす」と読む。これは心の不正を去って、本体の正しさを全うするのである。意念がある所について、不正を去って正しさを全うすることが、ただただ求められるのである。すなわち、いつでもどこでも、二六時中天理を存するのである。これが窮理である。天理とは（『大学』でいう）明徳である。窮理とは明徳を明らかにすることである。(27)

「意念のある所」について、心の不正を去って本体の正しさを全うすることが格物である。また、これに続けて「すなわち、いつでもどこでも、二六時中天理を存するのである」と言うことから、格物と存天理とは等しいとされ、更に「（存天理とは）窮理である。天理とは、明徳である。窮理とは明徳を明らかにすることである」として、格物、存天理、明明徳が全部等しいものとして繋げられている。しかし、ここで不可解なのは、格物は不正を去って本体の正しさを全うすることであり、格物の力点は不正を去ることにある。それに対し、存天理、明明徳は本体の正しさを全うすることにある。最終的に正しさを全うするという点で同じではあっても、格物は不正を去ることが第一義的に行われるのであって、眼前しているのは不正であり、正しさが眼前している時の工夫である存天理、明明徳との間には、明確に線引きがなされなければならない。それを等しいと説くからには、そこにはある意図が隠されていると考えられる。

同第十条では

心は一つである。人欲が介在しない時は道心と言い、人偽が介在する時には人心と言う。人心が正しさを得たものは道心であり、道心が正しさを失ったものは人心である。はじめから二心あるのではない[28]。

と説かれる。つまり、心に本体の正しさと不正とが並列することはない。本体が正しければ不正は微塵もなく、不正であれば本体の正しさは微塵もない。この性質を考えると、本体の正しさと不正とは常に覆しあう関係にある。そうした中では不正を去るという行為は原理的に成立しない。何故なら、本体の正しさと不正とを同時的に対置することのできない心が、本体の正しさがない不正一枚の状況で、不正を「不正」と認識することは不可能だからである。また、不正が認められた時点で、それを不正とする心は正しさを恢復しているのであり、第十条の原理に随えば、その瞬間不正は消えていることになる。この状況で不正を去るという行為が成立するとすれば、それは何が不正か探るよりも、心を本体の正しさ一枚にしてしまって、その結果として不正成立の可能性を排除するしかない。書道に入れ込んだ時、読書に励んだ時、竹に対した時、隠遁して世間から離れようとした時、いずれも陽明はそれに没頭していた。従者に働きかける時もまた、「疾病、夷狄の艱難」を忘れる程にそれに没頭し、そこに心の真実を見たと宣言した陽明にとって、本体の正しさに専一であれば、倫理的意識に専一な時、疾病、夷狄の艱難が自然と忘れられたように、不正は自ずと排除されると考えたとしても不思議ではない。その一方で、第十条の原理に随うと、不正が認識不能であるならば、本体の正しさもまた認識不能であると言える。しかし、陽明の説く本体の正しさとは、とりたてて難しいものではない。それは、親への思い、従者への思いやりのように、日常で明確に感じ取れる倫理的意識のことであるから、手の付け所が容易に存在するし、また、陽明はそれを心が自然と感じ取れると約束しているのである。したがって、本体の正しさは、考えるまでもなく日常の意識に存在しているのであるから、何が本体の正しさかを熟考するよりも、目の前に感じ取った、誰の目にも明白な倫理的意識に専一であろうと心掛けていけば、それがそのまま本体の正しさを全うし、不正を去るという行為を行っていることになる。日常の意識を離れ、孤独の中に観念される正、不正なるものは存在しない。故に陽明は「意念がある所について」と言うのである。

とすれば、心の本体が事に向き合い、倫理的意識を働かせ、何をすべきか心に浮かび上がらせて、行為に移していくという、心の機能それ自体が、そのまま工夫を行っていることになる。ここにおいて不正とは、日常における倫理的意識の働きを断絶することという以外に意味を持たない。

つまり、格物とは不正を去ることと言っても、それは事に対して向き合い、倫理的意識を働かせることに他ならない。事に対して向き合い、倫理的意識を働かせることが、そのまま不正を去ることになるからである。そうすれば、龍場の経験が「格物致知の大旨」を悟ったとされる理由が明白となる。従者に対して心の本体が働いた、龍場におけるあの一連の流れが、そのまま格物という工夫と同義なのである。すなわち、後年良知説を提唱した際、「本体即工夫」と言った原型はここに明らかに存在するのであり、ここを以て陽明、徳洪、龍渓は龍場大悟を良知説に結びつけるのである。そもそも陽明には心理解と格物解釈との悩みが始終分断されることなく存在し、この密着を維持しつつ解決が模索されてきた。それが大悟のような形で解決したからには、心理解と工夫論とが一つのものとして形成されることは、自然の勢であったとも言える。そうした心理解からは、心自体の自然からする行為がそのまま工夫となって、自らを明徴化するのだという理解が生まれたとしても、不思議なことではない。

では何故第七条で格物を不正を去ると表現するのか。それは、本体の正しさの持続こそが、そのまま不正を去ることに他ならず、一方で本体の正しさを持続し、一方で不正を去るという二つの作業が存在するのではないという表明である。故に第七条では格物と存天理、明明徳とがどれも同じこととして線引きされずに説かれるのである。

そうすると格物は本来、「心の不正を去って、本体の正を全うする」ではなく「本体の正しさを全うし、心の不正を去る」と言わねばならない。格物と同じ行為だとされる「いつでもどこでも二六時中天理を存する」という行為は、既に獲た天理を「存する」のだから、格物もまた「本体の正しさを全うし、心の不正を去る」行為となっているはずである。したがって、まず格物の説明で不正を去ることを説き、存天理と明明徳との説明で本体の正しさを全うすることを説く。続いて「不正を去って正しさを全うすることが、ただただ求められるのである。すなわち、いつでもどこでも、二六時中天理を存するのである」と両者を繋げることで、不正を去ることは正しさを全うすることに含まれている、と説いているのである。

こうして見ると、状況に応じて倫理的意識を発動し、それに基づいて行為に移す心の本体の機能が活性化すればするる程、それは工夫となって機能し、その完遂に伴ってみずからを明徴化していくという構造、これが陽明の心理解に存在していると考えられる。

通常、心理解は工夫の対象を明確化するために行うものである。譬えば心の本体とそうではない心とに分け、一方を理想、一方を現実とする心理解を措定し、この現実の心から理想の心へと引き上げていくための工夫論が組み立てられていく。その場合、心は対象であり、工夫は心に対する働きかけとなって、両者は截然と分かれる。しかし、陽明の心理解の場合、心はみずからの働きによってみずからを明徴化していくのであり、心の本体は遠い彼方に観念されるのではなくて、日常の何気ない倫理的意識に中にいつでも顕現するのである。それが龍場大悟の内容であるならば、格物に止まらず、知行合一、誠意、立志などの陽明の工夫論全体に、この構造が骨子として存在するはずである。つまり、これらの工夫は龍場大悟を承けて、心の本体が自然と行う働きとして説明されているのである。龍場大悟は、独り格物の問題を解決したこと、または心理解を確定したことに限定すべきではない。龍場大悟は、格物解釈を通して心理解と工夫論とを一体化させ、陽明の思想全般を説明する形式を形成したものである。

この時、格物は一工夫ではなくなるし、また、それを通して形成された説明の形式は、やがて格物という名を離れて工夫全般を統括するのである。

そして、この翌年、すぐさま知行合一を説き、誠意、立誠、立志なども相次いで説いて、これらを並行して存在させていることから、これらを検証することで、大悟に関する前述の仮説が通用するか検証することもできるし、そのことは同時に、大悟の内容が一言で表し得るものではなく、陽明の思想全般に通底するこうした心理解と工夫論の骨子こそ、大悟の内容と言うべきものであることを示している。この時、大悟を何か一言で表すことは、却って大悟理解のみならず、陽明の内部では明確に意識されている、思想の連なりを断ってしまうことになってしまうことは、巻頭で述べた通りである。

ただ、心理解が工夫論を含み込んで、倫理的意識の発動から行為の自然発生、それがそのまま工夫となって自らを明徴化していくという工夫論の骨子さえ念頭にあるのであれば、それを「心即理」と表現しても差し支えはない。但し、これは「心即理」と聞いて龍場大悟の内容が想起され、他の言葉を解釈する際の根本原理として君臨できるという条件を満たさねばならない。

最後に、龍場大悟が「大悟」と呼ばれるのは、「何者かが語りかけてきたかのようであった」という感覚で閃いたからであるが、これまで見てきたように、そこには書法の経験以来、悩み、積み上げてきた精神的格闘が存在し、それが集大成したという流れがある。こうした流れを通して、延々思索したものが紆余曲折を経て容器を充たすように嵩を増していき、充ち満ちた一滴がこぼれ落ちた瞬間、何者かが語りかけてくるような、内なる声を聞く感覚があり、それが唐突であったために悟りのように思われ、「大悟」と呼ばれたのではないだろうか。尤もそれは感覚の問題であるから、それが本当に何者かの声だったのかどうかは、陽明以外、理屈では知りようがない。

第一章注釈

（1）「刻文録叙説」に以下のようにある。
先生嘗曰、吾良知二字、自龍場已後、便已不出此意。只是点此二字不出。於学者言、費却多少辞説。今幸見出此意。一語之下、洞見全体。直是痛快、不覚手舞足踏。学者聞之、亦省却多少尋討功夫。学問頭脳、至此已是説得十分下落。但学者不肯直下承当耳。

この発言を見る限り、良知というのは「学問の頭脳」であり、これ自体は検討する必要がなく、理解すればよい、と説かれていることから、有無を言わさぬ実感を要求するものであったことが伺い知れる。こうした信念には当然、「多くの辞説を費やす」ことに対する忌避が存在するのであろう。それ故に前期思想には、陽明の意に反して費やされた多くの辞説が存在し、陽明が良知に与えた実感もまた、そこから伺い知れるように思われる。

なお、『陽明先生遺言録』第二十四条にも同様の言葉が存在する。

（2）為養生之術、（中略）然即之心、若未安也。復出而用世。謫居龍場、衡困拂鬱、万死一生、乃大悟良知之旨。（中略）即三聖所謂中也。（銭徳洪「陽明先生年譜序」）。漸漬於老釈、已乃折衷於群儒之言、参互演繹、求之有年、而未得其要。及居夷三載、動忍増益、始超然有悟於良知之旨。（王龍渓「刻陽明先生年譜序」）。

（3）安田二郎氏は心即理を「陽明学の真髄」とし、全期間を貫く根本思想として位置づけている（『中国近世思想研究』、弘文堂、一九四八年、一七三頁）。仮に私がこれから論じる大悟の内容を全て投影して、大悟は心即理であるとまとめる場合、「全期間を貫く根本思想」とする安田氏と同様の立場に立つ。

（4）『宋明時代儒学思想の研究』（広池学園出版部、一九六二年、四一六頁）で楠本正継氏は、「真誠惻怛なる良知の真切で篤実な発現は、孝弟であると云って良い。」とし、良知を「活きて働く人間の心と道徳法則、所謂理との合一態」とした。ここでいう心とは、主体性を確保しつつ自ら道徳の価値を再承認し、心と道徳とを一致させ実現しようとする立場であって、何者にもとらわれない心とは異なる。陽明の言葉を借りれば、後者はとらわれたくないという私心に他ならない。

（5）登第恐未為第一等事。或読書学聖賢耳。（『全書』巻三十二「年譜」十一歳）

（6）某、平日亦毎有傲視行輩、軽忽世故之心。後雖稍知懲創、亦惟支持抵塞於外而已。及謫貴州三年、百難備嘗、然後能有所見。（同、巻四「文録」「与王純甫一」）

（7）「蔽月山房」は以下の通り。

山近月遠覚月小　（山は近く月は遠いので、月が小さく見えるのだ）
便道此山大於月　（そうすると人は、山は月よりも大きいと言うかもしれない）
若人有眼大如天　（もしも人が天の如く大きな眼を持っていれば）
還見山小月更濶　（今度は山が小さく月が広大に見えるだろうに）

岡田武彦氏は、『王陽明小伝』（明徳出版社、一九九五年、四四頁）で、「この詩は理屈っぽく、詩としては大したものではないが、気象雄大で着想もすばらしい。偉大な哲人となる素質を偲ばせるものであろう」と言う。祖父の宴会で詩を作ろうという話になり、まだ誰もできないうちに一詩歌い上げ、更にこの詩を読み上げる十一歳の少年には、自身で述懐するように、何の慎みもなく、周囲を軽侮した思い上がりが見え隠れする。しかし、ここで注意したいのは、物が心の捉えられようによって変化するということを、この少年は「理屈っぽく」把握しており、またその記憶が語られ、「年譜」に記載されているという事実である。

（8）吾始学書、対模古帖、止得字形。後挙筆不軽落紙。凝思静慮、擬形於心。久之始通其法。既後読明道先生書曰、吾作字甚敬。非是要字好。只此是学。既非要字好、又何学也。乃知古人随時随事、只在心上学。此心精明、字好亦在其中矣。後与学者論格物、多挙此為証。（同、巻三十二「年譜」十七歳）

（9）陽明の挫折体験については、近年その年次設定に疑問が呈せられている。最も早いものでは、吉田公平『陸象山と王陽明』（研文出版、一九九〇年）他、陳来『有無之境』（北京大学出版社、二〇〇六年）、永冨青地『王守仁著作の文献学的研究』（汲古書院、二〇〇七年）などで、この問題が採り上げられている。特に陳氏は、祖父竹軒公の喪に服すべく父が帰省したことに鑑み、北京の父の官舎で竹を格物することができるのは、十五、六歳であって、二十一歳時には不可能であることを指摘している。この指摘が正しければ、官舎で書道を行った経験、越に向かう途中の婁一齋との会合も、その前後関係をスライドさせねばならないが、本章で確認した流れ自体に変更はない。

確かに、『有無之境』で考察が行われている通り、「年譜」の年次設定は、当該部分に止まらず、各所に疑問とされる部分がある。このことは、「年譜」全体の歴史的事実に対する疑義を提示するものである。これについて、陳氏はあくまで歴史的事実というものを追求する立場で批判しているが、そもそも、「年譜」の編纂目的というものは、銭徳洪「刻先生年譜序」並びに永冨氏が指摘するように「王学の学脈が失われないよう、後世の人々に伝えることにある」（永冨氏前掲書四三九頁）のであって、故に意図的に「このように関連した故事を同一年のこととして纏める」（同四三七頁）のである。すなわち「年譜」とは、陽明が辿った思想遍歴を体系的に把握することを意図した編纂物であり、そもそもが各エピソードに陽明思想における意義を賦与して配列し、陽明思想理解のための読書「効果」を狙っているものである。したがって、吉田氏が言うように「王陽明の伝記研究を直接の目的としない今、挫折体験の年次比定は本質的問題とはならない」と考えるのが正しいものと思われる。竹の格物に関しては、『伝習録』下巻第四十九条に「十五、六歳」と明示されており、その編纂者は他ならぬ銭徳洪であることからも、銭徳洪の「年譜」編纂の意図は明白である。したがって、「年譜」を記事毎に批判し、組み替えることは「年譜」の性格を考えると寧ろその思想史的意義が失われると思われるので、その必要はないものと判断する。

次に、前述のように、陽明の生涯を伝える編纂物は、概ね読書「効果」を狙ったものが主流であり、「彼らにとって師の伝記を編纂することは、単にその生涯を年を追って見ていくことではなく、師の学説を後世に伝える重要な事業の一つであり、また、師の教えを体認するためのものだったのである」（永冨氏前掲書四四〇頁）。とすれば、純粋な歴史的事実というものが存在すると仮定して、それを探る場合、こうした資料の批判的研究は、諸本を揃えて異同を確認することとなるが、それを行ったとしても、銘々が編纂物を思想表明の場としているので、結局は多数決となる可能性を十分に秘めている。そして、前後の脈絡から整合性を追求したとしても、どこに「客観性」を認めるかに応じて、各エピソードが変動乃至否認されるケースが大量に発生する。その証拠に、竹の格物にしても、「朱子格物之説出、数百年間更无一人誤以〝面竹沈思〟践之、何英敏陽明、反有此亭前之笑耶？」という疑問は、『伝習録』下巻第四十九条の存在によって、「据上所考、亭前格竹一事、既出于陽明述、当信其有」（陳氏前掲書三二―三頁）と、かろうじて存在を認められているのである。この事は、もしも『伝習録』や『全書』中に言及がなければ、存在すら疑われていたことを意味する。そのような中で、最古の伝記資料と言われる『王陽明先生図譜』一書を以て客観的な基準とし、年譜との異同を検討したとしても、それが果たして「歴史的事実」を発掘することになるのか、寧ろ今度は鄒東郭の編纂意図にシフトするか、批判者の王学イメージが投影される結果になるのではないだろうか。

最後に、吉田氏、永冨氏が再三にわたって指摘するように、伝記研究と思想研究とは厳然と区別されねばならない。「年譜」を採用する場合も、それが銭徳洪と羅洪先によるものであることを前提とするのは勿論である。その上で、『全書』収録の陽明の言説から浮き上がる統一イメージと対照し、その妥当性を確認していくことが求められる。つまり、序章で論じた通り、「客観性」というものに隠れている「照射角度（著者イメージ）」の存在を考えれば、寧ろ主観性があると宣言している「年譜」が提出する統一イメージと、『全書』から浮き上がる統一イメージとの対照によるアプローチの方が、如上の危険性を含んだ「歴史的事実」によるよりも、思想研究においては遙かに順当であり、正統であるように思われる。

以上の三点、並びに吉田、永冨両氏の説を根拠とし、私は、「年譜」に個別的な手を入れることは却って思想研究における妥当性・公平性を毀損するものであると考えるので、「年譜」には一切手を入れず、竹の格物についても「年譜」に従うこととする。

(10) 一日思先儒謂衆物必有表裏精麄、一草一木皆涵至理。官署中多竹。即取竹格之、沈思其理不得。遂遇疾。先生自委聖賢有分。乃随世就辞章之学。（同、「年譜」二十一歳）

(11) 悔前日探討雖博、而未嘗循序以致精、宜無所得。又循其序思得漸漬洽浹。然物理吾心終若判而為二也。沈鬱既久、旧疾復作。益委聖賢有分。偶聞道士談養生、遂有遺世入山之意。（同、「年譜」二十七歳）

(12) ただ、全てのテキストにおいてそういう態度を採った訳ではなく、『大学』解釈上における誠意の重視が『大学』の原意を的確に汲み取ったものであることは、山下龍二『陽明学の研究・成立編』（現代情報社、一九七一年、一二一頁）、及び水野実『王守仁の「誠意」宣揚の基盤』（『東洋の思想と宗教』一四号、一九九七年）に詳説されている通りである。

(13) 『伝習録』下巻、百十八条に「多くの人は格物を説くのに朱子に拠ることを求めるが、朱子の説を本当に用いたことがないのである。私は以前着実に用いたことがある。（中略）亭前の竹を指さし、それを格物させてみることにした」（衆人只説格物要依晦翁、何曽把他的説去用。我着実曽用来。〔中略〕因指亭前竹子令去格看）と言い、後年になってもこの方法に対する懐疑をもっていない。

(14) 『伝習録』徐日仁序文参照。

(15) 築室陽明洞中、行導引術。久之遂先知。久之悟曰、此簸弄精神、非道也。又屛去。已而静久、思離世遠去、惟祖母岑与龍山公在念、因循未決。久之又忽悟曰、此念生於孩提。此念可去、是断滅種性矣。（『全書』巻三十二「年譜」三十一歳）

(16) 「天下之道一而已矣。而以為有二焉者道之不明也」「夫子之道明、彼将不攻而自破。」「独其専於為己而無意於天下国家。然後与吾夫子之格致誠正而達之於修斉治平者之不同耳」。（同、巻三十一之下、「山東郷試録」）

(17) 吾亦自幼篤信二氏、自謂既有所得、謂儒者為不足学。其後居夷三載、見得聖人之学若是其簡易広大、始自嘆悔錯用三十年気力。大抵二氏之学、其妙与聖人只有毫釐之間。汝今所学、乃其土苴。輒自信自好若此。真鴟鴞窃腐鼠耳。（『伝習録』上巻、第百二十五条）

(18) 若論聖人大中至正之道、徹上徹下、只是一貫、更有甚上一截下一截。（同、第五十条）
(19) 只説明明徳而不説親民、便似老仏。（同、第九十一条）
(20) 冬温也、只是要尽此心之孝、恐怕有一毫人欲間雑。夏清也、只是要尽此心之孝、恐怕有一毫人欲間雑。（中略）這都是那誠孝的心発出来的条件。却是須有這誠孝的心、然後有這条件発出来。
(21) 『伝習録』中巻、「答聶文蔚」参照。
(22) 佐藤一斎の頭注に随った。
(23) 時瑾憾未已。自計得失栄辱、皆能超脱、惟生死一念尚覚未化。乃為石槨自誓曰、吾惟俟命而已。日夜端居澄黙、以求静一。久之、胸中灑灑、而従者皆病。自析薪取水作糜飼之。又恐其懐抑鬱、則与歌詩。又不悦、復調越曲雑以詼笑、始能忘其為疾病、夷狄、患難也。因念聖人処此、更有何道。忽中夜大悟格物致知之旨。寤寐中若有人語之者。不覚呼躍。従者皆驚。始知聖人之道吾性自足。向之求理於事物者誤也。乃以黙記五経之言、証之、莫不脗合。因著五経臆説。（『全書』「年譜」、三十七歳）
(24) 又問、釈氏於世間一切情欲之私都不染着、似無私心。（中略）曰、亦只是一統事。都只是成就他一箇私己的心。（『伝習録』上巻、第九十五条）
(25) 「今見学者漸有流入空虚、為脱落新奇之論」。（『全書』巻三十二「年譜」、四十三歳）
このような主張は前後期問わず出ている。
(26) 例えば『大学古本序』（旧序）には「故に至善なるものは心の本体である。動いて後不善がある。そして本体の知はそれを知らないということがない。意念はその動である。物はその事である。本体の知を致せば、動いても不善がない。しかし、その事について格さなければ、知を致しようがない。故に知を致すとは意を誠にする本である。物を格すとは知を致す実である。物が格されれば知が致され、意は誠となる。そして本体に復する。これを至善に止まると言う」（是故至善也者、心之本体也。動而後有不善。而本体之知、未嘗不知也。意者其動也。物者其事也。致其本体之知、而動無不善。然非即其事而格之、則亦無以致其知。故致知者、誠意之本也。格物者、致知之実也。物格則知致意誠。而有以復其本体。是之謂止至善）と説かれる。致知は心の本体（至善）が持つ知覚機能である。しかし、事につかなくては知の致しようがない。つまり「知」は、心が事に向き合った時にのみ生じる意念を知覚することに限定される。知を致せば、「動いても不善がない」。すなわち知を「致す」とは、その知に忠実であって善一枚となり、不善の余地を排除するのであるから、意を「誠にする」ことの本となる。「致す」ことの力点は「誠にする」ことにあるのであって、不善を排除することは「誠にする」ことによって同時的に生じる作用である。このように、致知は意念の領域を出るものではない。そして、これらの行為は全て事について行わなければ成立せず、格物という作業で行われる行為である。したがって、「物を格すとは知を致すの実」ということになり、「物が格されれば知が致され、意は誠とな」って、全て格物の中に含まれることとなり、格物こそ「至善に止まる」こととされるのである。心を事に向き合わせなければ倫理が獲得できないという、陽明の思想にとって根源的な要素を担保する格物に与えられた役割は、一工夫というに止まるものではない。こうしてみると格物、致知、誠意と言っても、その解釈はそれぞれ単独で考察された物ではなく、龍場大悟の実感を濃厚に反映し、その主問題であった格物解釈に大きく引きずられて、配置転換されているように思われるのである。『全書』中でもこれ以外で致知が格物と切り離されて説かれることはまずない。したがって、致知は格物における倫理知覚機能という認識で差し支えないと私は考える。

(27) 格物如孟子大人格君心之格。是去其心之不正、以全其本体之正。但意念所在、即要去其不正以全其正、即無時無処、不是存天理。即是窮理。天理即是明徳。窮理即是明明徳。

(28) 心一也。未雑於人、謂之道心。雑於人偽、謂之人心。人心之得其正者、即道心。道心之失其正者、即人心。初非有二心也。

第二章　知行合一

一、密着

知行合一は、心即理、致良知と共に、今日陽明思想が語られる際の三本柱に列せられているが、銭徳洪の「刻文録叙説」では静坐、致良知と並べられ、教の変遷の始めを飾っている。

今日の配列が人口によく膾炙した言葉を単に並べているのに対し、銭徳洪は教の配列をしているがために両者は異なっているのだが、ここで注目されるべきは、銭徳洪が一般に龍場大悟の内容とされる心即理を、教として認識していないことである。

このことに関して既に前章で考察し、龍場大悟とは、工夫論の骨子を組み込んだ心理解の発見だと結論づけ、一言で表すことは却って大悟の内容を狭めてしまうとしながらも、それを了解した上でなら「心即理」と言い得るとした。心即理は工夫論と言うよりも、理（倫理）は心の倫理的意識があればこそ獲得されるという、格物解釈を通した心理解に力点が置かれており、誠意、立誠、立志のような工夫論と比べて毛並みが違う。したがって、銭徳洪から見れば心即理は大悟前の問題に対する答え、すなわち学の変遷の最終結論に分類され、教を展開する前提とされたのであろう。

ただ、こうした単純な二分法を用いた場合、知行合一は誠意、立誠、立志と並ぶ工夫として扱われる。「知行を合一する」と読んだ場合、それは明確に誤りである。あるいは、行為を通じて得た経験によって知を拡充すると考えた場合でも、力行を前提として語っていることに変わりはない(1)。

また、力行を前提とした工夫理解の場合、龍場大悟で陽明が発見した工夫の自動発生はどうなるのだろうか。そもそも力行が強調されるのは明らかにおかしいのである。「腹が減れば自然と食物が目に入って食い、味の良し悪しを知る」のは力行ではない。奇しくも安田二郎氏が既に明言している如く、陽明が目指した工夫論の特徴は「意志的な緊張がない」ことである(2)。

つまり、知行合一についてまず問題とされるべきは、これまで問題とされてこなかったことでもあるが、「年譜」の他の工夫と単純に並列して良いのかということである。知行合一には他の工夫と異なり、それにふさわしい地位があるのではないか。

もう一つの問題として、知行合一と他の工夫との関連はどうか。先にも述べた通り、心即理が心理解に力点を置いていて、工夫論とは一線を画すと考えられた場合、銭徳洪の如く教に分類しないという選択はあって然るべきことである。同じように、知行合一に別の地位が与えられる場合、その地位に連動して他の工夫との線引き、並びに関連が考察されねばならない。結論を先取りしてしまえば、前章で考察した通り心即理が心理解を軸にした言葉であれば、知行合一はもう一つの特徴、すなわち工夫論の骨子を軸にした言葉であり、心即理と知行合一という二つの言葉が存在し、互いに心理解と工夫論の骨子とを含んで、龍場大悟の内容を二つの経路より挟み説く格好を取っているのである。心理解と工夫論の骨子とが相俟って、工夫ははじめて機能する。大悟前（学の変遷）、龍場大悟（心即理、知行合一）大悟後（教の変遷）という区分こそ、正に陽明思想の分類においてまず整理さるべき問題である。

本章の論じる所は実にこの二点に絞られる。以下、これについて述べる。

二、誤解

知行合一は「年譜」によると、正徳四年、三十八歳の時に提示された。これは龍場大悟の翌年に当たり、「年譜」中には『伝習録』上巻、第五条が収録されている。第五条に関しては後述する。その次の年、三十九歳には「昔、貴陽で知行合一の教を提示したが、（弟子達は）ぐちゃぐちゃしてああでもないこうでもないとなってしまい、聖人に入る手がかりが分からなかったのが悔やまれる。以来、諸生と僧寺に静坐し」云々と述べており[3]、提示早々にして静坐に切り替えたとしている。

ただ、この「年譜」の典拠であるはずの「与辰中諸生」（『全書』巻四「文録」一）には、知行合一に対する言及がない[4]。更に、『全書』中に知行合一に失敗したとする陽明の言葉も見あたらない。

もしも、陽明が知行合一に失敗したと思っていたのなら、その後知行合一を説くことは全くないはずである。静坐がそうであったように。そうすると、知行合一自体が否定されていないことは言うまでもないことであり、後期になる程説いてもいる訳だから、銭徳洪の記述は誤りであって、知行合一は失敗と見なされていないと考えた方が良さそうだが、一方で確かに前期中で知行合一が説かれる数は極めて少ないことも確認できるのである。

前期思想中に確認できるのは、『伝習録』上巻中に徐曰仁所録の第五条、陸元静所録の第二十七条、薛尚謙所録の第百二十六条、計三条のみ。五十歳以前の書簡を収録する『全書』巻四「文録」一には、知行合一に関する記述そのものが確認できない。

これは知行合一の認知度に照らして異常なことである。

このようなことは、陽明が前期思想中において、少なくとも知行合一に関する発言に消極的、あるいはその必要を感じていないかのどちらかでのみ、起こり得ると考えられる。

つまり、銭徳洪の編集のように、陽明は知行合一を教として提示したが失敗したとする理解は、知行合一そのものではなく、工夫として教えることが失敗であると考えた場合、強ち誤りだとは言えないのである。

知行合一を工夫として教えることの失敗とはどういうことであろうか。

三、本体

「ぐちゃぐちゃしてああでもないこうでもないとなってしまい」というのは、具体的には何を指すのか。残念ながらここだけでは何とも言えないが、先の『伝習録』上巻第五条を見ると、[5]徐曰仁からこのような質問が出てくる。

(曰仁) 今、人は父には孝でなければならず、兄には弟でなければならないことは皆知っていますが、現実は逆に孝をできず、弟をできません。これは知と行とが明らかに二つであるということです。

ここで徐曰仁は知を「孝弟でなければならない」という、外から与えられた知識と捉え、分かっていてもできないことがあるではないか、という常識的な疑問を呈している。これは知を知識と解すれば全くその通りであるが、陽明の言わんとする所は違う。因みに晩年近くの『伝習録』中巻「答顧東橋」にも同じ質問が出てくる。

先生は「真知は行の所以であって、行わなければ知と言うに足りない」と仰います。これは学ぶ者のために喫緊に教えを立て、躬行に務めさせるのには結構ですが、もしも本気で「行為することが知である」と言ってしまえば、恐らくそれは本心を求めて結局物理を忘れ、必ず蒙昧になって本心には達し得ないようです。そもそも聖門の知行並進の成法ではありません。(6)

こんな質問が陽明五十四歳の時分にまだ出ている。それ程にこの疑問は根深いものとして門弟の間に共有されていた。

これは、物理を推し究めて知識を積み重ねなければ行為しようがない、と言うばかりではなく、知識は知識、行為は行為であって、左程強く相互作用しまいと思った門弟達と、知に関して全く別の認識をしていた陽明とのすれ違いである。

つまり、「ああでもないこうでもない」というのは、知に対する認識のすれ違いによって、いくら陽明が知行合一を説いても、一寸も工夫が始まらない様を言ったことであると見て良いだろう。

では、陽明は知についてどう答えるのか。先程の第五条で徐曰仁がした質問に対する陽明の応答を追ってみる。

これは私欲に隔断されてしまっているのである。これは知行の本体ではない。知って行わないものなどいない。知って行わないのは、ただ知らないだけである。聖賢が人を教えるには、正しく知行の本体に復ることをもとめるのである。このことは、お前にそうさせずにはおれないものなのだ。

「知行の本体」という言葉が登場し、陽明は知行の本体に「復ること」が聖賢の教だという。引き続いて陽明は知行の本体について説明する。

故に『大学』は真の知行を指して人に看せ、「好色を好むが如く、悪臭を悪むが如し」と説いている。好き色を見るのは知に属し、好き色を好むのは行に属する。好き色を見る時はもう自ずから好んでいるのである。見てから別に意識して好むのではない。悪臭をかぐのは知に属し、悪臭を悪むのは行に属する。悪臭をかぐ時はもう自ずから悪んでいるのである。かいでから別に意識して悪むのではない。鼻が塞がった人は、悪臭が前にあっても鼻でかぐことができないので、そんなに悪まない。これは臭さが分からないからである。ある人が孝を知り、ある人が弟を知ると称するようなことも、必ずその人が孝を行い弟を行ってはじめて彼は孝を知り、弟を知ると自称できるのである。少しばかり孝弟の話を説くことを暁ったからといって、孝弟を知ると自称できると思うな。痛みを知るようなことも、必ずみずから痛んではじめて痛みを知るのである。寒さも必ずみずから凍えたことがあるのである。饑えも知るのも必ずみずから饑えたことがあるのである。知行はどうして分けられようか。これが知行の本体であって、私意に隔断されたことのないものである。聖人が人を教えるのも、必ずこのようであることをもとめる。これを知と言わねばならない。

前段の好悪は陽明が好んでする話であるが、この場合の知とは知覚を指す。だが、後段の孝弟や、痛み、寒さ、饑えに関しては、経験してこそ切実に知れると読んで経験知にも解釈でき、この場合、知は知覚にはならない。そうするとしかし、前段の「知って行わないことはない」や好悪と何の関係があるのだろうか。明らかに繋がりが悪い。「これが知行の本体であって」といっても、知覚と行為とは本来分断不能であるという話なのか、それとも経験知でしか知識は成り立ち得ないという話なのか、ここの所がさっぱり不明瞭である。

そこで、他の条にこれと似たものを参照すると、第八条が存在する。第八条は第五条で徐曰仁が知行合一に納得したことを前提に交わされる第六条以降の質問に連続して、陽明がこれらの諸問答を締めた言葉である。

知は心の本体であり、心は自然に知ることができる。父を見ては自然に孝を知り、兄を見ては自然に弟を知り、孺子の井戸に落ちそうなのをを見ては自然に惻隠を知る。これが良知であり、外に求めることをしない。もし良知が発揮されて、私意の障碍が無ければ、『孟子』の「その惻隠の心を充てば、仁勝げて用うべからざるなり」ということになる。しかしながら、常人では私意の障碍がない訳にはいかない。故に致知格物の工夫を用い、私に勝ち、理に復らねばならない。そうすれば、心の良知に障碍がなく、充塞流行することができる。これは知を致したということである。知を致せば意は誠である。(7)

まるで後期の言葉が紛れ込んだかのような発言であるが、知行関係は、井戸に落ちそうな孺子を見れば良知が発揮されて惻隠を知覚し、咄嗟に孺子を助けるなどといった行為が自然に行われる、そして、父や兄、孺子に限らず「その惻隠の心を充てば、仁勝げて用うべからざるなり」となる。本来一貫している知覚と行為とが、私意に妨げられて分断されるので、私意を取り去れば、良知に知覚された惻隠の心が自然に行為へと移され、あらゆる関係に充塞流行していく。知覚と行為とが本来一貫しているのが「知行の本体」であり、私意を取り去り、理に復するのが本来一貫の知行を恢復する工夫である。ここでは知は知覚だと明示されており、また、知行の本体(良知)とそれを恢復する工夫（致知格物）との対応関係が綺麗に説かれている。

であれば先の第五条に戻ると、ここは知行の本体の話をしているのであるから、後段の行ってはじめて孝を知り云々という件も、上に言葉を補って、「(知覚したなら）必ずその人が孝を行い弟を行ってはじめて彼は孝を知り（知覚し)、弟を知った（知覚した）と自称できる」とすれば、必ずしも経験知として捉える必要はない。

寧ろ、陽明の言葉に補うまでもなく、好色悪臭を、知覚に力点を置いた知行の本体の説明（知覚しているなら行為しているはずである)、孝弟を、行に力点を置いた知行の本体の説明（行為しているなら知覚しているはずである）と見れば、知覚と行為とは先後なく分けられない、これが知行の本体だという説明が本条の論旨である

ただ、痛、寒、饑を知るの知については知行不分断の話ではなく、後段で論じる成りゆく知行、知行の工夫の知に分類される。

第百二十六条なども そうした誤解を生み易いものの一つである。

（劉観時）未発の中とはどのようなものですか。

（陽明）お前が睹られざるところに戒慎し聞かれざるところに恐懼して、心を養うことができて純粋に天理であれば、自然に（未発の中を）見る（体認する）だろう。

劉観時が未発の気象を略示するよう請うた。

（陽明）『碧巌録』の「喋れない人が苦瓜を食べるようなもの」で、お前に言うことはできない。お前がこの苦さを知りたければ、お前自身で食わねばならない。

その時徐曰仁が傍らにあって、「このようであってやっと真知であり、行ですね」と言った。その時座にいた学

友達は皆反省した。(8)

これも苦瓜を食ってこそ苦さが分かるという説明のために、経験知の話をしているように見える。だが、もしも知が経験知を指す場合、徐曰仁は「行(行為)があってこそ真知(経験)なのですね」と言わねばならない。しかし、「このようにしてやっと真知であり、行ですね」と言うのだから、真知と行とは一体であると言っているのであって、知覚と行為の不分断を言っているのである。苦瓜の苦さを知るのが知、苦瓜を食うのが行ではなく、苦瓜を知覚し、食うという一連の出来事は知覚と行為で分断されることはなく、知覚せねば食わず、食わねば知覚していない。これが知行の本体であり、そうしてはじめて苦さが分かるという話であって、この理屈は、苦瓜を知覚しているなら食っているはずだ、と言って、知覚していることに知行は存在することを示し、同時に苦瓜を食っているということは知覚しているはずだ、と言って、食っていることにも知行は存在することを示している。苦さが分かるのは、知行の本体が機能した結果の発見であって、知行の本体を分断して知の機能に分類するべきものではない。自らの知行の本体を顕現すれば、後は知行の本体がそちらへ向かっていき、ついには知行の本体が未発の中を発見するのであって、劉観時が為さねばならないのは、知行の本体を恢復することである。

これに前後する条(第百二十五条、第百二十七条)で、老仏の妙、死生の道などの高遠な境地を盛んに聞きたがる蕭恵、王嘉秀ら陽儒陰仏の弟子達を陽明が退けるのと同じく、ここでも未発の気象を聞いて観念的に理解しようとする劉観時を戒めたのであるが、陽明が問題にしているのは、見聞知識によって問題を解決して高遠な観念的境地へ到達しようと思っているその書生的態度である。陽明は見聞知識ではなく、対象に対する切実な意識こそ、自ずから知覚と行為とを導き出し、発見につながる、と言いたいのである。お前がこの苦さを知りたければ、お前自身で食わねばならぬ、というのは未発の中に対してお前が本当に問題を感じているなら、自ずから戒慎恐懼を知覚、実行しているはずだ、（なのにお前は何もしていないではないか、つまりお前は切実ではないのだ）と言っているのである。これは単なる実践強調論ではない。寧ろ苦さを知りたければ苦瓜を食っているはずだという知覚と行為との一致、すなわち知行の本体に照らせば、切実に求めようとせず、口先ばかりの議論で解決しようとする劉観時は未発の中に対して、そこに重大な真実が含まれているのではないかと感じる知覚が全く働いていない、知行の本体が顕れていない、よって劉観時の意識は見聞知識によって高遠な観念的境地に達しようという私意に阻まれて切実ではない、と叱責しているのである。

親に対して知覚が働き、自然と温清定省が行われて孝が実践されていくように、未発の中に問題意識があれば、自然と戒慎恐懼を知覚、実行して心は純粋に天理となり、ついに未発の中を見る（体認する）。別に苦瓜を食わなければ苦瓜の知識が得られないという単純な話をしている訳ではない。

本条は、知行の本体を前提として、それを恢復する工夫について論じている。つまり、劉観時は私意を去り切実になる工夫がまるでなっていないと言われているのである。

ただ、説明の流れで『碧巌録』を引いてしまったため、本来苦瓜を知覚して食う一連の流れに合一している知行が分断され、知が苦さを知ることに分類されて食うことが行にのみ見えてしまい、単なる経験知のように解釈されてしまうのは確かである。しかし、学友達は徐曰仁に、苦さを知りたいと思えば自ずから苦瓜を知覚し、食っているはずで、これが真知であり、行ですね（劉は切実ではないのですね）、と言われて反省したのであって、やってみなければ何も分からないというありきたりの説教をされて反省したのではあるまい。ここでも、成りゆく知行に分類されるはずの苦さを知ることが、知行の不分断と混ぜて説かれるために混乱ぎみであるが、これも後段に回す。

第五条に戻ると、更に続けて徐愛が「古人が知行を二つに説いたのは、人が見てはっきりと暁るようにさせようとしたからです。知の工夫、行の工夫をそれぞれして、はじめて功夫は落ち着き処を得ます」と問えば、

私は嘗て、知は行の主意、行は知の功夫、知は行の始めであり、行は知が成ったものである、と説いた。もし理解できた時には、知だけ説こうが自ずから行っている。行だけ説こうが自ずから知っている。

と答え、知行は分断不能と簡潔に答えるのである。陽明の論旨は知行は分断不能であるということであって、経験知ではない。

つまり、知覚は行為の源泉、行為は知覚の表現であって、私意に阻まれない限り絶対に分断されることのないのが知行の本体である。知行が絶対に分断されないこと、これを合一と言うのである。したがって、聖人は私意を取り去って、合一している知行の本体をそのまま出すことを教とするのであるから、合一している知行の本体を恢復することが工夫なのである。こうしてみると、この時点で知行合一は、心理解についての説明であることが分かる。「知行の本体」と言い、知を知覚と言って、そこに行為の源泉を定めて全てを心に集約しようとしていることから、それが心理解について語っていることは、陽明の言葉を見ていくと当然予想されることではあるが、加えて本来「知行合一」である心を恢復する工夫が誠意や静坐だとするならば、知行合一とこれら工夫との間には明確な区別がされねばならない。

ここで先程の疑問、「知行合一を工夫として教えることの失敗」がどういうことか了解される。知行の本体を恢復するのが工夫だという陽明の説明が門弟に上手く伝わらず、却って知を知識として知行を合一することが工夫だと勘

違いされたのである。こう考えれば、知行合一自体は否定されずとも、「知行合一」という言葉を発することは控えた説明がつく。

四、骨子

これで、もともと合一している知行の本体と、知行の本体を恢復する工夫という二つの要素が確認された訳であるが、もう一つ、先程から知行合一の説明をややこしくしている要素でもある、知行の本体中において知行が相互作用し、弥益しに益して成りゆくことが説かれている点に気を付けねばならない。

知行に先後なく、分けられないことが第五条の論旨、知行の本体を恢復することが第百二十六条の論旨であるが、一方で陽明の説明では、知には行を徹底させ、行には知を深めていく相互作用が含み込まれているため、一見すると経験知が説かれているように思われてややこしくなってしまうのである。痛み、凍え、饑えて痛、寒、饑を知ったり、苦瓜を食って苦さを知るのは知行の本体中における相互作用で、こうした事物に対する知行が成熟し、成りゆく様を示している。

徐曰仁が知の工夫、行の工夫と言ったことに対し、陽明は分断不能であると返したが、第二十七条では

知は行の始めであり、行は知の成ったものである。聖学は一箇の功夫のみ。知行は分けて二つにしてはならない。(9)

と説き、知行は工夫扱いを受けている。知行自体が一箇の工夫として取り扱われるのであれば、知によって行は徹底

され、行によって知は深められると理解せよ、ということになろうか。

しかし、知行は本体に統合された二側面であり、これ自体は本体の働きに他ならず、本体と離れて意識的に知ったり行ったりと努力するものではない。まして、知行の本体と切り離して知と行とを論じ、知と行とを工夫と言ってしまったら、知ること、行うことそれ自体が工夫となってしまい、私意を消して知行の本体を恢復することが工夫だという前節の結論と抵触する。

だが、これこそ一章で書いた倫理的意識一枚になることと、工夫の自動発生の結果みずからを明徴化することとの関係に他ならない。ここでその関係を当て嵌めると、知行の本体を恢復することが前者（倫理的意識一枚になること）、知行の本体が自ら知覚して行を徹底し、行うことで知を深めることが後者（みずからを明徴化すること）に該当する。つまり、「知行の功夫」とは安田氏のいう「意志的な緊張のない」知行の本体がみずから行う工夫であり、知行の本体が発現すれば自然と知覚し、行為して、みずからを明徴化していくのであって、これは意識的に行う必要のないものである。学ぶ者が行うのは、それを発生させるために私意を去り、倫理的意識一枚の心、知行の本体を恢復することであり、我々が通常理解している所謂工夫はこちらに該当する。

陽明の言う工夫には、本体が自然と行い、自らを明徴化する「知行の功夫」と、それを発生させるために意識的に行わなければならない「知行の本体を恢復する工夫」との二つが存在するのである。

陽明は、知行の本体を出せばそれでもう完璧でやることはないなどという妄想を抱かせないために、私意がないという点で聖人と均しい知行の本体ではあるけれども、これもまた日常の様々な出来事を通してみずから無限に深まり、徹底され、自らを明徴化するのだと言いたかったのであろう。知行の本体が痛み、凍え、饑えて、痛、寒、饑を知り、苦瓜を食って苦さを知るように。しかし、それを「知行の功夫」と言ってしまったがために、知行の本体を恢復する工夫との次元の違いが分かりにくくなってしまっているのである。

この関係は、後に教の軸となる誠、志に共通する。

まず、誠であるが、第四十条には省察克治は誠の機能であると説かれる。

省察克治の功夫は一時も間断することがない。盗賊を去るように、掃除廓清の意がなくてはならない。事がない時には好色、好貨、好名などの私意を逐一追求し捜し出して、病根を抜き去り、二度と起こさずして始めて快くなる。常に猫が鼠を捕らえるように、目を専一にして看、耳を専一にして聴き、わずかでも一念が萌し動けば克ち、徹底的にやってわずかの間も嘘を許してはならず、蔵してはならず、放出してはならず、そうしてはじめて真実に功夫し、始めて掃除廓清でき、私意が克てないようになってゆったりできる時がある。「何をか思い、何をか慮らん」と言ったとはいえ、これは初学の時の事ではない。初学には必ず省察克治を思わねばならぬ。これは「誠を思う」ということである。ただ天理を思い、天理が純粋で全きものになるまでに到ることが出来れば、「何をか思い、何をか慮らん」である。[10]

省察克治を思うことは誠を思うこと、天理を思うこと、と言うように、省察克治は誠の機能であり、本来聖人だけが無意識に行えることなのだが、学ぶ者は私意に間てられてそれができないから、誠の状態（省察克治）を強行的に実現する（思う）ことで、聖人の心、すなわち誠になりきり、意識的に頑張らずとも誠の省察克治機能を自ずから発揮できる所まで努力せよというのである。

この対応関係は、立誠説（『全書』巻四「文録」一、四十二歳）で更に鮮明となる。

僕は最近朋友と学問について論じる時、立誠の二字だけを説く。人を殺す時には咽喉に刀を突き刺さねばならない。私が学問をするのにも、心髄の微かな処に力を用いるのである。そうすれば自然と篤実光輝し、私欲が萌しても全く行燈に雪が点るようなもので消え去り、天下の大本が立つのである。(11)

誠が立てば、私欲は自ずと消え去る。私欲を消すのは誠であって、学ぶ者は誠を立てることが工夫となる。

次に志だが、第七十二条にはこう説く。

善念が発動するとこれを知り、これを充たし、悪念が発動するとこれを知り、これを遏める。知ることと充たすことと遏めることとは志である。天の聡明である。聖人はこれがあるだけである。学ぶ者は志を存しなければならない。(12)

志を存すれば、志が善念を知覚し、充たし、悪念を知覚し、遏めるのであって、学ぶ者が行うのは存することである。

立志に関して「示弟立志説」(『全書』巻七「文録」四、四十四歳)では、以下のように論じる。

こういうわけで君子の学問は、いつでもどこでも立志を事とするのである。目を正して視ればよそ目をくれず、耳を傾けて聴けばよそ聞きしない。猫が鼠を捕らえるように、鶏が卵を覆うように、精神心思が凝聚融結してまたその他のあることを知らないのである。そうして後志が常に立ち、神気は清明に、義理は明らかとなり、一つでも私欲があれば、即知覚して、自然ととどまらせないのである。[13]

誠を立てることと、私欲を去って誠を顕すこととの間には、前者が誠を押し立てた結果私欲が消え去るのに対し、後者は私欲を消すことで誠を顕そうとする違いがある。存志あるいは立志は、立誠と同じ構造をもっている。このように誠と志とには、立誠、立志によって顕現された誠、志が私意を去り、更に誠や志それ自身が拡充する関係があり、これは知行の本体を恢復することと、知行の本体自身が成りゆくこととの関係が完全に継承されている。これは陽明がこの関係を明確に教の根本原則として認識していなければあり得ないことである。

この関係に基づけば、知行の本体と対応するのは誠と志であり、知行の本体を恢復する工夫が立誠、存志、立志であることが分かる。誠や志は静的に存在して働きかけの対象となるものではなく、みずから事に当たって知覚し、より明徴化しようという意志を持った心なのである。立誠、立志が本体を恢復する工夫であれば、それに対置された私欲を去るという工夫、省察克治はどうなるのか。省察克治を思うことは、本体（誠）が持つ「知行の功夫」（省察克治）を利用して、本体がみずから恢復していく工夫である。つまり、先に挙げた、立誠、立志、存志と、省察克治を思うこととは、どちらも本体を押し立てることとして認識されている。

何故なら、「省察克治を思うこと」は「誠を思うこと」「天理を思うこと」と等しいのだから、私欲を去って、その上で改めて誠や天理の理解にとりかかるのではなく、省察克治ができていれば、誠や天理を理解し、存しているということになるのであって、私欲を去るという一見意識的な工夫も、それを真に遂行できていれば、その時点で心の本体である誠や天理は我が心に顕現し、それらが行為主体となっているはずなのである。したがって、立誠、立志が誠や志を直截押し立てて工夫を遂行することを主張するのに対し、省察克治は誠や志自身が省察克治するという機能を実行し、その実行を以て同時的に誠や天理を即時に顕現してしまおうとする。いわば知行の功夫を前提として、本体から工夫を説くか、それとも工夫から本体を説くかという説明する際の説き起こしの違いに他ならない。この時、省察克治を延々続けていく内に、やがて心の本体が認められるという時間的延長は存在せず、省察克治をした瞬間、その心は誠や天理となって、後はその心の本体が自然に省察克治を行って自らを深め、明徴化するのである。ここには本来の心と現実の心が対置され、ぶつかり合っている暇はない。要はどちらも始めの一点で心の本体を起こせば、後は心が本体一枚となって無意識に工夫を開始して、前へ前へと進み、この心が飢、寒、痛や苦さを知るのである。立誠と言い、立志と言い、省察克治と言うも、この一点に対する工夫であって、一点に全てを傾注するという性格上、それをいつまでも続けるのではない。

ここにおいて、「知行合一自体は否定していない」ことが確認される。つまり、合一している知行の本体を恢復しさえすれば、後は知行の本体が絶え間なく工夫を続ける（知行の功夫）という、知行合一に込められた意味を理解させるのに失敗した陽明は、知行の本体を誠や志と表現して、それ自身が工夫する（知行の功夫）ものであることを示し、それを恢復する工夫を立誠、立志などと表現することで、知行合一で説かれた二つの工夫について詳説したのである。言わば、立誠、立志などは知行合一の写し絵に他ならない。これらの事は、知行合一が単なる工夫の一つではなくして、陽明の説く様々な工夫に一貫した性格を刻み込むものであることを意味する。ならば、「知行合一」という言葉が出る頻度は低下しても、その内容は、他の工夫に仮託されて常に説かれていた、したがって知行合一自体は否定しておらず、知行合一を工夫論として説明することに失敗したと思われるのである。

ここまで了解した上で、知行合一について、その言葉の意図する所を整理してみたいと思う。知行合一が語られる時、そこには「知行の本体」と「知行の本体を恢復する工夫」とがあり、なおかつこの知行の本体は、みずから知覚し、行為することで、弥益にみずからを深め、明徴化するという「知行の功夫」を行うことを確認した。

そうした時、知行合一は、まず第一に「知行の本体」なる心理解について説明したものと言える。

その場合、知と行とが同等に存在してこその心の本体ではあるが、一方で、それは行の発生を知覚に組み込んでいくという点で、知が心の本体として認められていたということを意味する。(14) 第八条の「良知」は、陽明がこのことを自覚していた証拠ではないかと思うし、また、この知行理解の説き方が成熟するにつれ、後年の良知説に昇華していったのではないかと思われる。

では次に、「知行」と並列せねばならなかったのは何故か。この言葉で陽明が主張したかったのは、「工夫」というものに対する「誤解」である。我々一般が了解する工夫とは、現実の心と理想の心とを対置し、現実の心に手を加えて、遙か遠き理想の心へと誘うことである。しかし、知行の本体がみずから知覚し、行って弥益に明徴化するのであれば、工夫の主体は既に顕現している心の本体が行うものなので、全ては知行の本体、すなわち心の本体へと組み込まれ、前に挙げた一般的な工夫理解は成立不能となる。

故に知行の本体を知と呼称せず、敢えて行を挙げて一度知と並列させ、それは知と合一していると言明するのは、工夫は心の本体が行うものだ、と主張することが目的となるはずである。そうでなければ、これだけ知行理解が紛糾しているのだから、はじめからこれを知行と言わずに知と言えば済む話である。

そして、知行合一が否定されている訳ではないのに説かれる回数が減ったのは、立誠、存志、立志、思誠などにその説明を託したのだと考えれば、知行合一という言葉は、心理解よりも、工夫論の骨子に重点を置いて龍場大悟の内容を説明したものと考えることができる。

以上のような了解が得られれば、心即理は心理解に、知行合一は工夫論の骨子に問題の焦点を当てて、それぞれ龍場大悟の内容を説いていると考えられるのである[15]。本来心即理と知行合一とには力点の違いこそあれ、心即理にも工夫論は含まれているし、知行合一にも心理解は同様に含まれている。龍場大悟の内容を無条件に心即理とすることに異議を呈するのはこれによる。

聖人と等しい心であるはずの知行の本体、誠や志そのものが工夫することとは、聖人と等しいはずの心がなお成りゆき、明徴化することを示す。

五、無善無悪

ここまでで、知行合一に関する大枠の整理をしたつもりではあるが、知覚に対する検討が残されている。というのも、好色悪臭の話に見られるような知覚は、これまで事物全般に対する客観的知覚を前提として扱われてきた。確かに、陽明にとっての格物とは事を対象とするものであるから、あらゆる事物が知覚の対象になるのは勿論である。

しかし格物が、事物に対した人の心が倫理的意識一枚であるための工夫ならば、当然知覚も倫理的文脈で機能しなければならないはずである。例えば、親への愛情という意識が心に沸き立ち、温凊定省といった行為が発生して、一つ一つ意識の動きをただすことで、孝へ、ひいては仁へと洗練されるという陽明得意の工夫経路に親、知覚、行為、反省、という機構で知覚が配せられると、この知覚は紛れもなく倫理的文脈でのみ機能していることになり、倫理的意味づけと切り離された認識論は想定されていない。

認識論と言って思い出されるのは花間草の条（第百二条）である。この条は草花を如何に認識するかという話で捉えられ、好悪の情を私意として排し、伝統的な倫理規範からの脱却を説いたもの、所謂無善無悪説なるものを論旨とする先行研究がある。(16)

これがあるために、ともすれば陽明思想における倫理は後退しているかのように受け取られ、一歩間違えば仏老異端の如く見られることも起こってしまったのである。

したがって、無善無悪説を知行合一を論じる中に解決しなければ、工夫論の骨子である知行合一さえも、その地位を大きく後退して単なる認識論に組み込まれ、哲学談議中の一挿話に堕する可能性を生んでしまう。知行合一が工夫論の骨子であるためには、その知覚が倫理に絞り込まれなければならず、そうでなければ知覚の際限なき拡大と共に、それと合一している行為もまた、工夫とは無関係の所へと逸脱してしまうのである。

よってこれより無善無悪説を検討し、以て知覚に対する問題を結論づけて前期思想における知行合一検討の結びとしたい。

まず、第百二条の問答を顧みてみる。(17)

薛尚謙が花の間にあった草を除いた。そのことに因んで言った。「天地の間は、どうして善が培い難く悪が取り去り難いのでしょうか」。先生が言われた。「お前は培ったこともなければ、取ったこともない」。しばらくして先生が言われた。「これらの善悪の所見は皆軀殻から念を発しているのである。そこで錯ってしまうのだ」。尚謙はまだ理解しなかったので、先生が言われた。「天地の生意は花も草も同じである。どうして善悪の区別があったろうか。お前が花を観たければ、花を善とし草を悪とするが、もしも草を使いたければ、同じように草を善とするだろう。これらの善悪は、皆お前の心の好悪によって生じるものである。故に錯りであることが分かる」。

花が善で草が悪というが、見る者の動機如何で価値は変動する。また、天地の生意から見れば善悪などない。確かにここでは価値からの脱却を言っているようにしか見えない。現に薛尚謙はそう捉えて次の質問を発する。

（尚謙）では善も悪もないのですか。

（陽明）善もなく悪もないのは理の静であり、善があり悪があるのは気の動である。気に動かなければ善もなく悪もない。これを至善と言う。

無善無悪は理の静にして至善。ということは、至善は善一枚だから悪がなく、対となる悪がないから善と言う必要もないということか。

（尚謙）仏教でもまた無善無悪と言いますが、何が違うのでしょうか。

（陽明）仏教は無善無悪にあって一切の事に関わろうとしないから天下を治められない。聖人の無善無悪は、『書経』洪範の「好を作すことなく、悪を作すことなき」ように気に動かない。それでいて「王の道に遵いてその有極に会する」のである。すなわち、自ずから一に天理に循って、裁成輔相があるのである。

これを見る限り、先の予測で良いようである。無善無悪とは一に天理に循うことだから天理一枚であって人欲がない、対置される要素がないから一枚となった天理を敢えて善と名付ける必要もない、よって無善無悪なのである。しかし、一寸不可解なのは、好悪が否定的にとられていることである。「軀殻から発した念」という言葉によって、ここで言う好悪と『大学』の好悪との違いは容易に予想されるが、それはもう少し先で明らかにされる。


（尚謙）草が悪でないのであれば、草は取ってはなりませんね。

（陽明）そんなのは（我ら聖学と異なり）逆に仏老の意見である。草がさまたげとなるのであれば、お前が草を取っても構わない。

（尚謙）そうであれば好悪してることになります。

（陽明）好悪しないというのは、好悪が全くないというのではない。それでは知覚のない人である。しないというのは、好悪がただただ理に循い、草を取るのにも少しの意思もつけないということである。このようであれば、好悪と全く同じではない。

（尚謙）草を取るのにどうすればただただ理に循い、意思をつけないのでしょうか。

（陽明）草がさまたげとなり、理として取るべきであれば、取るだけである。偶々取らなくても心を患わせない。もしも少しの意思でもつけようものなら、心には患いを残し、多く気に動いてしまう。


意識が常に理に向かっていればこそ、理に沿う沿わぬという基準に基づいて好悪し、全ての事物の価値が決定され、草を取る取らぬといった行為が発生する。ここは知行の本体が顕れれば草花に対して「好き色を見、悪臭をかぐように」知覚を働かせ、「好き色を好み、悪臭を悪むように」して自ずから草を取るであろうと読み替えても全く通じる。

そこで格物の話となる。

(尚謙) そうであれば、物に善悪は全くないのですか。
(陽明) お前の心が理に循えば善であり、気に動けば悪である。
(尚謙) 結局物に善悪はないのですね。
(陽明) 心でこのようであれば、物でもまたそうである。世間の儒者は、このようであることを知らず、心を舎てて物を逐い、格物を間違って読んでいる。だから一日中外に馳せ求め、外の規範をむやみに取り、死ぬまで行ってもはっきりせず、習っても理解できないのである。

先儒に対する格物批判は、いうまでもなく『伝習録』上巻で孝を引き合いに論じてきた格物論の繰り返しであることから、陽明はいつものように、心に倫理を獲得する基盤があると主張していると考えるのが妥当であり、無善無悪の相に着いて価値から脱却することが理だとして、他の条と齟齬させるのは不自然である。仮に、仏老は無善無悪に着いて天下の事に関わらないが、陽明は無善無悪に着いて天下の事に関わり、既成倫理を超越した倫理を創造しようとしたという議論を立て得たとしても[18]、それは『伝習録』上巻、ひいては『全書』を含めた前期思想中全体の論旨と齟齬を来して支離滅裂になってしまう。

『大学』の好悪と軀殻から発した好悪との違いはどうか。

(尚謙) 好き色を好むようであり、悪臭を悪むようであるというのではどうでしょう。

（陽明）これは正しくただただ理に循うということである。天理はこのようでなければならない。もともと私意が好み悪むようなことはない。

（尚謙）好き色を好むように、悪臭を悪むようにというのでは、どうして意でないとできましょうか。

（陽明）逆にこれは意を誠にしているのである。これは私意ではない。誠意は天理に循うだけである。天理に循うといっても少しの意思もつけてはならない。故に『大学』では「忿懥好楽する所有れば、すなわちその正を得ず」と言うのである。これは廓然太公でなければならず、これは心の本体であって、これを知れば未発の中を知る。

伯生（孟源）が言った。「先生は「草がさまたげとなるなら、理として取らねばならぬ」と仰いました。何を根拠に軀殻から念を発しているとするのですか」。

（陽明）これはお前が体認しなければならないことだ。お前が草を取ろうとするのはどういう心か。周茂叔が窓前の草を除かなかったのはどういう心か。

「誠意は天理に循う」のであれば、誠は天理である。そして陽明はそれを廓然太公、心の本体、未発の中と言う。好悪は誠が行う好悪であり、この好悪なきは知覚なきに等しい。ここで、孝弟を知覚する良知をそのまま出せれば仁は用い切れないのに、私意がそうさせない、したがって、知を致して私意を消せ、これは誠意である、という第八条と本条とが重なり、あるいは、誠を思うと無意識に省察克治が行われるという第四十条と重なることに思い至る。意をつけないで誠にせよというのは、心が本来持っている好色を好み悪臭を悪む知行の本体の機能を発揮すれば、自ずから当為は遂行されるのだから、それ以外の主体による意識で判断するな、ということである。先の第八、四十条の誠が倫理的意識であったことを考えても、ここの誠だけが倫理と別文脈なはずがない。そうすると誠意もまた、「誠意は天理に循うだけである。天理に循うといっても少しの意志もつけてはならない」のであり、知行の本体を恢復して、その本体がする知行の工夫によって、倫理を獲得していくのである。この誠意解釈の当否については次章で確認する。

それはさておき、本条の主眼は倫理取得における知覚と格物、誠意の捉え方である。

更に本条の始めに語られた「天地の生意」という言葉に注目すると、第九十四条には

父子兄弟の愛は人心の生意発端の処であって、木が芽吹くようなものである。ここから「民を仁し、物を愛す」るのである。これが幹を発し枝を生じ、葉を生ずるのである。墨氏は兼愛して差等がない。自分の父子兄弟と道端の人とを一緒に看ている。これではみずから発端をなくして芽吹かない。[19]

とあって、人の生意が父子兄弟の愛に始まり仁へ向かっていくことが明示されている。天地の生意が草花の善悪を決めないからといって、人の生意が倫理を超越することなど陽明は端から考えていないのである。また、第百十二条で

人の心はもともと理義を説ぶものである。目がもともと色を説び、耳がもともと声を説ぶようなものである。ただ、人欲に覆われ、累わされて、はじめて説ばないことがあるのである。今人欲が日に日に消えれば、理義は日に日にひろがってくる。どうして説ばないことがあろうか。[20]

と説く。知覚が倫理的文脈を超越するなどと考えていなかった証左であろう。

無善無悪説とは、正に誠になり善一枚になりきった人の心の本体、すなわち倫理的意識一枚の心、一に理に循う様相を言い、物そのものに善悪は存在しないと言っているのである。陽明が認める好悪は、倫理に対する知覚をいう。かくみれば、これまでの知行合一、立誠、存志、立志、思誠、好悪、格物、誠意、省察克治、無善無悪が全て一貫して説明可能となる。

そうした時、無善無悪は心の本体、あるいは誠、知行の本体の一様相に過ぎないのであって、その意図する所は物に善悪はない、そして心が善一枚であれば悪がないから善と言う必要もない、という二点に限られ、無善無悪自体が何か陽明思想上の方向を決定づけるものではない。現に第百二条の論旨ですら、無善無悪ではなく、知覚と格物、誠意のことではなかったか。

結論として、知覚が倫理に対することに限定されていて、それ以外の認識論なるものが存在しない限り、知行合一説提唱の目的もまた、心の本体による倫理獲得のための方法論、すなわち工夫論の骨子に絞られることになる。(21)

それにしても、陽明の説明がこれ程誤解を生み、解釈の幅が出来やすいのは何故か。それは、無善無悪は倫理的意識一枚となった心の様相であると同時に、物自体には固定的な価値はないということも語っていて、第五条や第百二十六条で語られた知行の本体を恢復する工夫と知行の功夫とのように、一つの言葉、一つの文章で二つ以上のことを説明しようとするからである。

先程思誠と省察克治の関係でみてきたように、また次章で検討する誠意のように、知行合一の写し絵であるこれらは、当然この混同を継承しているのであるから、これは陽明の言葉の扱い方に通底する性格として留意しておく必要がある。

第二章注釈

（1）例えば岡田武彦氏は『王陽明と明末の儒学』（明徳出版社、一九七〇年、五七頁）で、「陽明の知行合一の精神からすれば、結局行ないを中心とするものであったということができる。すなわち行わねば知を致すことができないから、知行合一といったものである」と言い、山下龍二氏は『陽明学の研究』（現代情報社、一九七一年、一九〇～一九一頁）で「陽明は行をとおしてはじめて知は知となるという」「一般に知識は人間の感覚・心情・実践をとおしてはじめて真の知識となるというのである」「陽明の実践論はたんに知より行の方が大切だという実践強調論にあるのではない。実践をとおしてのみ知が成立し、実践の中にのみ理があらわれてくるというのである」と言う。無論これらは知と行とを結びつけるという単純な知行合一解釈ではない。だが、知が知識、あるいは知恵として捉えられ、工夫の力行によって知を真実にしていこうと解釈する。これに対し大西晴隆氏は『王陽明』（「人類の知的遺産」25、講談社、一九七九年、六頁）で、「陽明の立言の宗旨（本旨）は、知行合一の本体を指ししめすにあって知に対する行の優位を強調するものではけっしてない」とする。

（2）安田二郎氏『中国近世思想研究』（弘文堂、一九四八年、一七六頁）において、氏は陽明の修養論の特徴の一つとして「意志的緊張すら私意としてとらえられている」ことを挙げている。

（3）『全書』巻三十二「年譜」三十九歳の条、「悔昔在貴陽挙知行合一之教、紛紛異同、罔知所入。茲来乃与諸生静坐僧寺、使自悟性体」。

（4）「年譜」には「謫居両年、無可与語者。帰途乃幸得諸友。悔昔在貴陽挙知行合一之教、紛紛異同罔知所入」とあるが、「与辰中諸生」（『全書』巻四『文録』一）では「謫居両年、無可与語者。帰途乃得諸友。何幸何幸。方以為喜、又遽爾別去。極快快也」とあり、知行がどうのという話はない。

（5）『伝習録』第五条の全文を掲載する。

愛因未会先生知行合一之訓、与宗賢惟賢往復弁論未能決。以問於先生。先生曰、試挙看。愛曰、如今人儘有知得父当孝、兄当弟者、却不能孝、不能弟、便是知与行分明是両件。先生曰、此已被私欲隔断。不是知行的本体了。未有知而不行者。知而不行、只是未知。聖賢教人、知行正是要復那本体。不是着你只恁的便罷。故大学指箇真知行与人看。説如好好色、如悪悪臭、見好色属知、好好色属行。只見那好色時、已自好了。不是見了後又立箇心去好。聞悪臭属知、悪悪臭属行。

只聞那悪臭時、已自悪了。不是聞了後又立箇心去悪。如鼻塞人、雖見悪臭在前、鼻中不曾聞得。便亦不甚悪。亦只是不曾知臭。就如称某人知孝、某人知弟、必是其人已曾行孝、行弟、方可称他知孝、知弟。不成只是暁得説些孝弟的話、便可称為知孝弟。又如知痛、必已自痛了、方知痛。知寒、必已自寒了。知饑、必已自饑了。知行如何分得開。此便是知行的本体。不曾有私意隔断的。聖人教人、必要是如此、方可謂之知。不然、只是不曾知。此却是何等緊切着実的工夫。如今苦苦定要説知行做両箇、是甚麼意。某要説做一箇、是甚麼意。若不知立言宗旨、只管説一箇両箇、亦有甚用。愛曰、古人説知行做両箇、亦是要人見箇分暁。一行做知的工夫、一行做行的工夫、即功夫始有下落。先生曰、此却失了古人宗旨也。某嘗説知是行的主意、行是知的功夫、知是行之始、行是知之成。若会得時、只説一箇知、已自有行在。只説一箇行、已自有知在。古人所以既説一箇知、又説一箇行者、只為世間有一種人、懵懵懂懂的任意去做、全不解思惟省察也。只是箇冥行妄作、所以必説箇知、方纔行得是。又有一種人茫茫蕩蕩懸空去思索、全不肯着実躬行也。只是箇揣摸影響、所以必説一箇行、方纔知得真。此是古人不得已補偏救弊的説話。若見得這箇意時、即一言而足。今人却就将知行分作両件去做。以為必先知了、然後能行。我如今且去講習討論、做知的工夫、待知得真了、方去做行的工夫。故遂終身不行、亦遂終身不知。此不是小病痛。其来已非一日矣。某今説箇知行合一、正是対病的薬。又不是某鑿空杜撰。知行本体原是如此。今若知得宗旨時、即説両箇亦不妨、亦只是一箇。若不会宗旨、便説一箇亦済得甚事。只是閒説話。

(6) 来書云、真知即所以為行、不行不足謂之知。此為学者喫緊立教、俾務躬行則可。若真謂行即是知、恐其専求本心、遂遺物理、必有闇而不達之処。抑豈聖門知行並進之成法哉。

(7) 又曰、知是心之本体、心自然会知。見父自然知孝、見兄自然知弟、見孺子入井、自然知惻隠。此便是良知、不仮外求。若良知之発、更無私意障碍、即所謂充其惻隠之心、而仁不可勝用矣。然在常人不能無私意障碍。所以須用致知格物之功、勝私復理。即心之良知更無障碍、得以充塞流行、便是致其知。知致則意誠。

(8) 劉観時問未発之中是如何。先生曰、汝但戒慎不覩、恐懼不聞、養得此心、純是天理、便自然見。観時請略示気象。先生曰、啞子喫苦瓜、与你説不得。你要知此苦、還須你自喫。時曰仁在傍曰、如此才是真知、即是行矣。一時在座諸友皆有省。

(9) 知者行之始、行者知之成。聖学只一箇功夫。知行不可分作両事。

(10) 省察克治之功、則無時而可間。如去盗賊、須有箇掃除廓清之意。無事時将好色、好貨、好名等私、逐一追究搜尋出来、定要抜去病根、永不復起、方始為快。常如猫之捕鼠、一眼看着、一耳聴着、纔有一念萌動、即与克去、斬釘截鉄、不可姑容与他方便、不可窩蔵、不可放他出路、方是真実用功、方能掃除廓清、到得無私可克、自有端拱時在。雖曰何思何慮、非初学時事。初学必須思省察克治。即是思誠。只思一箇天理。到得天理純全、便是何思何慮矣。

(11) 僕近時与朋友論学、惟説立誠二字。殺人須就咽喉上著刀。吾人為学、当従心髄入微処用力。自然篤実光輝、雖私欲之萌、真是洪炉点雪、天下之大本立矣。

(12) 善念発而知之、而充之、悪念発而知之、而遏之。知与充与遏者志也。天聡明也。聖人只有此。学者当存此。

(13) 是以君子之学、無時無処而不以立志為事。正目而視之、無他見也。傾耳而聴之、無他聞也。如猫捕鼠、鶏覆卵、精神心思凝聚融結、而不復知有其他。然後此志常立、神気清明、義理昭著、一有私欲、即便知覚、自然容住不得矣。

(14) 知が心の本体として認められていた例としては、『伝習録』上巻、第百十九条が挙げられる。

(元亨) 知はどうして心の本体なのですか。

(陽明) 知は理の霊妙なところであり、主宰する処から説けば心と言い、稟賦する処から説けば性と言う。「孩提の童もその親を愛することを知らざるなく、その兄を敬することを知らざるなし」である。ただこの霊妙な能力が私欲に遮隔されず、充拓し尽くせば、完全に本体であり、「天地と徳を合す」である。聖人以下は蔽われることがない訳にはいかない。故に物を格して知を致さねばならぬ。

惟乾問、知如何是心之本体。先生曰、知是理之霊処、就其主宰処説、便謂之心。就其稟賦処説、便謂之性。孩提之童、無不知愛其親、無不知敬其兄。只是這箇霊能、不為私欲遮隔、充拓得尽、便完完是他本体。便与天地合徳。自聖人以下、不能無蔽。故須格物以致其知。

(15) 心即理と知行合一が同じ事の二側面を指すというのは、安田氏前掲書に「知行合一説の提唱は心即理説の中に含まれていたものが開かれたという以外の何ものでもあり得ない」(一九五頁) とあり、大西氏前掲書にも「知行合一とは、知と行が本来的に一つの渾然たる心 (主体) のはたらきの抽象された二側面であること、理との関連でいえば、心が本来的に理を直観定立すると同時に、理によってみずからの意志を規定するものであることをいう。つまりは、「心即理」の意味にほかならない。いわゆる知や行はこの心の本体に復帰、ないしは実現する工夫 (実践的努力) としての意味を持つ」(六頁) としてこれを指摘する。「心の本体に復帰、ないしは実現する努力」とは知行の工夫を指すものと筆者は理解し、これに賛同する。

(16) 荒木見悟氏は、『陽明学の位相』(研文出版、一九九二年) で、本条を無善無悪の議論に使用している。そして、「無善無悪は、単に悟りの一境に閉じこもるのではなく、治世安民のために既成の善悪観にとらわれず、自らの独自の判断によって、人倫界に積極的に改革の歩みを進めるということになる。無善無悪であればこそ、至善の実現も可能となるわけである」(一七八頁）と言う。だが、ここで注意すべきは荒木氏のいう「人倫」なるものは儒教的文脈の倫理ではなく、むしろ性善説と対置され、それを破壊し、それとは別の規範を創造することをいうのであることは「善と悪の抗争、天理と人欲の相克を、先入主にとらわれず分け入って、泥をかぶりつつ、善悪理欲の組み直し作業を行う」（一七五頁）「この無善無悪の実質は、朱子学的な性善説とは結びつき得ないであろう」（一八四頁）「仁義礼智は善なるもの、それをなみするものは悪なるものという平面的論理」（一八七頁）という当該書を読めば了解される。「禅を知る者にして然る後先生（陽明）の学を知り、先生の学を知りてすなわち能く禅を知る」（願学集、巻四、王門宗旨序）という鄒南皐の言葉は、よく時流を見抜いたものと思われる」（二六六頁）と評価する氏の人倫と、私のいう倫理とは異なる。

（17）　第百二条の全文。侃去花間草。因曰、天地間何善難培、悪難去。先生曰、未培、未去耳。少間曰、此等看善悪、皆従軀殻起念。便会錯。侃未達。曰、天地生意、花草一般。何曽有善悪之分。子欲観花、則以花為善、以草為悪、如欲用草時、復以草為善矣。此等善悪、皆由汝心好悪所生。故知是錯。曰、然則無善無悪乎。曰、無善無悪者、理之静。有善有悪者、気之動。不動於気、即無善無悪、是謂至善。曰、仏氏亦無善無悪、何以異。曰、仏氏着在無善無悪上、便一切都不管、不可以治天下。聖人無善無悪、只是無有作好、無有作悪、不動於気。然遵王之道会其有極。便自一循天理、便有箇裁成輔相。曰、草既非悪、即草不宜去矣。曰、如此却是仏老意見。草若有礙、何妨汝去。曰、如此又是作好作悪。曰、不作好悪、非是全無好悪。却是無知覚的人。謂之不作者、只是好悪一循於理。不去又着一分意思。如此即是不曽好悪一般。曰、去草如何是一循於理、不着意思。曰、草有妨礙、理亦宜去、去之而已。偶未即去、亦不累心。若着了一分意思、即心体便有貽累、便有許多動気処。曰、然則善悪全不在物。曰、只在汝心循理便是善、動気便是悪。曰、畢竟物無善悪。曰、在心如此、在物亦然。世儒惟不知此、舎心逐物、将格物之学、錯看了。終日馳求於外、只做得箇義襲而取、終身行不著、習不察。曰、如好好色、如悪悪臭、則如何。曰、此正是一循於理、是天理合如此。本無私意、作好作悪。曰、如好好色、如悪悪臭、安得非意。曰、却是誠意、不是私意。誠意只是循天理。雖是循天理、亦着不得一分意。故有所忿懥好楽、則不得其正。須是廓然大公、方是心之本体。知此即知未発之中。伯生曰、先生云、草有妨礙、理亦宜去。縁何又是軀殻起念。曰、此須汝心自体当。汝要去草是甚麼心。周茂叔窓前草不除是甚麼心。

（18）　荒木氏は前掲書一七八～一七九頁において、「無善無悪は単に悟りの一境に閉じこもるのではなく、治世安民のために既成の善悪観にとらわれず、自らの独自の判断によって、人倫界に積極的に改革の歩みを進めるということになる。無善無悪であればこそ、至善の実現も可能となるわけである」とする。

（19） 父子兄弟之愛、便是人心生意発端処、如木之抽芽。自此而仁民而愛物。便是発幹、生枝、生葉。墨氏兼愛無差等。将自家父子兄弟、与途人一般看。便自没了発端処不抽芽。
（20） 人心本自説理義。如目本説色、耳本説声。惟為人欲所蔽、所累、始有不説。今人欲日去、則理義日洽浹、安得不説。
（21） 安田氏前掲書「知行合一は全く倫理的要求から説かれたものの様である」（一九五頁）と言う指摘は正に本書の主張と一致する。

第三章　誠

一、統合

銭徳洪「刻文録叙説」によると、銭徳洪は知行合一、静坐、致良知を陽明の工夫論で最も重要な要素としていたように見える。しかし、同じく銭徳洪編集の「年譜」で、「格物致知の旨」を悟ったことを以て龍場大悟とし、「刻文録叙説」にて「吾が良知の二字は、龍場（大悟）の意図から逸脱してはいない」と述べた陽明が、大悟の対象であった格物致知を、知行合一や静坐より軽んじていたはずはない。正確に言えば「格物致知は誠意の功夫」と再三述べ、かつ「古本大学序」、『大学傍釈』を執筆して、格物致知と誠意とを結びつけたことから考えて、誠意こそこれらより軽く扱われていたはずがないのである。寧ろ、説いた回数という量、論旨という質にて比較すると、誠意の方が比重が重いことは論を俟たない。

問題は、銭徳洪が何故知行合一、静坐、致良知の三つを撰び、教の三変に据えたのかということであるが、これは「年譜」によって説明が可能であると考える。

前章で、知行合一が静坐と共に、前期に分類される書簡、あるいは『伝習録』上巻で論じられることは極めて少ないと指摘した。そして、その理由を、両者は失敗と見なされたからであるとし、知行ははじめから本体中に合一しており、聖人と同質であるこの知行の本体を「恢復する」ことが工夫だ、と言う説明が門弟に上手く伝わらず、知と行とを「合一する」ことが工夫であると受け取られて失敗したと結論づけた。

これと別の視点で徳洪の意図を見てみると、まず、正徳五年、三十九歳の条に、陽明が黄宗賢、応元忠に対して「学ぶ者が聖人になろうとすれば、必ず心の体を廓清し、纎翳も留めないようにして、真なる性を現すのをまってはじめて操持涵養の場があるだろう」と述べた、所謂「明鏡論」が挿入され、そこに銭徳洪が見解を附して「先生が教を立てたのは、皆実践を経てのことである。故に発言はこのように懇篤なのである。良知の宗旨を掲げてから後、吾が党は、領悟は大変易しいと思い、いい加減な見解を悟りと勘違いし、己の内に工夫することがなかった。故に吾が党で頭の回転の速い者は、往々にして何も成し得ないのである。非常に憂うべきことである[1]」と主張していることに留意される。そして、同じく正徳五年、三十九歳の条から、同九年、四十三歳の条にかけて、「学ぶ者にみずから本体を求めさせようとした」知行合一は「ぐちゃぐちゃしてああでもないこうでもないとなってしまい」、「みずから性体を悟らせようとした」静坐は「段々寂滅虚無に流れ込み、聖学から脱落して新奇な論を為し」てしまったという陽明の言を載せ、その後は「ただ学ぶ者に天理を存し、人欲を去り、省察克治の実功をさせた[2]」と記述している。

如上の記述から考えるに、銭徳洪は、知行合一の失敗を議論への堕落、静坐の失敗を虚無への堕落として、その事例を引き合いに、陽明没後、観念的議論、仏老的虚無に終始する王門後学を暗に批判し、先師は「真なる性を現すのをまってはじめて操持涵養の場がある」と言うけれど、省察克治の「実功」が先立たねば本体理解は不可能である、故に最終的に先師も「省察克治の実功をさせた」ではないか、と主張している訳である。確かに陽明の知行合一、静坐に関する言及が少ないという単純な事実からして、知行合一や静坐を教として立てたことは失敗であったという徳洪の判断は、牽強付会とは言えず説得力のあるものである。

そうすると、徳洪が知行合一、静坐、致良知を教として挙げたのは、陽明が本体の自覚から陽明の工夫論の骨子、

「本体の機能活性化による工夫の自動発生、工夫の完遂による本体の明徴化」を理解させようとした言葉がこの三者であるからということになろうか。徳洪の立場は、この骨子を承認した上で更に「実功」を強調することにあると言える。

では次に、陽明は何を問題にしていたかということであるが、これも如上の証言に拠る限り、まず「本体」「真性」を自覚した上でなければ工夫自体成立しようがない、と考えていたのであるから、前章の結論を踏まえ厳密に言えば、知行合一は「本体」「真性」について直截説明した言葉、静坐は「本体」「真性」の自覚へと至る方法について説明した言葉、という微妙な差異があるとはいえ、結局、いずれにせよ当時の弟子達が「本体」「真性」なるものを自覚することはできなかったと判断されたのであろう。

陽明は知行合一や静坐を、工夫論の骨子を直截的に理解させるのに適した教と判断したが、結局断念した。骨子が存在するということは、諸々の工夫を骨子の構造を投影した形式に転換するということ、すなわち統合を予定する。分裂、混乱という現状認識がなければ、統合を予定する骨子の表明は必要ない。それは、既に人口に膾炙し、手垢が付いて構造が崩れたと見なされる様々な工夫を、骨子の中に取り込んで全て同一の形式にしようと考えていたことに他ならない。陽明は各工夫の存在意義を、一つの工夫が現実のあらゆる場面に適応される際の諸相として認識し、それらの構造を一つの形式として統合しようとしていたのである。骨子の説明こそ、徳洪のいう「教」である。知行合一や静坐は、この骨子を把握させ骨子に統合するために設定された。しかしそれは結局不適格だった。これは説明効果の「失敗」なのであって、内容そのものは否定されていない。

徳洪はここで一度本体の自覚から離れて「実功」を意識的に行うことを説くが、陽明は果たしてそうしたのであろうか。「年譜」には「省察克治の実功」とあるが、そうした場合、骨子が反映されない工夫が説かれていたことになる。これは陽明の工夫論、ひいてはそれに密着している心理解も含めた、陽明の思想全般にとって大きな問題となる。ここで再び誠意に戻ってみたい。手垢が付いて構造が崩れていると思われた工夫の代表格は誠意である。そして、その誠意は説かれた回数、論旨の質において、陽明は失敗後もたゆまず統合を行ったのか、それとも本体の自覚と「実功」とを切り離したのかを検討するに最も相応しい言葉なのである。

二、誠意

陽明は、誠意を中心にしなければ『大学』の工夫が機能しないと考えた。これは陽明思想研究では常識的なことであるし、変更されることはないだろう。他方、陽明がかく主張し得る『大学』内部の論理的整合性については、いくつかの見解が存在する。

このことにつき私は、「古本をそのまま読めば、八条目の中心は「誠意」の条になり、決して朱子のように致知格物ではなくなる」と主張した山下龍二氏、それを更に進め「「誠意」が『大学』全条目の統体として、その理念としての権威を持っていた」ことに、陽明の誠意宣揚の基盤を見る水野実氏の議論がすでに正当な所を言い尽くしていると考えているので[3]、これ以外に論じる必要を覚えない。

そこで、先行研究の業績を前提としつつ、はじめに挙げた常識的なこと、すなわち「誠意中心」という思考が持つ射程から、誠意について検討してみたい。

「誠意の功は格物」「格物致知は誠意の功」という具合に、誠意と格物とはほとんど抱き合わせで提示される。これは『大学』解釈上の論理から言えば、格物は「意を誠にする」行為として理解されなければ機能しないと考えられていたのだから、陽明が格物に誠意を附しては、学ぶ者に注意を喚起したのは至極妥当なことである。格物は誠意に統合されている訳だが、逆に、誠意そのものは如何に理解されていたのであろうか。『伝習録』上巻第六十六条に興味深い問答がある。

(質問者) 知が至って後誠意というべきです。今、天理人欲を知り尽くしていないのに、どうして克己の工夫が出来るのですか。

(陽明) 人は真に己に切実になって功夫を用いてやまねば、心の天理の精微は日一日と見えてくる。私欲の精微もまた日一日と見えてくる。克己の功夫を用いなければ終日ただおしゃべりをしているに過ぎず、天理も人欲も結局見えないのである。(功夫とは) 人が路を行くのと同じなのだ。一段行ってみてはじめて一段が認識できる。岐路に行き当たって疑いがあれば問い、問うてはまた行き、はじめてだんだんと至り着こうと思うところへ到ることができるのだ。今、人は知っている天理を存しようとはせず、知っている人欲を去ろうとはせず、知り尽くすことが出来ないことをひたすら愁えているが、空論ばかりに明け暮れて何か益があるのかね。とりあえず自己に打ち克ち、私が克つことなきようにしてから知り尽くすことが出来ないと愁えても遅くはあるまい。(4)

質問者の言う知とは、自分と無関係な天理人欲に関する知識である。それに対し陽明の言う知とは、「知っている天理を存し」「知っている人欲を去る」という操作と一体になっていることから、我が心の意識に現れた天理人欲に対する知である。これは知識というよりも知覚というべきであろう。読書や議論によって知識として集積された天理人欲は、どこまで行っても他人事なので操作することは不可能であり、我が意識として生々しく現れた天理人欲でなければ、操作のしようがないからである。したがって、こうした生々しい意識の中に知覚されない観念的な天理人欲について、それは何かと議論しても工夫と何ら結びつかず、「終日ただおしゃべりをしているに過ぎ」ないのである。ここでまず、質問者が分類した「致知」「誠意」「克己」の内の「致知」解釈が否定される。

しかし、誠意、克己という作業が成立するためには、天理人欲を判断できる基準が存在せねばならないはずである。質問者の懸念はひとえにそこにある。故に質問者は「致知」を「知に至る」すなわち知識の集積とし、それを経た上での「誠意」「克己」をと訴える。質問者の解釈として「克己」は「誠意」と等しく、「致知」とは切り離されていた。己に克つ「克己」と等しい「誠意」は、人欲を去ることに力点が置かれた言葉である。したがって、質問者の思い描く工夫は、「致知」による天理人欲の知識集積、それに基づく「克己＝誠意」による人欲の排除という構造を持っており、天理は人欲を去った先に体得されるものとなる。

これに対し陽明は、目の前のことに取り組んでみて、そこにわき起こってくる意識の天理人欲に手を加えよと説く。つまり陽明からすれば、眼前の事物に取り組む中で意識として現れた、生々しい天理人欲の「精微は日一日と見えてくる」（知覚）のであり、克己完遂の中に致知は遂げられていく（知り尽くす）と説く。

ここで陽明は天理人欲を知覚すること、天理を存し人欲を去ること、天理人欲を知り尽くすことの全てを、克己の中にまとめてしまっている。この時点で克己は致知を取り込んでいるように見える。

しかし「真に己に切実になって工夫を用い」という表現にある切実さこそ、陽明が克己に求めていたものであり、切実なればこそ天理人欲は知覚され、手を加えられ、知り尽くされる。そして、走り、問うことは至り着こうとする切実な心によって行われるのであるから、切実であれば工夫を行って、やがて知り尽くすのである。もう一つ、質問者の出した「致知」「誠意」「克己」の内、陽明が言葉にしていないのは「誠意」のみであることも気にかかる。とすれば、質問者が誠意と克己との二つを同じく「人欲を去ること」にまとめたのを逆手にとって、克己の性格として「真に己に切実」であることと「工夫を用いる」こととを挙げ、切実にならなければ工夫は行えないのだから、最終的に「真に己に切実」になることに「人欲を去ること」を取り込んだと考えられる。それは切実になること、すなわち誠意の中に克己があるということになる。つまり、「致知」と「誠意」とを「克己」が兼ねるのではなく、「致知」と「克己」とを「誠意」が兼ねるのである。「誠意」さえ行えば、自然と「克己」が行われ、その中にある「致知」も遂げられる。陽明が敢えて切実になることを「誠意」と言わなかったのは、質問者が誠意を「克己」に取り込み、人欲を去ることと同義に考えている状況下でそれを「誠意」と言ってしまえば、切実にする「誠意」、人欲を去る「克己」、知覚し尽くす「致知」が段階的に並ぶと理解されてしまい、誠意がそれら全てを包むことを理解させられないと考えたからではないか。

切実な心が天理人欲を知覚可能ということは、切実さ、つまり誠に是非弁別機能が認められていることを意味する。そして、誠が日常わきおこる意識に認められている限り、その一時一事という場面設定の性格上、誠意の工夫は格物というべきものを有する。一時一事で知覚していくことでのみ、天理人欲の精微を知り尽くすのであり、知覚がより鋭敏になるということは、その知覚の母胎である切実な心が徹底して純化されているのであるから、この構造は陽明が好んで説く「格物は誠意の工夫」に他ならない。

つまり陽明は、克己や致知の説明をする際に「格物は誠意の工夫」の論理構造で説明して見せ、こうした工夫を誠意に統合しようとしているのである。これと非常に似た説明をしているのが、次に挙げる「答王天宇二」(『全書』巻四「文録」一)の問目の四番目である。

（天宇）誠身する者を上京する者に譬えると、至善は目的地、帝都に該当します。上京する者が、険阻艱難を辞せず、意を決し前へ向かうのは「心を存する」ことです。もしもこの人に帝都の所在を識らせないままに、何となく行こうとさせれば、南して越に至り、北して呉に走るような迷走をしてしまうでしょう。
（陽明）ただ険阻艱難を辞せず、意を決し前へ向かうということを（知識の探求とは）別に心に存しているのでは、まだ（決意と工夫とを）無理に合わせようとするを免れず、しかも要領を得ない。険阻艱難を辞せず、意を決し前へ向かうのは、正に誠意のことである。真にこのようであれば、道を問い、旅費を調達し、舟や車を準備することは、すべてそうせずにはおれないものだ。そうでなければ意を決し前へ向かうことなぞできようか。またどこへ進もうというのか。帝都がどこにあるか分からずに、何となく行こうとするのは、行きたいと思っているだけで、真に行ってはいない。こういう訳で道を問わず、旅費を調達せず、舟や車を準備しないのだ。意を決し前へ進むというのは、真に行っているということだ。真に行っている者は何となく行こうなどとするものか。これが工夫の最も切要なものである。(5)

至善へと向かう（誠身）には、意を決し前へ向かうこと（存心）と同時に帝都の所在を識ること（知識の獲得）の二つが必要であるとする王天宇。彼の説く誠身には、それを存心と知識の獲得とで分担して行う構造がある。その作業は最終的に誠身と名付けられるものの、実質的にはこの二つの工夫が行われるのである。この構造は結局、内（心）と外（読書）とを対象とした常識的な工夫論を展開しているに過ぎない。

陽明からすれば切実な心と分割可能な工夫などあり得ない。険阻艱難を辞せず、意を決し前へ向かうのは存心ではなく誠意だと陽明は言う。ここでは単純に存心が誠意と言い換えられているように見える。だがその後、「真にこのようであれば」「道を問い、旅費を調達し、舟や車を準備することは」「すべてそうせずにはおれない」のであると言う。つまり、「意を決し前へ進むこと（存心）」が「真にこのようであれば（誠意）」「そうせずにはおれない」から「道を問い、旅費を調達し、舟や車を準備する（知識の獲得）」のであって、「意を決し前へ進むこと（存心）」と「道を問い、旅費を調達し、舟や車を準備する（知識の獲得）」こととは、「真にこのようであること」の「すべてそうせずにはおれない」という切実さによって統合されている。すなわち誠意によって存心と知識の獲得とが統合されているのである。

帝都がどこにあるか分からない人は「真に行《い》ってはいない」ということは、「真に行く」人は帝都がどこにあるか分かっているということになる。「意を決し前へ進む（誠意）」というのは、真に行《い》っているということだ」、すなわち誠意している人は「真に行っている」人である。「真に行っていない」者は「帝都がどこにあるか分からず」「道を問わず、旅費を調達せず、舟や車を準備しない」のであるから、「真に行っている人」である誠意している人は、当然既に帝都がどこにあるか知り、道を問い、旅費を調達し、舟や車を準備しているのである。「真にこのようである」「真に行く」の「真」とは切実な心からの欲求、誠意に他ならず、誠身、存心、知識の獲得は誠意に統合されていく。

天宇が分断し並列した要素は切実な欲求を遂げんとする誠意の中に全て含まれているのであり、それは道を問うたり舟車を用意したりするように、具体的な一時一事を的確に処理する中に達成されていくということになる。ここでも前の第六十六条と同じく、誠意と格物との関係に全てを統合していこうとする意志が見えるのである。

陽明は、誠身、存心、知識の獲得の三者を誠意一者に統合して見せた。陽明の場合、心が切実（誠）ならば、それは必ず工夫となって現れ、その工夫は必ず至当で必ず目的地に辿り着くはずだと考える。判断、実践、効果が全て動機の純粋性の下、一体となってはじめて「真に行く」である。したがって、心を徹底的に切実にする内に、全ての問題が解決するのである。

結果が駄目なのは覚悟が足りないから、というのは実に情け容赦ない理屈ではあるが、そう言いきってしまえるのは、それだけ切実な心（誠）の力を鞏固に信頼していたことを物語る。「誠意」とは、一つ一つの人欲を去って誠にするというよりも、切実にすることを言うのである。切実であるとは、自然と格物を行っていることを予定する。

そうすると、陽明が誠意を強調するのは、単に工夫の場を心に設定したいというに止まらず、切実な心の是非判断機能に全面的に依拠した工夫論を展開したがっていたと考えた方が落ち着きが良いのではないだろうか。誠の切実さが天理人欲の精微を認識させる第六十六条、切実であれば自ら的確な方法と確実な結果がついてくると説く「答王天宇二」。両者の説く誠には明らかに天理人欲を弁別し、的確な方法と効果とを導き出す心への信頼が伺える。そしてその判断を一時一事の個別事象に対応する時に発揮して、その場その場の心をただし、実践、効果を創出して、心を弥益に切実にしていくのである。これはまず第一に、「本体の機能活性化による工夫の自動発生、工夫の完遂による本体の明徴化」という工夫論の骨子であり、そして次に格物を誠意に統合した「格物は誠意の工夫」という形式に他ならない。つまり、誠意への信頼は、心の本体と等しい誠への信頼に拠って生じているのである。とすれば、銭徳洪のいう教に誠意は該当しそうであるが、ここではまだ誠に対する本格的な説明が存在しない。

誠の考察はひとまず置き、ここで陽明が批判する「知と心との分断」こそ、彼が「手垢が付いて構造が崩れた」と感じたものである。知は、それが心の天理であろうと目的達成のために必要な知識であろうと、心の切実さを押し出すことでのみ獲得される。誠意と格物とを統合した誠意の形式は、諸々の工夫を同様の形式に統合して、分断を救おうとした。上に挙げた二つの例は「克己」と「誠身」に関する問答であるが、陽明は誠身、克己に止まらず、あらゆる工夫を誠意の形式に統合している。

こうしてみると、誠意の形式による工夫論こそが骨子であり、前期陽明思想の工夫論は誠意によって支配されていた、銭徳洪の言を借りれば、誠意こそ教であったようにも見えるが果たしてそうなのだろうか。

『伝習録』上巻徐曰仁後書、そして、薛尚謙所録の上巻最終条である第百三十条では、まるで念押しのように以下の表現が用いられる。

格物は誠意の工夫、明善は誠身の工夫、窮理は尽性の工夫、道問学は尊徳性の工夫、博文は約礼の工夫、惟精は惟一の工夫、諸々この類型である。(6)　（曰仁後書）

『中庸』の工夫は誠身であり、誠身の極は至誠である。『大学』の工夫は誠意であり、誠意の極は至善である。工夫は全て同じである。今、こちらは「敬」であちらは「誠」などと断り書きをつけるのは蛇足になってしまう。(7)　（第百三十条）

曰仁後書で挙げられた工夫は、皆が同じ分量で説かれてはいない。誠意と共に繰り返し説かれるのは、誠身だけと言っても過言ではない。そしてその誠身が誠意に統合されていることは、先に確認した通りである。したがって、「諸々この類型」と言われる形式が誠意より来ていることは明らかである。

誠意の形式は、あらゆる工夫を統合する所まで射程に入れたものであった。しかし、第百三十条を見る限り重要なのは誠であって、誠に込められた意味が全工夫を誠意の形式に統合させる機能を持っていることに留意せねばならない。だがここでも、誠意の統合力を担保するはずの誠の説明が不十分である。

誠身と明善の関係については、「与王純甫二」（『全書』巻四「文録」一）に詳しい。

心は身に主となっている。性は心に具わっている。善は性にもとづいている。孟子が性善というのはこのことだ。善は吾が性である。一定の形、定まった居場所がある訳ではない。それが善はどこに由来する、どこにある、などと言えようか。（中略）物にあっては理、物に対処しては義、性にあっては善。指す所で名は異なるが、実は皆我が心なのだ。心外に物なく、心外に事なく、心外に理なく、心外に義なく、心外に善なし。吾が心が物に対処して、理に純で人偽の雑わることがなければ、善と言える。（中略）私としては、明善を誠身の功夫とする。誠とは無妄を言う。誠身の誠とは無妄にならんとすることを言う。「これを誠にする」の工夫は明善がそれに当たる。故に博学とは「これを誠にする」ことを学ぶのであり、審問とは「これを誠にする」ことを問うのであり、慎思とは「これを誠にする」ことを思うのであり、明弁とは「これを誠にする」ことを弁えるのであり、篤行とは「これを誠にする」ことを行うのである。皆明善であって「これを誠にする」工夫である。故に誠身にはやり方がある。明善は誠身の方法である。善に明らかでなければ、身を誠にすることはない。明善の外に別に誠身の工夫というものはない。誠身の始めは身は誠ではない。故に「これを誠にする」ことを明善というのだ。明善の極は身誠である。もしも明善の功夫があってさらに誠身の功夫があると言ってしまえば、離れて二つにしてしまう。毫釐千里の謬りを免れるのは難しいぞ。(8)

第一段、倫理（善）は外にはなく、心に具わっているということ。第二段、心が物に対処して天理一枚となれば善と言えるということ。第三段、学問思弁もその瞬間の心を天理一枚にするための努力、すなわち明善に他ならない。それは結局「これを誠にする」誠身を行うことに他ならず、一方で読書して善を観念的に認識し、一方で誠身を行うように、二つに分けることがあってはならないということ。

『中庸』の論理を簡潔にまとめた説明ではあるが、「答王天宇二」の問目の五番目で『大学』の誠意は『中庸』の誠身である。『大学』の格物致知は『中庸』の明善である。博学、審問、慎思、明弁、篤行は明善であって、誠身の功夫である(9)」と説いていることから、これも『中庸』を読んで着想を得た議論ではなく、誠意の形式を誠身と明善との関係に当て嵌めていることが了解される。

陽明は、誠意格物と共に、誠身明善、尽性窮理、尊徳性道問学、約礼博文、惟一惟精の全てがそもそも同一の関係で存在すると考えていたのだから、誠意からの形式展開という表現は、陽明としては首肯し得ないものかもしれない。しかし、誠意の形式から説明したことは、説明を受ける側から見れば、誠意の形式を他の経書に持ち込んだと見えても致し方ないことではある。

ではやはり誠意は教なのだろうか。

そうとは言えない。『伝習録』上巻第百二十条における朱守衡の問いで出現する、誠意の先に獲得される心について「未発の中」であると説明している(10)。

もし兎にも角にも誠意ありきでそれを別の論理を有していたはずの他の経書に持ち込んで統合したという認識が陽明にあれば、誠意で全てを説明すべきである。しかし、最前から疑問として留め置かれていたように、誠意を機能化するためには、誠の説明がその枢機となるのだが、誠意に対するどの説明でも、誠に対する本格的な説明はされておらず、それればかりか、心の本体解釈を『中庸』の「未発の中」に任せているということは、誠意の教としての不完全性を露呈することとなる。

知行合一と静坐との失敗は、本体自覚の失敗によるものであったことを思い返せば、誠意が本体の説明を放棄している時点で、誠意のみでは工夫論の骨子劈頭の「本体の機能活性化」が説明し尽くせず、骨子の説明として不十分であり、したがって教とはなり得ない。

確かに誠意の形式は、他の工夫を射程に入れ、統合する説明としては有効である。しかし、致良知説が良知を致すという工夫の説明と、良知は何であるかという本体の説明とを全て説明できたのに対し、工夫の説明である誠意の形式は、誠の説明を欠いている。誠意は、「意を誠にする」という、一見すると意の操作に力点を置いた工夫である。しかし、陽明の説き方であれば、良知の先験的な把握を根拠に致良知を説いたように、誠に対する先験的な理解を根拠として誠意が説かれていることになる。つまり、「意の操作」ではなく「誠の実現」に力点が置かれるのである。誠に良知と等しい「心の本体」が認められるからこそ、誠意はその確信に基づき、誠の実現の工夫として他の工夫を統合し得るのである。したがって、誠意が全工夫を射程に入れ統合することが出来る根拠、すなわち誠を検討せねばならない。

三、誠

誠への接近方法は誠意、誠身のみではない。

『大学』の誠意、『中庸』の誠身と共に『孟子』の「誠を思う」（思誠）もまた陽明は説明に使っている。しかし、思誠は後期思想で誠を論じた「南岡説」（『全書』巻二十四「外集」六）や『伝習録』中巻「答欧陽崇一四」に引き継がれているとはいえ、その分量は、誠意、誠身に遠く及ばない。前期でもこれについて論じているのは、『伝習録』上巻第四十条、並びに同百二十二条のみである。それをここで採り上げたのは、この二つがそれぞれ特徴的な説明を附されているからである。

三、誠

（孔子が）「何をか思い、何をか慮らん」と言ったとはいえ、これは初学の時の事ではない。初学には必ず省察克治を思わねばならぬ。これは「誠を思う」ということである。ただ天理を思い、天理が純粋で全きものになるまでに到ることが出来れば、「何をか思い、何をか慮らん」である。[11]

（第四十条）

誠を工夫として説く者があるが、（そうではなくて）誠は心の本体である。本体を恢復することを求めるのが「誠を思う」工夫である。明道が「誠敬を以てこれを存す」と説いたのもこの意味である。『大学』には「その心を正さんと欲すれば、先ずその意を誠にす」とある。[12]

（第百二十二条）

第四十条、これは前章でも引用した。省察克治を思うことは誠を思うことと言うように、省察克治と誠とが同一視され、更に誠は「何をか思い、何をか慮らん」という無意識をも合わせ持つ。つまり誠は本来、無意識に省察克治する心であるが、人欲の間雑がある内は心に葛藤があり無意識ではいられない。よって、誠の機能である省察克治を意識的に遂行することで、誠である状態を強行的に実現して純粋性を取り戻し、「何をか思い、何をか慮らん」に落ち着かせていくのである。単なる無意識ではない。無意識に省察克治するという所に陽明の誠理解が現れている。

第百二十条、「誠を工夫として説く者」は、第四十条の陽明の思考に抵触する。「本体を恢復する」とは誠を恢復するのであって、誠は工夫によって恢復されるもの、思誠の対象であり、思誠は誠意に等しい。「誠を思う」ことと、「意を誠にする」こととが内容を等しくするというのは、前者の対象は誠であり、後者の対象は意識なのだから本来違和感を覚えるはずだが、誠意が誠（切実さ）に力点を置いていたことを想起すれば、実は両者共に「誠」を対象としていたことが了解されるのである。

こうしてみると、思誠の説明は誠の実現を直截的に表現しているのだから、思誠を教とすれば良いのではないかと思わなくもないが、思誠は誠意のような工夫の説明展開を見せない。思誠の対象として実現される誠は対象という性格上、どこまでも客体であって静的であり、それは誠の一面に過ぎないからである。

というのも、陽明が誠に見ていた機能は、工夫の単なる対象に止まらず、人が何らかのきっかけでそれをつかみ取るや否や、誠が主体となってその機能を働かせ、今度は人を指導する力を持ちはじめるのである。「悔斎説」（『全書』巻二十六「外集」六）ではそれが述べられている。

悔いるというのは善の端緒である。誠が恢復したのである。君子は悔いることで善に遷り、小人は悔いることで決して悪を肆にしない。ただ聖人であって後、悔なく、不善なく、常に誠であることが出来るのである。[13]

誠は日常の場で出現し、人に善へ向かうように指導するものである。そして後悔している時点で既に「誠が恢復した状態」なのであって、後悔しているのは誠に他ならない。ただ、聖人だけが「常に誠」なので悔いがない。したがって、学ぶ者は後で誠が悔いることのないように、常に誠であるよう努力せねばならない。ここでは誠の持続だけが、学ぶ者の前に立ちはだかっている。「鄭徳夫帰省序」(『全書』巻七「文録」四)では、誠の先天性が明確に指摘され、持続の要求がなされる。

(徳夫)心は何の根拠があって是非を定められるのですか。

(陽明)(孟子が言うように)「是非の心無きは人に非ず」です。(どんな人でも)甘苦に対して口は(あの名料理人であった)易牙と同じように区別します。美醜に対して目は(あの最も目の良い人であった)離婁と同じように区別します。是非に対して心は聖人と同じように区別します。しかし、是非を味ませるものがあると道に対する心の判別能力は、味に対する口、色に対する目のように切実にはできなくなります。そうして後、私欲が(心を)蔽ってしまうのです。貴方は立誠に務めるだけで良いのです。貴方はただ、道に対する心が、味に対する口、色に対する目のように判別できないことだけをお考え下さい。(我々にとって心の問題が大事なのですから)甘苦美醜の分類をとりたてて議論する必要はございますまい[14]。

三、誠

誠は遠くにあるものではなく、甘苦美醜に対する知覚の如く、既に我が心に実現しているものである。そしてその存在は、我が心の是非弁別の働きによって自覚される。学ぶ者はそれを味ませず、ただ持続すれば良いのである。持続ということが工夫になると、立誠という名が冠せられる。立誠に関しては、その重要性が既に岡田武彦氏によって指摘されており(「与黄宗賢五」(『全書』巻四「文録」一)[15])、立誠を行うと「自然に篤実光輝し、私欲が萌したとしても、全く行燈に雪が点るようなもので消え去り、天下の大本が立つのである[16]」の語がその顕著な例として挙げられているが、他に「林典卿帰省序」(『全書』巻七「文録」四)、「贈周以善帰省序」(同上)、「書王天宇巻」(『全書』巻八「文録」五）でも説かれており、陽明が立誠を意識的に説いていたことが分かる。また、『伝習録』上巻第百二十一条、黄正之の「慎独」に関する質問に対し陽明は立誠を挙げ、立誠は「誠身の精神命脈の全体」なるものと説き、『大学』『中庸』を横断して説いている。

（『大学』の）「独知の処」とは誠の萌芽である。ここでは善念悪念は論じられる以前の状態であり、さらにごまかしもない。（ここで）正しければその後の言動は全て正しく、錯まれば全て錯まる。正にこれこそ王覇、義利、誠偽、善悪の分かれ道である。ここで一度（誠を）立てれば立ち定まる。これぞ本を端し源を澄ますことであり、これぞ立誠である。古人が説いた多岐に渉る（『中庸』の）誠身の工夫は、ここに精神命脈の全体があるのだ。[17]

陽明が誠に観たものは、意識の是非を弁別し、その人を指導する機能ばかりではない。それは自己に止まらず、他者への強烈な感化力としても現れる。『伝習録』上巻第四十四条、衛の御家騒動に孔子は如何に対処して名を正すかとの問いに、陽明は、単に外面の肩書き通りにすることを要求するのではなく、誠を以て彼らを感化してあるべき父子君臣関係を恢復させるのだと答え、「聖人の盛徳至誠は必ず衛の輒を感化し、父をなみすることは人でなしだということを知らしめる」[18]と誠の力を極めて高く見積もっている。誠の外への働きかけは、倫理的秩序になりきった人間が、徳行を通じて社会を秩序化するという形で現れると説くのが、「書欒恵巻」（『全書』巻二十六「外集」六）である。

孔子は「言は忠信、行は篤敬。蛮貊の邦と雖も行われん」と仰った。しかし（この孔子の言葉には続きがあり）

「立てば則ちその前に参むを見、輿に在れば則ちその衡に倚るを見て而る後に行われん」である。お前は立って前に参み、衡に倚る（ような、徳行として具現化する程の）誠に務めているかね。至誠にして動かされないものは存在しない。誠でなければ人を動かすことはできない[19]。

三、誠

誠は倫理である。それも、人をして寸毫違わず徳行を行わずにはおられないようにさせる心である。そして、それは他者に強烈に働きかけ、社会に秩序を与える心である。故に行為は全て誠に執り行われることによって、行為を徳行へと昇華し、徳行は現前する社会的諸相に展開していって、やがて心に完全な倫理を獲得させる。梁仲用の黙斎という書斎に掲げる文を依頼されて送った「梁仲用黙斎説」（『全書』巻七「文録」四）では、誠という専一状態を得てはじめて黙することに意味が出て、完成へと向かうということを『論語』、『易経』「繋辞伝」における孔子の言葉を用いて、順序立てて説いている。

（黙には）八誠というものがある。孔子は「君子はその言を恥じてその行いを過ぐ」「古、言の出でざるは、躬の逮ばざるを恥ずればなり」と仰った。故に誠に恥を知って、後に黙を知るのである。更に孔子は「君子は言に訥にして、行いに敏ならんと欲す」とも仰った。誠に行に敏速であって、後に黙を知るのである。「仁者は言や訒」（仁の実現は難しい）故に自然と黙っているものである。また「黙してこれを識る」とも仰った。黙っているから必然的に識る所がある。（顔子が）終日黙することに違うことがなかった様は愚者のようであった。「黙してこれを成す」黙っているから必ず成す所がある。（顔子が孔子の御前を）退いてから（孔子が顔子の）私生活を見てみると教育するに足るものであった。故に善く黙すことは、顔子が最も優れている。外を飾らず内から徳を明らかにするのは、黙が積まれた状態である。「言わずして信」かくして黙の道は完成する。「天何をか言わんや。四時行われ、万物生ず」かくして黙の道は至る。聖人でなければ誰がここに与ることができようか。これを八誠と言う[20]。

（「梁仲用黙斎之説」）

黙の過程に八つある。

①「君子はその言を恥じてその行いを過ぐ」（君子はべらべら議論することを恥じるかわりに行動を徹底する）。
②「古、言の出でざるは、躬の逮ばざるを恥ずればなり」（古人が議論しないのは、行動が伴わないことを恥じるからだ）。
③「君子は言に訥にして、行いに敏ならんと欲す」（君子はあまりしゃべらず速やかに行動しようとする）。
④「仁者は言や訒」（仁者は議論することを慎む）。
⑤「黙してこれを識る」（黙って識る）。
⑥「黙してこれを成す」（黙って成果をあげる）。
⑦「言わずして信」（言葉によらないで信を得る）。
⑧「天何をか言わんや。四時行われ、万物生ず」（天は何も言わない。天は何も言うことなくして四時を巡らせ、万物を生じる）。

黙斎という書斎に掲げる文ということで、黙ることについて論じているのは当然と言えるが、問題は黙るということを論じているのに、これを「八誠」と名付けていることである。

①②で恥が黙を生むとされ、③で行動、④で議論を慎み、⑤で識り、⑥で成果をあげ、⑦で信を得、⑧で天地万物

に効果を推し及ぼす。かくて「黙の道は至る」。ここで黙ることとは、それ自体に何かの効果があるのではなく、顔淵のように恥を知り、徳行に専一になることで自然と黙り込むのであり、この場合黙は表面的な様子に過ぎず、⑤以降⑧に至るまでの工夫と効果とは、黙るという行為がなさしめたものではなく、専一状態がなさしめたものである。つまり陽明は、ただ黙れば良いのではなく、それは専一であることによって自然とそうなっていることが必要なのであり、大事なのは専一であること、すなわち誠だと言っていることになる。

誠は徳行を専一にする形を採って立ち現れる。「誠に恥を知る」「誠に行に敏」にしか誠字は附されていないのに、その後の徳行も含めて「八誠」と総称されるのは、これまで見てきた誠の発生と持続の形式から言って、徳行を引き起こし展開して完成へと向かうのもまた「恥を知る」が故に「行に敏速」となる誠である。恥を知るのも行動するのも誠である。「一棒一条痕、一摑一掌血」の如く、みずからの至らなさを嫌気がさす程に痛感し恥を知ればこそ徳行に邁進せんとし、その切実さが③~⑧までに成熟していくのであって、①~⑧全体を貫くのは、①②で出現した切実な問題意識、誠であり、故にこれに貫かれた全体を「八誠」と言うのである。誠は、立ち現れ、またみずからを弥益に明らめずにはおれない。それはまた⑦⑧のように他者へ社会へと働きかけ、秩序を与える心でもある。誠には、「誠である」ことと「誠になっていく」ことの二つの顔が与えられている。誠は単なる対象に止まらないとはこの意である。誠のみならず、陽明が心の本体を説く時にはいつもこのように二つの意味を付与した説き方をする。

誠には、是非を知覚し、人を指導して専一に徳行を行わせ、弥益に倫理的秩序（誠）になりきるよう導き、徳行を通じた強烈な感化力を以て社会を秩序化する力が認められている。誠に対するこのような信頼があればこそ、経書を横断して射程に入れた統合力を誠意に付与し得るのである。しかもこの誠理解は誠意から導かれたものではない。何故なら誠意とは本来「意を誠にする」ことであり、通常個別事象に対する「現実的」意識に手を加えて誠という「理想的」状態へ持って行く工夫であるが、陽明の説き方であれば、いきなり誠を強行的に実現して、誠の力で是非を知覚し、誠の切実さで天理を存し人欲を去って、誠である状態を永続させようとする工夫となるのであって、そこには現実と理想との区別などなく、誠は切実さを以て専一に工夫を行う、生々しい倫理的意識それ自体なのである。つまり、陽明の思考では、誠に対する理解が先にあり、それが誠意を陽明の工夫論の骨子に適合するように変質させ、統合力を与えたと考えられる。しかしながら、「年譜」『伝習録』『全集』のいずれにも「誠の発見」は説かれておらず、誠を発見したという事実は確認できない。

この疑問を解決すべく「年譜」を振り返ってみると、「格物致知の旨」を悟った陽明は、「聖人の道は吾が性に自足しており、以前理を事物に求めたのは誤りであったことを知った」とされているように、理は心にあることを知った。故に心即理と言い、「本体」と言い、「性体」と言って、それに基づく工夫論の骨子を提出したのではなかったか。すなわち、まず心理解があり、それに誠という相を与えて、誠の絶対性に根拠を持った誠意の形式が提示されたと考えれば、誠に何故このように重要な意味を認めているのかという説明がつく。

更に、水野氏、山下氏が明らかにした如く、元来『大学』内部の論理で誠意中心の解釈が自然と行い得るのであるから、陽明からすれば心の本体の性格と、誠意に格物を統合する『大学』固有の形式とが符節を合するが如く思われ、誠意の形式で他の経書解釈を統合して説明しようとしたのも、同じく自然の勢と言える。

ただ、心の本体の性格からすれば、誠意よりも立誠の方が、「意を誠にするのもまた誠」という説明がし易く、前述の通り誠意から誠の説明は引き出し難い。したがって誠意は教になり得ない。また、誠意という言葉を用いた統合は、経書中の言葉に対してのみ行われるに止まり、致良知説以後は誠意もまた致良知に統合される。経書には記述のない知行合一、立志などには適応されていないことも、誠意に期待された役割が経書の工夫論の統合に限定されていることを示唆している。誠意の形式は、陽明の心理解が自分の思いつきではなくて、経書の論理と共通していることを証明するために提示されたと考えるべきである。

四、未発の中

もう一つ確認しておくことがある。それは先程引いた用例で、誠意の先に獲得される心について「未発の中」と表現していたことについてである。これは誠と如何なる関わりがあるのか。『伝習録』第八十九条では、誠意と修身、正心の関係が以下の通り述べられている。

工夫の難しい処は、全て格物致知にある。これは誠意のことであり、意が誠になってしまえば、心もおおむね自ずから正しく、身もまた自ずから修まるものである。ただ、正心、修身の工夫もまたそれぞれ力を用いる処がある。修身は已発に関するものであり、正心は未発に関するものである。心が正しいのは中であり、身が修まるのは和である。(21)

誠意の中に修身と正心とが組み込まれているものの、それぞれ修身、正心にも留意せよという条であるが、修身、正心についてまとまった説明がされている箇所は『伝習録』『全書』共にないと言って良い。本条でも修身、正心は原則的に誠意に含まれているとしていることから、陽明としては修身、正心を誠意と切り離して説明したい訳ではなかろう。そうすると、ここで修身、正心がこのように強調されているのは、対象である已発、未発に話を広げたいからと見るのが、『全書』『伝習録』全体の文脈からして妥当である。

已発と未発であるが、『全書』『伝習録』全体を見ると、已発に比べて未発の説明が圧倒的に多い。したがって、陽明は未発に対して明確なイメージを持っていたと見るべきである。それにつき、已発と未発の関係について論じた第四十六条、已発未発と誠との関係に言及した第七十七条を見てみる。

未発の中は常人も具有する、と言ってはならぬ。やはり体用一源であって、体があれば用があり、未発の中があれば、発して節に中る和がある。今の人は発して皆節に中る和がない。これは彼が未発の中もまた全うできていないことと知らねばならぬ。[22]（第四十六条）

（原静）喜怒哀楽の中和につきまして、常人ではそれを完全に体現することはもとよりできないことですが、一つの小事に喜怒すべき場合、平時から連続した喜怒の心がなくて、その時に行き当たって節に中ることができれば、（そこに関する限りは）中和と言っても宜しいでしょうか。

（陽明）一時一事に限定しても、やはり中和と言って良い。しかし、大本達道と言ってはならぬ。人の性は皆善である。中和は人々が元々保有するものなので、ないと言ってはならない。ただ、常人の心は晦まされてしまっているので、本体は時々現れてはくるものの、結局明らかになったり隠れたりして、全体大用ではない。常に中であって大本と言え、常に和であって達道と言う。天下の至誠だけが天下の大本を立てるのである。[23]（第七十七条）

第四十六条、已発の和が達成されねば未発の中も実現されてはいない。これ自体は左程珍しい理屈ではないが、「未発の中は常人も具有する」と言えない理由について説明しているのであるから、比重は未発の中にある。未発の中は已発の和と「体用一源」なので、未発を「体」、已発を「用」と見ていたと言える。では、未発の中は何故「常人も具有する」と言えないのか。それは、「発して皆節に中る和」がないからと言われるが、ここで陽明が強調しているのは「皆」であり、已発の和が全局面で断続的に達成できていることである。つまり、未発の中を具有していると言い得るためには、それと一体である已発の和が、一時一事に応じて常に達成されていることが求められる。常に已発の和が達成されてこそ、未発の中は常人が具有するものとなる。これが「体用一源」である。これだけを見れば、已発の和を絶えず達成することでしか未発の中は実現されないという説明にも見える。

だが第七十七条、中和を完全に体現することはできないので、一時一事で節に中ることに中和を見出していけば良いのかという陸原静の質問は、一時一事で節に中ること、すなわち已発の和に工夫の重点を置いているのだが、陽明はそれを本質的な議論ではないと言う。というのは、一時一事に限定して節に中り、その瞬間は中和が実現できても、「大本達道」(常に中であり、常に和である)は実現できないからである。続けて陽明は、中和は人々が元々保有するものだが、常人の心は晦まされており、「本体」が明らかになったり隠れたりすると言う。ということは、本体が顕現すれば中であり和であるが、本体が晦まされれば中でもなく和でもなくなる。要するに、中和(心が正しく身が修まる)は「本体」に含まれているのだから、本体の顕現によって中和を断続的に実現するべきであると陽明は考えているのである。

したがって、ここで問題とされているのは「本体」を如何にして顕現するかである。故に陽明は、已発から一時一事の中和を実現することよりも、「天下の大本」を「立てる」ことで、常に中和であることを求める。この「大本」

とは「常に中であること」、すなわち「未発の中」であるから一見すると已発の和を欠いて「本体」ではないかのようにも思えるが、先程見た通り中和は「本体」に含まれており、また第四十六条の「やはり体用一源であって」という言葉の通り、この「大本」（常に中である）は「達道」（常に和である）を含んでいる。そしてこれを立てるのは天下の「至誠」であるということは、第八十九条で確認した、誠意の中に正心（未発）・修身（已発）が組み込まれる構造がそのまま使用されていることが分かる。また、第七十七条を見る限り、「大本を立てる」とだけ言って「達道」をその中に含んでいるため、ここでは「未発の中」が「已発の和」を含んで「本体」とほぼ同様の扱いを受けていることが分かる。確かに陽明は、已発に比べて未発の議論が圧倒的に多いのだから、結局は已発の和を含んでいるという前提で、未発の中が主題となるのである。

　では未発の中に已発の和を組み込むことには、そもそも如何なる意味があるのか。この疑問に答えるのが心と体用動静との関係である。『伝習録』上巻、第百九条の問答では、「心の静かな状態を体」「心の動いた状態を用」という質問が出てくる。

（尚謙）先儒は心の静かな状態を体と言い、心の動いた状態を用としていますがどうですか。
（陽明）心の動静を体用としてはならない。動静は時である。体から体用を論ずれば、用は体に含まれている。用から体用を論ずれば、体は用に含まれている。これを「体用一源」と言う。もし静には体が見え、動には用が見えると説くのであれば、妨げはない。[24]

尚謙の質問だと、心が動いた状態に体は存在せず、心が静かな状態に用は存在しないことになる。それに対し陽明は、動静に拘わらず、体用を具えた心はいつも一者として具現していると説く。動静は時であり、動には用が目立ち、静には体が目立つに過ぎず、両者は心に具わっているのであるから、体が消えたり用が消えたりすることはない。

　こうした質問の背景には、静時の心には何の意識もないという誤解がある。つまり、体理解に問題があるのである。心は一時たりとて意識のないことはない。

　同第八十八条に

（質問者）格物は心が動いたところで工夫するものでしょうか。

（陽明）格物は動静をへだつことはない。静も物である。孟子は「必ず事とするあり」と言っているではないか。これは動静を皆事とするのである。[25]

とあるが、「静も物である」というのは「物は事」という陽明の決まり文句、また末尾「動静を皆事とする」から考えて、「静も事である」と理解すべきである。静が事と説かれたからには、静という事態にふさわしい意識の持ちようが求められており、ここで徒に意識の対象を他に探して妄動したり、あるいは寂に帰して茫漠とした境地に身を委ねることがあってはならず、静時もそれにふさわしい意識に専一であること、それが静時の格物である。静時における意識の持ちようを一つの事として、専一な意識を堅持し続けること、これが「必ず事とするあり」である。したがって、静といってもそれは意識がない状態ではなく、意識が専一となり、それ以外の要素で徒に外物に振り回されぬよう、統制されている状態の静けさを言うのである。[26]
　このように陽明は、静的で空虚な心と、動的で妄動する心とが二つあるような心理解が発生することに非常な警戒を抱いている。未発の中を単独で体とし、用と切り離せば、意識のない心が体として存在し、それに用いる工夫は心を静め、意識を消す方向へ走りかねない。同じように已発の和を体と切り離せば、一時一事の意識を刺激する外物に価値の重点が移り、目立った出来事がなければ心は存在しないと誤解し、心を刺激する出来事を求めて常に右往左往して、心の主体性が喪失しかねない。故に体用一源に基づく心の本体を理解させるべく、未発の中と已発の和とを論じる中に、両者を統合する「大本」（未発の中）を提示するのである。

体と用との二項対立で体を重視するか用を重視するかという議論に意味はない。陽明が指示しているのは、体用を統合した「本体」という、絶対一者としての体なのである。その時、学ぶ者はこの心を立てることで、自然と已発の和が達成されることとなる。そうした意味で、いつも心理解を基盤に工夫論を展開する陽明が未発について多く語ったのは当然と言えるし、また「大本を立てる」中に「達道」を含むことで、体が用と切り離して議論できないことを示したのである。

ここでもう一度第八十九条を思い返すと、已発を対象にする工夫が修身、未発を対象にする工夫が正心であり、両者は誠意が兼ねるとした。「心が正しいのは中であり、身が修まるのは和」ならば、誠は中和のはずで、誠意が対象とするのは已発と未発とを兼ねた本体である。

そうすると、誠意から已発未発へと話を広げなければならなかったのは、已発未発の議論が過度に観念的に進められることで分断されてしまった、体と用とを本体に統合するためであると考えられる。しかも陸原静らが信じる通説では未発の中は体に限定され、用を組み込んでおらず、陽明がいつも説くような、生々しく意識を働かせている心理解から逸脱している。したがって、誠と繋げて未発の中に已発の和を組み込み、「大本」という本体の存在を理解させねばならない。

こうしてみると、前に引いた第百二十条、誠意の先に獲得される心は「未発の中」である、と説明した時の「未発の中」とは、意識の働きがないのではなく、第五十九条「喜怒哀楽は本体が自然と中和である状態である。すこしでも意思をつければ過不及が存在する。これが私意である[27]」と言うような、喜怒哀楽が中和している本体である。

体用一源の本体説明を一度「大本」で論じたにも拘わらず、他の問答で「大本」が頻出することなく、寧ろ「未発の中」で語られることが多いという事実は、未発の中が已発の和を兼ねる、絶対一者としての体であることを自覚してしまえば、その後は未発の中で本体を語って構わないとしたことを物語る。その証拠に第七十七条ですら、続いて未発の中の問答に移り、最終的に未発の中に已発の和を組み込んでしまう。それについては後述する。

ともあれ、誠が第七十七条や第八十九条のような語られ方で未発已発、中和と関係づけられる時、二つに分裂した未発と已発、中と和をそれぞれ組み合わせ、それはもともと一つだと説明することの不自然さを解消するため——ならば何故これらは別個に存在していたのかという疑問を先制するため——、体用一源の本体を誠と名付け、それを已発未発の説明にもってきて、中和と言い、体用と言うも、もともと誠のように一つであると印象づけること、これが誠の役割となる。

未発の中が本体として語られる背景には、それを体用一源の本体として統合する誠が存在する。誠が未発の中に已発の和を組み込ませたとも言えるのである。

第百二条になると、花の間の草を取ることの是非を巡り、それを決定する心の本体、未発の中とは、私意なき廓然太公であり「好き色を好み、悪臭を悪む」意、誠として説かれている。

（尚謙）「好き色を好むように、悪臭を悪むように」というのではどうでしょう。

（陽明）これは正しくただただ理に循うということである。天理はこのようでなければならない。もともと私意が好み悪むことがないものである。

（尚謙）「好き色を好むように、悪臭を悪むように」というのでは、どうして意でないとできましょうか。

（陽明）逆にこれは意を誠にしているのである。これは私意ではない。誠意は天理に循うだけである。天理に循うといってもすこしの意思もつけてはならない。故に『大学』では「忿懥好楽する所あれば、すなわちその正を得ず」と言うのである。これは廓然太公でなければならず、これは心の本体であって、これを知れば未発の中を知る。

伯生（孟源）が言った。「先生は「草がさまたげとなるなら、理として取らねばならぬ」と仰いました。何を根拠に躯殻から念を発しているとするのですか」。

（陽明）これはお前が体認しなければならないことだ。お前が草を取ろうとするのはどういう心か。周茂叔が窓前の草を除かなかったのはどういう心か。


「好き色を好むように、悪臭を悪むように」しているのは理、誠であり、「天理はこのようでなければならない」「これは私意ではない」と言われ、これらは廓然太公、心の本体、未発の中と並べられる。この心は対象を知覚し、好悪を通じて草がさまたげとなるなら理として取る。

そして、「誠意は天理に循うだけである」とあるように、誠意は天理がする好悪に無意識に循うことである。それも、「天理に循うといってもすこしの意思もつけてはならない」と続くように、それを意識的に行うのではなく、天理（誠）の命ずるままにしておくことを言う。天理の命ずるままにしておくことが誠意なら、誠意とは意識を操作して誠にするのではなく、意を誠のままにしておくと解釈すべきであるというのは前に述べた通りである。

こうした誠が未発の中と並べられるということ、それは未発の中もまたそうした知覚、判断、行為を含んだ心であることを意味する。

未発の中とは、単に心が静かなのでも、意識を無に帰して心を寂に帰したのでもない。この条の他に前に引いた第五十九条「喜怒哀楽は本体が自然と中和である状態である。すこしでも意思をつければ過不及が存在する。これが私意である」というように、已発の和を含んでいる。これに加えて前にも引いた第七十七条、陸原静が中とは何かを問うた問答を見ると、以下のように述べられる。

（原静）中の字の意味がまだ分かりません。

（陽明）自分の心で体認しなければならぬ。言葉で云々できることではない。中とは天理である。

（中略）

（原静）天理はどうして中というのですか。

（陽明）偏りがないからだ。

（原静）偏りがないとはどういう感じですか。

（陽明）明鏡のようなものだ。全体が徹底して明らかであり、少しの塵もついていないのである。

（原静）心の偏りには、こだわる対象があるものです。色を好み、利を好み、名を好むなどといったことにこだわるのであれば、偏っていることが分かりますが、未発の時であれば美色、名利は皆まだ対象となっておりません。どうして偏っていることが分かるのですか。

（陽明）まだ対象となっていなくても、平日色を好み、利を好み、名を好む心はなくなったことがない。なくなったことがないからには、その心はあると言う。あると言ったからには、偏りがないと言ってはならぬ。これを間歇熱の患者に譬えると、ある時に高熱を発しないからといって、病根を除かなければ病のない人とは言えない。同じように、平日色を好み、利を好み、名を好むなどの全ての私心を祓い清め、少しも留まらせることなくして、心の全体は広々とし、純粋に天理ならしむることができる。こうしてはじめて喜怒哀楽未発の中と言うことができ、はじめて天下の大本である。

陸原静が困惑するのは、中が意識のない状態だと思い込んでいるからである。そうした立場からすれば、未発の中は偏りがないと言った時、そこには偏ったり偏らなかったりする意識の存在が示唆されているので不可解に感じ、当然「心の偏りには、こだわる対象があるものです」「未発の時であれば美色、名利は皆まだ対象となっておりません。どうして偏っていることが分かるのですか」という反論がなされるだろう。

しかし、「中とは天理である」「平日色を好み、利を好み、名を好む心はなくなったことがない」という陽明からすれば、体用が動静によってそれぞれ目立ち方を異にするのと同じように、色、利、名という外物に遭遇しても天理に専一にして偏ることがないのを和と言い、色、利、名という外物がなくても天理に専一にして偏ることがないのを中と言っているに過ぎず、倫理的意識に専一であることには何の違いもないのである。加えて、動静に拘わらず「なくなったことがない」「平日色を好み、利を好み、名を好む心」を祓い清め、倫理的意識一枚の状態でのみ「喜怒哀楽未発の中」と言えるのだから、未発の中は中和の全体、本体である。両者が中に統合されるのは、中が体用動静を一貫した専一な意識の状態を指すからに他ならない。

つまり天理という倫理的意識と別の原理で存在する意識のない、倫理の求心力が最大限に発揮され、意識が統制された状態を「中」と言うのである。「中」であればこそ、対象がない時にも倫理的意識に専一で中なることは言うに及ばず、対象が現れ動に転じた途端、その心は即応して皆節に中る和となる。

体用動静を一貫するこの統制された意識こそ、未発の中である。この未発の中は中から和を統合する故に、切実さから説かれた誠とは異なる、統制による鋭気充溢した静けさが際立って印象深い。

第百二条は既に前章で検討し、ここで説かれている天理、好悪と草を取ることとの関係、誠意が本条で果たした説明をそれぞれ以下の通り解釈した。天理は倫理、好悪と草を取ることとの関係は知行の本体の説明、誠意は知行の本体（誠）が自らを恢復する用（誠意）であることの説明である。

これに今回未発の中を加えると、誠意が誠の用であるということは、誠に共通するとされた未発の中の用もまた誠意であり、誠意によって未発の中を明らめるということも可能である。未発の中と誠とは、誠意によってみずからを明らめるという点で、知行の本体とも重なりあう。それは故無きことではない。何故なら、未発の中が好悪と結びついた時点で、未発の中は好悪という已発の和を統合しているのであり、陽明の説く好悪は行為を自然発生させるものなのだから、已発の和には行為も含まれ、未発の中、已発の和、行為、の全体を統合した未発の中が、知行の本体と同様の意味を持つのは、これら誠や未発の中が知行の本体と結びつけられた時点で、既に予定されていた結果だからである。誠、未発の中、知行の本体は、切実さ、統制、知覚という説明の起点が異なるだけで、全て同じ事を説明しているのである。

ただ、知覚や切実さから説き起こされた知行の本体や誠は、生々しい意識そのものに本体を認めているために、専一であることが果たして天理と人欲との混淆を免れるのか不安があるのに対し、未発の中は塵ほども人欲をも留まることを許さない、専一であることの統制力を全面に押し出してくるので、倫理的意識の統制力を主張するのに適している。未発の中の説明はその役割を担い、統制力を際立たせることで、未発の中と繋がる誠や知行の本体にもこの印象を共有させる。

切実さや好悪が燃え立つ情熱によって人を追い立てるのであれば、それは情熱の火がよしゆらめき、または火の手を弱めるに従って、あるいはその力を失い、その人に計画の変更を促す。しかし、静寂なる未発の中の統制は、最後まで不動の姿勢を堅持する。それは覚悟されたが最後、それ以上になすべき提案はなく、下すべき命令だけが存在する。情熱は統制と結びつくことではじめて、体用動静を一貫した意志の力を精錬するのである。

「書欒恵巻」で「お前は立って前に参み、衡に倚るの誠に務めているかね」と結びつけられた、整然たる行為と誠との関係、あるいは「梁仲用黙斎説」における誠と黙との関係には、情熱よりも統制の静寂を感じずにはいられない。好悪を知覚から説けば知行の本体の説明が発生し、切実さから説けば誠の説明が発生し、統制から説けば未発の中の説明が発生する。まるで言葉の意味が相互乗り入れしているようでもあるが、そうしても矛盾無く、一つの意味の下にそれぞれの配置に与ることができるということこそ、正しく知でもなく誠でも未発の中でもなく、心の本体の性格が全体に刻印された証ではないだろうか。そしてそれは、倫理的意識一枚という統制の下、草を取る取らないといった当為を通じて外へ働きかけ、秩序を形成しようとする。

倫理、統制、秩序。陽明の工夫論は、この三者を以て首尾一貫しており、それを保証する誠には、単なる情動としての切実さである所謂「誠」を超えた、統制による緊張を伴った静けさが刻印されている。この静けさは正しく未発の中が与えた性格である(28)。

誠によって体用一源の本体として引き上げられた未発の中は、統制という性格を誠に与える。誠と未発の中とは相互に結びつきながら、意味を深めているのである。かかる役割の故に陽明は、誠意の先に獲得される心として「誠」とは別に「未発の中」を言う必要があったものと考えられる。

最後に、陽明の誠理解は未発の中の典拠である『中庸』に全面的に拠った可能性はあるのかというと、それは考えにくい。陽明の『中庸』解釈としては比較的まとまった説明がされている「修道説」(『全書』巻七「文録」四)を見てみると、今度は誠を実現する方法がぼやけ、他の経書の工夫を統合する力に欠けてくるのである。引用に際し、前段の『中庸』箇所は書き下すが、後段は引用の語気なのか陽明自身の言葉にしてしまっているのか不明なので訳出したことを断っておく。

「性に率うをこれ道と謂う」とは誠になりきった者である。「道を修むるをこれ教と謂う」とは誠にする者である。故に「誠よりして明らかなるをこれ性と謂う。明らかよりして誠なるをこれ教と謂う」と言うのである。『中庸』は誠にする者のために作られた。修道の事である。道とは性である。すこしも離れてはならない。しかし、過ぎたり及ばなかったりするのは離れることである。故に君子には修道の功夫がある。見られない所に戒慎し、聞かれない所に恐懼する。微なるものが顕れるのは、誠が掩っておかないのである。修道の功夫はこのように間断がない。誠にして後、喜怒哀楽の未発を中と言い、発して皆節に中るのを和と言う。道が修まって性が恢復する。中和を発揮すれば大本が立って達道が行われ、天地の化育を知るのである。至誠が性を尽くすのでなければそのようなことが誰に行えようか。これぞ修道の功夫が極まったものである。しかし世間の修道を言う者は離れている。故に特に修道の説を著した。(29)

『中庸』は「誠にする者のために作られた」修道の書であると言いながら、「見られない所に戒慎し、聞かれない所に恐懼する」「間断がない」以外に修道の具体的内容には言及がない。

「性に率うをこれ道と謂う」（性に率う＝道）という本文があることを知りながら、「道なるものは性である」という文章を挿入するならば、それは「性に率うをこれ性（道）と謂う」と言い換えることができ、更に「道を修むるをこれ教と謂う」にも影響して、「性に率う（道）を修むるをこれ教と謂う」に言い換えられ、修道とは、意を操作して段々と誠に持っていく工夫ではなく、誠になりきった者の「性に率う」状態をいきなり実現する工夫になる。

「微なるものが顕れるのは誠が掩っておかないのである」ということは、戒慎恐懼するのは誠である。そうであれば、誠をいきなり立ててしまえば、後は「間断がない」のは当然である。「至誠が性を尽くすのでなければそのようなことが誰に行えようか」と言うのだから、やはり陽明は誠を立てることで、誠の力によって工夫を貫徹させようとしたのであろう。

だが、これを「修道の功夫」と言うのなら、それは誠を立てると言っているに過ぎず、誠意や立誠に比べて修道が何か独自に誠を実現する工夫として際立つ訳ではなくなる上に、それは立誠や誠意のように詳説されないばかりか、他の工夫との関連も説かれず広がりを見せない。更に致命的なことに、この修道はそれ程活発に説かれた形跡がない。

仮に陽明が『中庸』の誠理解に全面的に拠っていたのであれば、「修道説」は、誠を実現する工夫を誠意ではなく『中庸』の言葉で説明する好機である。また、そのような意欲があったのならば、「古本大学序」や『大学傍釈』に相当するような文章を著したであろうし、もっと活発に修道について説いたり、誠身明善の議論を軸に据えたりできたはずである。しかしそれは全くなされていない。ここでも『大学』と同じように、『中庸』だけで説明を完結させようという意欲が感じられないのである。[30] これは、陽明からすると『大学』、『中庸』のいずれも己の思想の全てを説明するには不足ということである。殊に『中庸』の誠は本体説明に必ず用いられているという訳でもなく、『中庸』とは無関係な誠で説かれていることすらあるので[31]、誠理解は必ずしも『中庸』からの着想とは言えない。つまり、確かに「古本大学序」『大学傍釈』や誠意の説明の分量から言って、また龍場大悟が「格物致知の旨」を悟ったことから言って『大学』が陽明の思想形成とその展開に突出して重要な役割を担ったことは否定し得ないが、誠は独自に論理が展開されたり、または「未発の中」から借りていることからも、陽明の思想そのものは『大学』の論理のみで完結、表白させようとしたものではなく、彼独自の心理解と工夫論の骨子とがまずあって、それを『大学』を筆頭とする各経書で横断的に展開したと考えられるのである。

五、性格と形式

『大学』の誠意は陽明の誠理解を根拠として「格物は誠意の工夫、明善は誠身の工夫、窮理は尽性の工夫、道問学は尊徳性の工夫、博文は約礼の工夫、惟精は惟一の工夫、諸々この類型である」というように工夫論を統合し、どれをとっても同じことを繰り返して示しているように見える「対応と反復の形式」を形成することに成功した。また、誠の切実さに全面的に信頼した心理解を披露すると共に、それを「未発の中」とつなげることで、そうした切実さの中に統制の静けさを含ませ、切実さが決して情熱の勢い任せではなく、真剣であるが故に塵ほども人欲が留まることのない、専一であることの統制力を持つことを説明した。その意味で『大学』『中庸』は紛れもなく陽明思想の重要典籍である。

一方、これまでの検討から、陽明は『大学』『中庸』に説明の基盤を見出していることが承知されるものの、こうした議論の根拠となっているのは陽明独自の心理解であり、それは『大学』『中庸』のいずれか単独で説明し尽くすことは不可能であることも了解された。工夫論にしても、誠意が射程に入れているのはあくまで既存の経書解釈の統合までであり、知行合一や立志などには統合を及ぼしていないことも前に述べた通りである。こうした統合の根拠となる誠には、自身から社会、世界へと広がっていく、鞏固な意志の力が存在するが、これは陽明の先験的な心理解から付与されたものである。

ここで問題となってくるのは、既存の何かに全面的に拠っている訳ではない陽明の心理解を検討するにあたって、何か特定の言葉のみに拠って遡及していくことは不可能ということである。知も、誠も、未発の中も、彼の心理解を刻印されたものであり、それぞれ単独からする理解は決定的とはならない。それらは陽明の心理解を刻印されると同時に、心の本体が保有する工夫論の骨子、「本体の機能活性化による工夫の自動発生、工夫の完遂による本体の明徴化」を投影された形式展開を運命付けられている。

これらに性格と形式とを与える心とは何であるのか。安田二郎氏は陽明思想は心即理で尽くされると予言的に述べているが[32]、それは、前期思想で中心となる知、誠、志が重なり合う所でもあるし、また、それぞれが微妙に異なる特徴を含んでもいるのではなかろうか。そうした所を全て含んで心即理と言う時、心即理にはこれまであまり認知されなかった、陽明思想全体に懸かる意味が認められよう。その意味で、私は安田氏の見解に同意し、更に、その精徴に迫ってみたいと願う。

これを探るには、個別に検討したこれらを一堂に会して並べ直し、そこに重なり合い共通する形式、微妙に異なる特徴を俯瞰した上で、これらを一つの形式に統合した心理解、更にはそれをつかみ取った王陽明その人の思惟形式に迫る必要がある。

第三章注釈

（1）　明鏡論と銭徳洪の評の原文は以下の通り。

先生与黄綰応良論聖学久不明。学者欲為聖人、必須廓清心体、使繊翳不留、真性始見、方有操持涵養之地。応良疑其難。先生曰、聖人之心如明鏡、繊翳自無所容。自不消磨刮。若常人之心、如斑垢駁蝕之鏡。須痛磨刮一番、尽去駁蝕、然後繊塵即見、纔払便去、亦不消費力。到此已是識得仁体矣。若駁蝕未去、其間固自有一点明処、塵埃之落、固亦見得、纔払便去。至于堆積於駁蝕之上、終弗之能見也。此学利困勉之所由異、幸勿以為難而疑之也。凡人情好易而悪難。其間亦自有私意気習纏蔽。在識破後、自然不見其難矣。古之人至有出万死而楽為之者、亦見得耳。向時未見得裏面意思。此功夫自無可講処。今已見此一層、却恐好易悪難、便流入禅釈去也。

按、先生立教皆経実践。故所言懇篤若此。自揭良知宗旨後、吾党又覚領悟太易、認虚見為真得、無復向裏著己之功矣。故吾党穎悟承速者、往往多無成。甚可憂也。

（2）　自徐愛来南都、同志日親、黄宗明、薛侃、馬明衡、陸澄、季本、許相卿、王激、諸偁、林達、張寰、唐愈賢、饒文璧、劉観時、鄭騮周、積郭慶、欒恵、劉暁、何鼇、陳傑、楊杓、白説、彭一之、朱篪輩同聚師門、日夕漬礪不懈。客有道、自滁游学之士、多放言高論、亦有漸背師教者。先生曰、吾年来欲懲末俗之卑汚、引接学者、多就高明一路以救時弊。今見学者、漸有流入空虚、為脱落新奇之論。吾已悔之矣。故南畿論学、只教学者存天理去人欲、為省察克治実功。

（3）　山下龍二氏『陽明学の研究・成立編』（現代情報社、一九七一年、一二一～一二八頁）『『大学』の解釈』。水野実氏は「王守仁の「誠意」宣揚の基盤」（『東洋の思想と宗教』一四号、一九九七年）で誠意中心の大学解釈が成立しうる論理可能性を多角的に検討し、陽明が誠意に期待した役割を、従来の研究より大幅に押し広げている。

（4）　問、知至然後可以言誠意。今天理人欲知之未尽、如何用得克己工夫。先生曰、人若真実切己用功不已、則於此心天理之精微、日見一日。私欲之細微、亦日見一日。若不用克己工夫、終日只是説話而已。天理終不自見、私欲亦終不自見。如人走路一般。走得一段方認得一段。走到岐路処有疑便問。問了又走、方漸能到得欲到之処。今人於已知之天理不肯存、已知之人欲不肯去且。只管愁不能尽知、只管閒講何益之有。且待克得自己、無私可克、方愁不能尽知、亦未遅在。

（5）　（天宇）又言、譬之行道者、如大都為所帰宿之地、猶所謂至善也。行道者不辞険阻艱難、決意向前、猶存心也。如使斯人不識大都所在、而泛焉欲往、其不南走越、而北走呉幾希矣。
(陽明) 此譬大略皆是。但以不辞険阻艱難、決意向前別為存心、未免牽合之苦、而不得其要耳。夫不辞険阻艱難、決意向前、此正是誠意之意。審如是、則其所以問道途、具資斧、戒舟車、皆有不容已者。不然又安在其為決意向前。而亦安所前乎。夫不識大都所在、而泛焉欲往、則亦欲往而已。未嘗真往也。惟其欲往、而未嘗真往。是以道途之不問、資斧之不具、舟車之不戒。若決意向前、則真往矣。真往者能如是乎。此最工夫切要者。

(6) 格物是誠意的工夫。明善是誠身的工夫。窮理是尽性的工夫。道問学是尊徳性的工夫。博文是約礼的工夫。惟精是惟一的工夫。諸如此類。

(7) 大抵中庸工夫只是誠身。誠身之極便是至誠。大学工夫只是誠意。誠意之極便是至善。工夫総是一般。今説這裏補箇敬字、那裏補箇誠字、未免画蛇添足。

(8) 夫心主於身。性具於心。善原於性。孟子之言性善是也。善即吾之性。無形体可指、無方所可定。夫豈自為一物可従何処得来者乎。夫在物為理、処物為義、在性為善、因所指而異其名、実皆吾之心也。心外無物、心外無事、心外無理、心外無義、心外無善。吾心之処事物、純乎理而無人偽之雑、謂之善。(中略) 若区区之意、則以明善為誠身之功也。夫誠者無妄之謂。誠身之誠則欲其無妄之謂。誠之之功則明善是也。故博学者学此也。審問者問此也。慎思者思此也。明弁者弁此也。篤行者行此也。皆所以明善而為誠之之功也。故誠身有道。明善者誠身之道也。不明乎善、不誠乎身矣。非明善之外別有所謂誠身之功也。誠身之始身猶未誠也。故謂之明善。明善之極則身誠矣。若謂自有明善之功又有誠身之功、是離而二之也。難乎、免於毫釐千里之謬矣。

(9) 大学之所謂誠意即中庸之所謂誠身也。大学之所謂格物致知即中庸之所謂明善也。博学、審問、慎思、明弁、篤行皆所謂明善、而為誠身之功也。

(10) 守衡問。大学工夫只是誠意、誠意工夫只是格物、修斉治平只誠意尽矣。又有正心之功有所忿懥好楽則不得其正何也。先生曰、此要自思得之。知此則知未発之中矣。守衡再三請。曰、為学工夫有浅深。初時若不着実用意去好善悪悪、如何能為善去悪。這着実用意便是誠意。然不知心之本体原無一物、一向着意去好善悪悪、便又多了這分意思、便不是廓然大公。書所謂無有作好作悪、方是本体。所以説有所忿懥好楽則不得其正。正心只是誠意工夫。裏面体当自家心体、常要鑑空衡平。這便是未発之中。

(11) 雖曰何思何慮、非初学時事。初学必須思省察克治。即是思誠。只思一箇天理、到得天理純全、便是何思何慮矣。

(12) 誠字有以工夫説者。誠是心之本体。求復其本体便是思誠的工夫。明道説以誠敬存之亦是此意。大学欲正其心先誠其意。

(13) 悔者善之端也。誠之復也。君子悔以遷於善、小人悔以不敢肆其悪。惟聖人而後能無悔、無不善也、無不誠也。

(14) (徳夫) 曰、是与非孰弁乎。
(陽明) 曰、無是非之心非人也。口之於甘苦也与易牙同。目之於妍媸也与離婁同。心之於是非也与聖人同。其有昧焉者、其心之於道、不能如口之於味、目之於色之誠切也。然後私得而蔽之。子務立其誠而已。子惟慮夫心之於道、不能如口之於味、目之於色之誠切也。而何慮夫甘苦妍媸之無弁也乎。

(15) 岡田武彦氏『王陽明と明末の儒学』(六五頁) で岡田氏は、立誠と立志の類似性にも注目しており、誠意などと共に「学の頭脳」と呼ばれたこれら工夫に共通する独自の性格に言及している。

(16) 僕近時与朋友論学、惟説立誠二字。殺人須就咽喉上著刀。吾人為学、当従心髄入微処用力。自然篤実光輝、雖私欲之萌、真是洪炉点雪、天下之大本立矣。

(17) 此独知処、便是誠的萌芽。此処不論善念悪念、更無虚仮。一是百是。一錯百錯。正是王覇、義利、誠偽、善悪界頭。於此一立立定、便是端本澄源。便是立誠。古人許多誠身的工夫、精神命脉全体、只在此処。

(18) 本条は、正名についての質問で、名を正すには人情天理に沿うことが大切で、君の為に尽くす忠君の至誠を以て君を感化し、君が自ら悔悟し罪を改めるよう促して、君の至誠が皆から仁孝の美と認められ、その結果、自然と父子君臣の秩序が回復している程にまで徹底的に感化せねばならないと説く。以下、参考までに該当部分を含む条文全てを掲載する。
問、孔子正名、先儒説上告天子、下告方伯、廃輒立郢。此意如何。先生曰、恐難如此。豈有一人致敬尽礼、待我而為政、我就先去廃他。豈人情天理。孔子既肯与輒為政、必已是他能傾心委国而聴。聖人盛徳至誠、必已感化衛輒、使知無父之不可以為人、必将痛哭奔走、往迎其父。父子之愛、本於天性。輒能悔痛真切如此、蒯聵豈不感動底予。蒯聵既還、輒乃致国請戮。聵已見化於子、又有夫子至誠調和其間、当亦決不肯受。仍以命輒、群臣百姓又必欲得輒為君。輒乃自暴其罪悪、請於天子、告於方伯諸侯、而必欲致国於父。聵与群臣百姓、亦皆表輒悔悟仁孝之美、請於天子、告於方伯諸侯、必欲得輒而為之君。於是集命於輒、使之復君衛国、輒不得已、乃如後世上皇故事、率群臣百姓、尊聵為太公、備物致養、而始退復其位焉。則君君、臣臣、父父、子子、名正言順、一挙而可為政於天下矣。孔子正名、或是如此。

(19) 孔子云、言忠信、行篤敬、雖蛮貊之邦行矣。然惟立則見其参於前、在輿則見其倚於衡也而後行。子仁其務立参前、倚衡之誠乎。至誠而不動者、未之有也。不誠未有能動者也。

(20) 又有八誠焉。孔子曰、君子恥其言、而過其行。古者言之不出、恥躬之不逮也。故誠知恥、而後知黙。又曰、君子欲訥於言、而敏於行。夫誠敏於行、而後欲黙矣。仁者言也訒。非以為黙而黙存焉。又曰、黙而識之。是故必有所識也。終日不違如愚者也。黙而成之。是故必有所成也。退而省其私、亦足以発者也。故善黙者莫如顔子闇然而日章。黙之積也。不言而信。而黙之道成矣。天何言哉。四時行焉、万物生焉。而黙之道至矣。非聖人其孰能与於此哉。夫是之謂八誠。

(21) 工夫難処、全在格物致知上。此即誠意之事。意既誠、大段心亦自正、身亦自修。但正心修身工夫、亦各有用力処。修身是已発辺、正心是未発辺。心正則中、身修則和。

(22) 不可謂未発之中常人俱有。蓋体用一源、有是体即有是用、有未発之中、即有発而皆中節之和。今人未能有発而皆中節之和。須知是他未発之中亦未能全得。

(23) 後段、訳出していないが例証に用いた部分があるので、条文全体を掲載する。

澄問、喜怒哀楽之中和、其全体常人固不能有。如一件小事当喜怒者、平時無有喜怒之心、至其臨時、亦能中節、亦可謂之中和乎。先生曰、在一時一事、固亦可謂之中和。然未可謂之大本達道。人性皆善。中和是人人原有的。豈可謂無。但常人之心、既有所昏蔽、則其本体雖亦時時発見、終是暫明暫滅、非其全体大用矣。無所不中、然後謂之大本、無所不和、然後謂之達道。惟天下之至誠、然後能立天下之大本。曰、澄於中字之義尚未明。曰、此須自心体認出来。非言語所能喩。中只是天理。曰、何者為天理。曰、去得人欲、便識天理。曰、天理何以謂之中。曰、無所偏倚。曰、無所偏倚是何等気象。曰、如明鏡然。全体瑩徹、略無繊塵染着。曰、偏倚是有所染着。如着在好色好利好名等項上、方見得偏倚。若未発時美色名利皆未相着、何以便知其有所偏倚。曰、雖未相着、然平日好色好利好名之心原未嘗無。既未嘗無即謂之有、既謂之有則亦不可謂無偏倚。譬之病瘧之人、雖有時不発、而病根原不曽除、則亦不得謂之無病之人矣。須是平日好色好利好名等項一応私心掃除蕩滌、無復繊毫留滞、而此心全体廓然、純是天理方可謂之喜怒哀楽未発之中、方是天下之大本。

(24) 侃問。先儒以心之静為体、心之動為用、如何。先生曰、心不可以動静為体用。動静時也。即体而言、用在体。即用而言、体在用。是謂体用一源。若説静可以見其体、動可以見其用、却不妨。

(25) 問。格物於動処用功否。先生曰、格物無間動静。静亦物也。孟子謂、必有事焉。是動静皆有事。

(26) 陽明が心に意識がなくなることを想定していなかった用例としては、『伝習録』上巻、第百五条がある。

(崇一) 平常の意識は多く忙しいものです。事があれば固より忙しいものですが、事がなくてもまた忙しいのは何故でしょうか。

(陽明) 天地の気機はもともと一時たりと止まることがない。しかしながら主宰がある。故に先に立たれず、後れず、急ではなく、緩慢ではなく、千変万化しても、主宰は常に定まるのだ。人はこの主宰を得て生まれてきている。もしも主宰が定まる時があれば、天運と同じであって止まることがない。万変に応じても、常に従容として自在である。「天君泰然として、百体令に従う」と言うものである。もしも主宰がなければ、ただ気が奔放するだけである。忙しくない訳がない。

崇一問、尋常意思多忙。有事固忙、無事亦忙、何也。先生曰、天地気機、元無一息無停。然有箇主宰。故不先、不後、不急、不緩、雖千変万化、而主宰常定。人得此而生。若主宰定時、与天運一般不息。雖酬酢万変、常是従容自在。所謂天君泰然、百体従令。若無主宰、便只是這気奔放、如何不忙。

そうすると未発の中とは、止まって心的態勢を整えることよりも、外物がない時点であっても意識を専一に働かせていることと解する方が適当のように思われる。それを裏付ける用例が同上巻、第七十三条である。

(原静) 色を好み、利を好み、名を好む等の心は、固より私欲ですが、間思雑慮のようなものは、どうして私欲と言えましょうか。

(陽明) 結局色を好み、利を好み、名を好む等の根から起こっているからだ。みずからその根を尋ねれば見えるだろう。お前の心中に、決して強盗をしようという思慮がないことが分かるのは何故か。お前にはもともとこの心がないからだ。お前がもしも貨、色、名、利などの心において、一切皆強盗をしない心と同じようにして、全て消滅させて光り輝いておれば、これが心の本体であり、何の間思慮があろうか。これが「寂然不動」「未発の中」「廓然太公」であって、自然と「感じて遂に通じ」、自然と「発して節に中り」、自然と「物来たりて順応す」るのである。

澄問、好色、好利、好名等心、固是私欲、如間思雑慮、如何亦謂之私欲。先生曰、畢竟従好色、好利、好名等根上起。自尋其根、便見。如汝心中、決知是無有做刼盗的思慮何也。以汝元無是心也。汝若於貨、色、名、利等心、一切皆如不做刼盗之心一般、都消滅了光光、只是心之本体、看有甚間思慮。此便是寂然不動、便是未発之中、便是廓然太公、自然感而遂通、自然発而中節、自然物来順応。

色、名、利のような心を動かす外物がない状態でも、それらを望む心は妄想雑念となって動き出す。この時外物はないが、意識は働き、倫理的意識から外れている。そこで、強盗を起こす気などさらさらない我が心を確認し、色、名、利に惑う妄想雑念が起こる度に、強盗をする気がない心と同じようにしていけば、それらは消えて「未発の中」となる、と説かれる。

つまり、「未発の中」とは、強盗を起こす気がさらさらない心に意識を専一にしているのであって、何も意識しない心ではない。

ここにおいて、陽明の言う未発の中とは、まだ見ぬ外物に備えた心的態勢というよりも、内外動静を問わず、絶えず何かに対する倫理的意識に専一であることだと結論することができる。

(27) 喜怒哀楽、本体自是中和的。纔自家着些意思、便過不及、便是私。

(28) 大西晴隆氏『王陽明』(講談社、一九七九年、七頁)に知行合一を論じて、それが日常的な好悪と結びついていることから、知行合一を「道徳的緊張を生活の全域に回復しようとした」ものとしている。好悪は知のみならず、心の本体、そしてその性格を刻印された誠、志にも結びついているので、私は氏の言う「道徳的緊張」をより広汎に認め、心の緊張を心の本体による「統制」、心の外的働きかけを「秩序」とするものである。これらは正に大西氏が指摘する如く、倫理道徳によるものである。そして、陽明からすればこれが正しく人のありようであるのだから、統制、秩序の持つ緊張には抑圧のような強制性がないことは言うまでもない。

(29) 率性之謂道誠者也。修道之謂教誠之者也。故曰、自誠明、謂之性。自明誠、謂之教。中庸為誠之者而作。修道之事也。道也者性也。不可須臾離也。而過焉不及焉離也。是故君子有修道之功。戒慎乎其所不睹、恐懼乎其所不聞。微之顕、誠之不可掩也。修道之功、若是其無間。誠之也、夫然後喜怒哀楽之未発謂之中、発而皆中節謂之和。道修而性復矣。致中和、則大本立、而達道行、知天地之化育矣。非至誠尽性、其孰能与於此哉。是修道之極功也。而世之言修道者離矣。故特著其説。

なお、これ以外で修道に関する議論としては『伝習録』上巻第百二十八条が存在し、また、「修道説」をとりあげて議論がなされているものに、『伝習録』下巻第三十条がある。しかし、それ以上活発に議論された形跡はない。

(30) 『伝習録』上巻、第四十三条では、『大学』は『中庸』の首章であると説かれる。

陸原静が学庸の同異について質問した。

(陽明)子思は『大学』全体の内容を総括して『中庸』の首章とした。

澄問学庸同異。先生曰、子思、括大学一書之義、為中庸首章。

つまり、誠理解で未発の中を用いながら、『中庸』は『大学』に結びつけて解釈していることとなり、『大学』『中庸』のいずれにも完全に拠っていないことを示す。

(31) 『中庸』から導き出された誠の性格ではない一例として、「答王天宇二」一番目の問目が挙げられる。そこには「私の意図は、君子の学は誠意を主とする、格物致知は誠意の功夫である、ということだけだ。それは饑えた者が満腹を求めることに従事するのと同じである。飲食するとは満腹を求める事である」（鄙意但謂、君子之学以誠意為主、格物致知者誠意之功也。猶饑者以求飽為事。飲食者求飽之事也）とあり、誠への飽くなき欲求が誠意の性格として認められ、飽くなき欲求が個々の場で格物という工夫として現れると説かれている。これに続く問目の第四番目で、誠に付与された動機の純粋性が、判断の的確性、方法の効率性、効果の絶対性を含み込んでいることは既に指摘した通りであり、饑えは誠より発せられ、誠意はその持続であることは明白である。よって、この誠には未発の中がもつ静けさとは一見すると対照的な、饑えという衝動が存在する。しかし、その欲求も、それが倫理に対して向けられている限り統制による静けさを持つものであるから、あくまでこれは別種のものではなく誠の側面の一つである。ここで明らかにしておきたいのは、『中庸』の誠からは欲求の側面が導き出せない、したがって陽明の誠理解は『中庸』に全面的に依拠したものではなく、心の本体理解から導き出されたものということである。

（32）　安田二郎氏『中国近世思想研究』（弘文堂、一九四八年、一七二頁）に「我々の知り得る概念が何れの時期に属するにせよ、その時期を問題にすることは余り重大でない。たといそれの自覚的な成立が比較的後であったとしても、心即理説は既にそれを含蓄し予想するものであったと思う」とあり、氏は心即理に陽明思想全体を含む大きな役割を予想していた。

第四章　志

一、一貫

立志という言葉を聞いて一般的に想起されるのは、何事かを始める際の決意であろう。それは起点であり、目的の達成に向かう途上で折節に思い出され、初心に帰って再び奮起するための心持ちである。既に立志したが最後、そこから先には別の努力が存するのであって、決意を振り返るのは、障碍につきあたり、意志を喪失してしまいそうな時に限られる。

そうした常識から立志を解釈した場合、意志の力を恢復し、現在行っている工夫をたゆまず推進しようとする行為、これが立志だという理解こそ最も落ち着きの良いものだろう。だが、工夫を推進するための立志だと、何やら屋上に屋を重ねるように見える。

こうした疑問から立志、あるいは志を検討するのが本章である。

陽明は大悟の直後、龍場で教学を開始して早々に立志を説いている。序章でも引いた「教条示龍場諸生」がそれに当たる。

これは「立志」「勤学」「改過」「責善」の四項からなり、立志はその巻頭を飾る。

「立志」は開口一番「志が立たなければ世の中成功することなどない。百工技芸であっても志に基づかない者はいない。今学ぶ者はすれっからして時を空しく過ごし、何一つとしてなしえない。これは皆志が立っていないからだ」と説く。では学ぶ者はどこに志すべきなのか。序章で引いた「善をなせば父母が愛し、兄弟は悦び、宗族郷党は敬い信ずるものである。どうして苦しんでも善をなし、君子とならないのだろうか」「これを思えば、諸君が志を立てる所が分かるだろう」がその答えに当たる。つまり、日常の社会関係における善（倫理）の達成に志を立てなくてはならない。ここでは善が人の自然なる喜悦と合致することを根拠として、人は善（倫理）を心から希求するはずだという説き方をしている。善の善たる所以は学問の対象ではない。志がその善の希求に定められれば、学問は「もし謙虚で慎み深くて浮ついたこともなく、自分を無能とし、志を篤くして努力し、学問に勤めて問うことを好み、人の善を称賛して己の過ちを咎め、人の長所に従って己の短所を明らかにし、忠信楽易、表裏一致するものがあれば、たとえその人の資質が魯鈍であろうとも、同輩は称賛敬慕するであろう」という所に定まり、後の改過、責善は自ずから発生する。この議論の主題は、学問を知識才能の上達ではなく、人格の陶冶に向けよと主張することである。[1]

この時点で了解されることとして、立志には、学問を善の希求へと一貫させる役割が担わされているが、そのこと自体はとりたてて珍しいことではない。強いてその特徴を挙げるとすれば、やはり善が日常卑近なものに繋ぎ止められ、観念的な善に跳躍することを峻拒していることであろうか。しかしそれとても、儒者であれば常識の範疇に属する主張であるから、これを以て特徴とすることはできない。

だが、動機の一貫に重要性が認められるにしたがって、志は工夫論の枢機となるのである。

二、志

一貫ということであるが、弟子が『大学』について質問した『伝習録』上巻第八十七条、第九十三条を見ると、志の効用について説いている箇所がある。

（質問者）「止まるを知る」というのは、至善は我が心にあって、もともと外にはないことを知るのですが、そうして後志が定まるのですか。

（陽明）そうだ。(2)

（第八十七条）

（質問者）至善は我が性、我が性は我が心に具わるので、我が心は至善の止まる場であると知れば、以前ぐちゃぐちゃと外に求めていたことをやめて、志が定まります。定まれば騒擾がなく静かです。静かであって妄動しなければ、安らぎます。安らげば一心一意は心に集中し、千思万慮は務めて至善を得ることを求めます。こうして慮って得られます。このように説いて良いでしょうか。

（陽明）まあ良い。(3)

（第九十三条）

ここではまず、『大学』当該部分は「心が定まる」なのに敢えて「志が定まる」という表現を採っていることに注目される。ついで『大学』本文に従って、「志が定まる」ことから心が不安にならず（静）、あちこち目移りせず（安）、集中力がついてじっくり考え（慮）、自得する（得）と次々に展開していくのだから、志すことで自然と発生する次の展開を指示し、志が如何に大事か強調していることが分かる。(4)

第九十六条では志について以下のように説かれる。

（尚謙）志を持することは心痛のようなものです。心から痛いと思っていれば、工夫について無駄口を叩き、よそ事にかかずらうことはないものです。
（陽明）初学の工夫はそのように用いてもよい。ただ、出入時なく、その境界を知らず、心の神明はもともとこのようであることを知らねばならない。そうすれば工夫が落ち着くだろう。もしも悲壮な決意で死守しようとすれば、恐らく工夫について病を発してしまうだろう。(5)

薛尚謙の言う志は始めの決心に過ぎないのだから、無駄口を叩き、よそ事にかかずらわってしまって気が散らないよう、常に初心を堅持し続けなければならない。故に志を持すと言う。これに対し陽明は、「心の神明」は出入時なく、その境界を知らないと返す。一見すると議論がかみ合っていないように見えるが、これについては第四十九条を参照すべきである。

「出入時なく、その郷を知るなし」と『孟子』に言う。これは常人の心について説いているとはいえ、学ぶ者は、心の本体もまたもともとこのようであることを知らねばならぬ。そうすれば操存の功夫にもはじめて病痛がなくなる。出ることを亡うとし、入ることを存するとしてはならない。もし本体を論じるならば、本体は出ることもなく入ることもないものである。出入を論じるなら、思慮運用は出るものである。しかしながら主宰は常に昭昭としてあり、出ることはない。出ることがないからには、入ることはないのである。程子の「腔子」というのも、天理のことである。終日応酬するといっても、天理を出ないのは、「腔子の裏に在」るのである。もし天理を出れば、放つと言い、亡うと言う。
出入もまた動静である。動静ははじめがない。境界がないのである。(6)

ここでは心の本体が「出入時なく、その郷を知るなし」であることを知れば「操存の功夫にもはじめて病痛がなくなる」と説かれているが、これは第九十六条の、心の神明が「出入時なく、その境界を知らず」であることを知れば「工夫が落ち着く」と同じである。心の本体が出たり入ったりするのではなく、心の本体は常に自分に備わっており、それが対象（目の前で起こった出来事）を知覚した時には、思慮運用（意識・はたらきかけ）が対象に「出る」。本体が取り立てて対象を持たない時、何も知覚していないのだから、当然ながら思慮運用は対象に出ないので「入る」こともない。出入がないからと言って本体がないということはない。故に出入と言わず、動静と言うべきであると言う。陽明は、出入を動静と言い換えることで本体は不断に顕現していると主張しているのであるが、これを第九十六条に返してみると、第九十七条で「常人の心について説いているとはいえ（中略）心の本体もまたもともとこのようである」と言っているのと同様、「出入時なく、その境界を知らず、心の神明はもともとこのようである」から、志は対象の有無によって思慮運用の動静も変わるものの、いつも顕現していることを知れば工夫は落ち着くと説き、何もない時まで無理に志を奮い立たせて自分を責め、工夫せざるを得ないようにするべきだ、と主張した尚謙を「悲壮な決意で死守しようとすれば、恐らく工夫について病を発してしまうだろう」と批判していることが分かる。

陽明からすれば、心の神明は動静を問わず不断に顕現している心であり、その心があればこそ、その運用として自然と工夫が行われるのである。そうすると、一方で志を自覚し、一方で工夫を行うのではなく、志があればその運用として工夫が行われるはずだということになる。工夫は志に組み込まれているのである。とすれば、前の第九十三条で敢えて「志が定まる」としたのは、もともと志には工夫が組み込まれているという構造理解があり、定の中に静、安、慮、得を組み込んで説明したかった陽明が、心が定まるを志が定まると言い換えて、この構造を強調したと考えれば脈絡がつく。志に組み込まれた工夫は、「その境界を知ることがない」ように、動静に応じて志が不断に行うものであるから自然とそうされるものであり、持志によって無理に奮い立ち、工夫を意識的に頑張るのではない。

ところで、第九十三条の直前、第九十二条では、「止まる」ということについて、以下のように説かれる。

「至善」とは性である。性はもともと一毫の悪もない。故に至善と言う。止まるとは、本然に復ることである。(7)

「止まる」とは「復ること」であれば、「止まるを知る」とは「復ることを知る」ことである。これに第九十三条「我が心は至善の止まる場であると知れば、以前ぐちゃぐちゃと外に求めていたことをやめて、志が定まります」を合わせると、「我が心は至善の復る場であると知れば、以前ぐちゃぐちゃと外に求めていたことをやめて、志が定まります」となる。これだけを見ると、本体（本然）と志との関係は、理想の心（本体）を目指す現実の心（志）となるようにも見えるが、陽明は志を本体としている。

第七十二条では志を「天の聡明」と言い、以下のように説く。

善念が発動するとこれを知り、これを充たし、悪念が発動するとこれを知り、これを遏める。知ることと充たすことと遏めることとは志である。天の聡明である。聖人はこれがあるだけである。学ぶ者は志を存しなければならない。

本条は第二章で既に引いたので詳説しないが、志は「天の聡明」と呼ばれ、心の本体とされており、また天の聡明が知覚し、充たし、遏めると説かれる。つまり、理想の心と現実の心という対立構図は存在せず、心の本体がみずからを更に明らめ、復ろうとする構図が存在していたと考えられる。これはこれまで見てきた「本体の機能活性化による工夫の自動発生、工夫の完遂による本体の明徴化」に他ならない。

志が本体として認められるのは、本体自体が自らを明らめ、復ろうという意志を持つからであり、それは「聖人はこれがあるだけ」すなわち聖人の心であるから、本体に復ろうという意志である志は、本体に等しいとされるのである[8]。そうすると、本体の恢復を志した時点で、その人は本体をみずからの中に実現してしまった、すなわちその瞬間に限り聖人になったことになる。この時、志とは本体のない人が本体へ向ける希求ではなく、志自体が本体であり、本体がみずからを明らめ、復るのと全く同じ行為を、それを志す中に自然と実現していくことになる。したがって、至善に止まることを知り、志が定まって静、安、慮、得に展開していくというのは、本体に復ることを知識として知り、さあ頑張ろうと決心してあれこれ工夫するのではなく、本体に復ろうとする意志の存在を聖人の心に認め、同様の意志を我が心に見出した瞬間、その人は自分が聖人と同質であることを実感し、自己を肯定することで志がますます堅く定まり、工夫を無意識の内に行っていることとなる。

更に第九十七条では、志の知覚作用が語られる。

(陽明)人は学問を知らねばならぬ。講求も涵養であり、講求しないのは、涵養したいという志が切実ではないからだ。

（中略）

（尚謙）そのように志によりかかれば、恐らく私意を道理と認めてしまい、真ではなくなりましょう。

（陽明）それは全て志が切実でないからだ。志が切実であれば、目が視、耳が聞くといったことも皆志の中にある。真ではない道理を認めることはない。是非の心は人全てにある。外求を必要としない。(9)

心の本体としての志には、工夫が組み込まれているだけではない。「是非の心」を持ち、道理を知覚していく働きも具わっている。これはこれまで見てきた陽明の心理解をそのまま継承しているものである。一貫とは、様々な工夫を行う中で、志によって推進力を得てそれを完遂することに一貫するのではなく、志を切実にしていく中に様々な工夫が自然と生まれ、段々と道理を知覚して、更に本体を明らめ、復るという流れに一貫することを言う。学ぶ者は志に切実となることで、それらを全て自然に行うようにしなければならない。その時、本体実現の契機は、正に志した瞬間にあるのであって、工夫の要訣は正にここに存する。

三、立志

志がそのまま工夫となるという主張は、『伝習録』上巻、第五十四条に語られる。

（唐詡）立志の内容ですが、善念を常に存し、善を為し悪を去ることを求めるということで良いでしょうか。

（陽明）善念が存する時は天理である。この念が善であれば、更に善を思う必要はない。この念が悪でなければ、更に悪を思う必要はない。この念は樹の根芽のようなものである。立志とは、この善念を長く立てるだけのことだ。心の欲する所に従いて矩を踰えないのは、志が熟したのである。[10]

唐詡の立志理解は志に善を認めつつも、なお改めて善を為し、悪を去るという意識的行為を求めており、屋上に屋を重ねる工夫の仕方である。それに対し陽明は、志に天理を認め、それは善一枚なのだから、志がはっきりと顕現していればそこに悪は存在しないのであって、悪を去る必要はなく、ただただ志を成熟させよと主張する。「心の欲する所に従いて矩を踰えないのは、志が熟したのである」と言うからには、而立、不惑、知命、耳順、従心までの全行程が立志の中に達成せられていくということになる。つまり、志の顕現中に、自然と工夫が展開し、志が成熟していく過程が而立から従心である。志は、善念であり、また本体に復る意志であるから、これが顕現しているということは、工夫が行われていることと同義でなければならない。かかる立場の陽明から見れば、唐詡の仕方は正に「外求」ということになろう。第十六条で「ただ念念天理を存することを求めるのは立志である。これを忘れることなく、久しければ自然と心中に凝集してくる。道家の「聖胎を結ぶ」と言うようなものだ。天理の念を常に存し、美大聖神に至るのも、ただこの一念から存養拡充していくだけである[11]」と言うのも、不断に志を顕現していく中で、存養拡充が行われていくことを求めるのであって、学ぶ者が為すべき事は、志を顕現することだけである。

そうすると、立志の「立」には、顕現することと、成熟していくことの二つの意味が込められているように思われる。これは丁度、知行の本体の恢復と、知行の功夫とに相応するものである。

第三十一条では成熟させることに重点を置いている。

（質問者）学問しても知識の獲得が進みません。どうしたらよいでしょうか。

（陽明）学問をするには大本がなくてはならない。大本から力を用い、次第次第に水が穴に満ちて溢れ出すように進まねばならぬ。仙家が嬰児を説いたのはよく譬えたものだ。嬰児が母胎にいる時は純気であり、何の知識もない。母胎を出た後に始めて啼き、笑い、父母兄弟を認識し、そうしていって立ち、歩き、持ち、背負い、ついには天下の事でできないことはなくなるのだ。これらは皆精気が日々に足りて筋力が日々強くなり、聡明が日々に開いていくからだ。これは母胎を出た日に講求し、尋ね来たものではない。

（中略）

（陽明）立志用功は樹を植えるようなものである。その根芽にあたっては、まだ幹がない。幹があってもまだ枝はない。枝があって後葉があり、葉があって後花実がある。はじめ根を植える時はひたすらに栽培灌漑して、枝のことを思ってはならない。葉のことを思ってはならない。花のことを思ってはならない。実のことを思ってはならない。思ったところで何の益もない。ただ栽培の功を忘れてはならぬ。枝葉花実がないことをおそれようか。[12]

大本、すなわち心が持っている生成力を引き出すことで、その時その場で必要とするものを獲得していくこと、そうして無理なく必要なものを必要なだけ獲得していくことで、人はあるべきものに成りゆくのである。顕現と成熟とは一体となっている。ここで陽明が警戒しているものとは何か。それは未成熟な段階で無理をして、心の生成力を超えた要求を抱いてしまい、却って心の成熟を阻害して心を昧ませてしまうことである。外求に対する否定はここに由来する。

「講求しないのは、涵養したいという志が切実ではないからだ」と言うように、陽明は別に読書講求を否定している訳ではない。しかし、それは涵養したいという志によって自然に選択されてこそ、みずからを養う方法として機能する。そうでなければ、肥大化する知識や才能と比例して、自尊心もまた肥大化し、本来の目的である本体へ復ること、噛み砕いて言えば、「打てば響くことを高しとはせず、真面目で慎み深いことを上」とし、「もし謙虚で慎み深くて浮ついたこともなくて自分を無能とし、志を篤くして努力し、学問に勤めて問うことを好み、人の善を称賛して己の過ちを咎め、人の長所に従って己の短所を明らかにし、忠信楽易、表裏一致するものがあれば、たとえその人の資質が魯鈍であろうとも、同輩は称賛敬慕するであろう」というあり方が後退し、衰えてしまう。善を追い求めて色々な物事に謙虚に取り組んでいく生き方そのものに、人としての価値もあれば人生の意義もあるとする陽明にとって、外求はあまりに危険に映ったのであろう。したがって、善に対する志の有無は、その後の学問全体の帰趨を左右するものとなる。志と正反対の意識は驕りである。これを警責したものに第十九条がある。

孟源はみずからを是として名を好む病があった。先生は屢々これを責めた。ある日、たっぷり絞られた所で、別の学友が日頃の工夫を述べて、先生に正してくれるよう請うた。源は「これは私が昔やっていた工夫を聞いているのです」と横から口を挟んできた。先生は、「お前の病がまたおこった」と仰ると、源は色をなして抗弁しようとした。先生はもう一度「お前の病がまたおこった」と仰り、「これはお前の一生の大病根だ。譬えるならば、一丈四方の土地に大樹を植えたようなものだ。雨露の恵み、土地の恵みはただこの根を滋養するだけで、たとえ四方に良い穀物を植えようとしても、上は葉に遮られ、下は根に固められて、ちっとも生長できないのだ。この樹をまず伐採し、少しの根も留めないようにして、はじめて良い種を植えることができる。そうしなければ、たとえお前が一生懸命耕し、培養したとしても、この根を滋養するばかりである」と諭した。(13)

志と無関係な「外」に対する欲求は、こうした驕りを生む。外求は必ずしも志に基づかない読書講求をすることだけではなく、孟源のように己を是とし名を好むことも予定する。志以外の要素は全て「外」である。第百十六条では、外好によって心を喪失してはならないと説く。

樹を植える者は必ずその根を培い、徳を植える者は必ずその心を養う。樹の生長を欲するならば、必ず生じた時に繁枝を芟除せよ。徳の盛んなるを欲するならば、必ず学びはじめた時に外好を去れ。もしも外に詩文を好めば、精神は日に段々と詩文へ漏れていってしまう。凡百の外好もそうである。

また仰った。

私がここに論じる学問は、無中に有を生じる工夫である。諸君がこれを信じ、これに与りたいと思うなら、ただ志を立てよ。学ぶ者が一筋に善を為さんとする志は、樹を植えるようなものだ。ただ「助くることなく、忘るることなく」ひたすらに培ってゆけば、自然に日夜生長して、生気日に全く、枝葉は日に茂るであろう。樹のはじめて生じる時に繁枝が芽吹いたら、切り落としてしまえ、そうすることで根や幹は大きくなれるだろう。初学の時もそうだ。故に立志は専一であることを貴ぶのである。(14)

この内外の差は、単に目的地へ向けた経路の違いばかりか、工夫の効果をも決定的に異なるように仕向ける。この第百十六条に続けて第百十七条では念押しのようにこう述べる。

（第百十六条の問答に）因んで論じた。

（質問者）先生の門下では、ある人は涵養に功を用い、ある人は識見に功を用いますね。
（陽明）涵養を専らにする者は日に自分が足りないことに目がいき、識見を専らにする者は日に自分が優れていることに目がいく。日に足りないと思う者は日に優れ、日に優れていると思う者は日に足りなくなってゆく。(15)

余るとか足りないとか言われるものは何か。それは善である。善は「一筋に善を為さんとする志」が生長すると共に、日々大きく豊かになっていく。志が善念であり、これを成熟させていくのであれば、善とは正に志に他ならない。逆に、善念である志を離れて識見に善を見出していこうとすれば、善念を放擲して善を求めるという不可思議な行為となってしまう。そうした人の心を埋めるのは、孟源のような、知識に対する知的満足、丁々発止の議論に我を忘れる陶酔、そうした日々を通じて醸成される驕りでしかない。文字の学には善の実感はない。誰それは云々と議論したという事例を並べ、それに対し自分の記憶と才気とを頼みに是非を弁じることで、己の倫理的な至らなさを感じる人は稀である。善とは日常で「打てば響くことを高しとはせず、真面目で慎み深いことを上」とするものではなかったか、それが陽明の警責である。陽明からすれば、文字の学の氾濫に対し、文字の整理、議論の調整を以て対抗することもまた、文字の学であり、それは同じ外求であった。ではどうするのか。第七十八条で以下のように説く。

（質問者）先生は以前「顔子没して聖学亡ぶ」と仰いました。この言葉には承服しかねます。
（陽明）聖道の全きを見た者は顔子だけである。喟然の一嘆を観れば分かる。「夫子は循循然として善く人を誘ふ。我を博むるに文を以てし、我を約するに礼を以てす」と言ったのは、完全に見てしまってからこのように説いたのだ。博文約礼はどうして「善く人を誘ふ」のか。学ぶ者はこのことを思わねばならぬ。(16)

どこかしらに観念的に善を求めて措定し、精緻な世界観を提示して人を説得するのではない。人は結局、それを説く人物が、議論に見合った人間か審査する。裏を返せば人格の陶冶が人への働きかけ（説得力）を主管するのであり、それ以外の方途はない。全ては我が心の如何に懸かっているのである。したがって、この志という純粋無垢な善念に善を認め、そこにある善を日常で成熟させていくこと、これに集約されねばならない。顔子はこれに集約できていた。故に「助くることなく、忘るることなく」余計なことを考えずに専一になっていることが、そのままこれの生成をのびやかにしていく。それは理屈で了解されるものではなく、今正にやってみれば分かることだと陽明は言う。

「助くることなく、忘るることなく」行うことに志の自然なる成熟が行われるのだとすれば、それは具体的にどういう人物となるのか。それを示唆するのが第三十条である。

（質問者）孔門で志を言った際、子路、冉求は政事に任じ、公西赤は礼楽に任じております。これは実用に大きく関係するものです。曽晳の言うことといえば、却ってふざけているようですが、聖人は彼に同意しています。どういう意図でしょうか。

（陽明）子路、冉求、公西赤の三子には意必がある。意必があれば一辺に偏り、これに関してはよくできても、それ以外はよくできない。曽点の意思は却って意必がない。これは「その位に素して行い、その外を願わず。夷狄に素しては夷狄に行い、患難に素しては患難に行い、入るとして自得せざるはなし」である。三子は「汝は器なり」である。曽点は「器ならず」という意図がある。しかしながら三子の才能は、各々卓越して麗しく、世間の空言ばかりで実がないものとは違う。故に夫子も皆に同意したのだ[17]。

何をすべきか、どうあるべきかということは、予め決められるものではない。決めてしまえば必ず破綻する。そうでなくとも、決められたこと以外はできなくなる。予め決めるという行為は、目の前の生活とは離れて物を判断することである。我が心が突き当たっている今について、我が心が善であると感じるものを修めていくこと、そこに志成熟の場がある。そうでなければ素行自得して「日に足りない」と思うこともないので、「日に優れ」ることもない。徒に焦慮するばかりである。そうでなければ素行自得して「日に足りない」と思うこともないので、「日に優れ」ることもない。徒に焦慮するばかりである。夷狄、患難の厳しい環境に耐えてなお善良でありつづけ、厳冬の合間にも我が田地を日々良くしていくことだけに務める。さればこそ、春を迎え、秋の到来を以て、我が田地は豊かに実る。陽明が志を種に譬えた裡には、そうした、意必によって細々とした未来を志向することではなく、より良くなろうという程度のゆったりした意志によって生活に素して行うことで、却って予測もしていなかった多様な可能性に成熟していくべきだ、という印象があったのではないか[18]。第三十一条で「枝のことを思ってはならない。葉のことを思ってはならない。花のことを思ってはならない。実のことを思ってはならない。思ったところで何の益もない。ただ栽培の功を忘れてはならぬ。枝葉花実がないことをおそれようか」と言ったのも、このことについて述べたものであろう。そこには本体に復ることを胸に、日々の生活に生きる志しか存在しない。第七十八条は更にこう続く。

道の全体は、聖人であっても人に語り難い。学ぶ者がみずから修め、みずから悟らねばならぬ。顔子の「これに従わんと欲すと雖も、由なきのみ」とは、文王の「道を望みて未だ見ず」の意である。「道を望みて未だ見ず」とは、真に見ているのである。顔子が没して聖学の正しい流れは完全には伝わらなくなってしまった。

顔子が孔子という聖人を直視し、それに惹かれれば惹かれる程に感じる感覚、それが「道を望みて未だ見ず」である。志に本体を見、それをなお一層明らめようとする者が感じる「日に足りない」という感覚もまた「道を望みて未だ見ず」であろう。だからこそ彼は、日々において成熟していこうという心の生成力を遺憾なく発揮するのである。そうした日々に密着したたゆみなき成熟は、日々の生活に密着した多様な善と共に、無窮に続く。第二十二条で「義理は定まった場所がなく、窮まり尽くすことがない。私が君と話し、少しく得た所を以て、ここに止まると思ってはならない」、「十年、二十年、五十年であっても、止まることはないのだ」、「聖なること堯、舜の如きであっても堯、舜の上に善は尽きることがない。悪なること桀、紂の如きであっても桀、紂の下に悪は尽きることがない。桀、紂を生かしておけば、もっと酷いことをしただろう。善の尽きることがあれば、文王はどうして「道を望んで未だこれを見」ないことになったのだろうか[19]」というのはこの意である。

だが、それはただ生活に取り組めば良い、議論している暇があればどんどん日々の生活に密着して工夫してみろという、心を後に回した工夫優先論ではない。ここで注目すべきは、志がそもそも生活でしか成熟しないという理由で生活が大きく採り上げられていることであり、志があってこその生活という前提がなければならない。志が強烈に顕現している心で生きてみると、その意志にとって意義深く見えるもの、あるいは全く視界にも入らないものがあるように、生活の中に起こる万象が、意志によって自然と選択され、秩序づけられる必要があるのである。例えば第百四条

(質問者)学問をしていても、親の事情で科挙勉強をする煩わしさから解放されません。

(陽明)親の事情で科挙勉強をすることを煩わしいとするならば、田を治めて親を養う者もまた、そのことで学問を煩わすのであろうか。明道先生は「ただ志を奪うことを患う」と仰った。ただ学問する志が真に切実でない

ことを恐れるだけだ。[20]

は、学問を読書にのみ認めて孝を忘れた者に対する発言であるが、陽明からすれば、志が切実であればこそ親を思う意識が浮かび上がり、親のために科挙勉強をしようと判断するから、それに励むはずだということになる。この場合、科挙勉強に努力してみることで義理が分かるわけではない。まず社会関係上で善を行いたいという志を切実にして科挙勉強と対してみると、科挙勉強によって獲られる名誉や地位は全く視界から消え失せ、親を喜ばす行為としての意義が浮かび上がり、工夫の場として機能するのである。科挙勉強に励み、それをやり遂げる努力が、親を喜ばせる努力に転化してしまうのである。[21] されば、立志によって万象は自然と選択され、秩序づけられて、全ては工夫の場となる。第十五条で

(陸澄) 主一の功ですが、書を読む時には心は書を読むことにあり、客に接する時には心は客に接することにある。そうであれば主一とできますか。

(陽明) 色を好めば心は色を好むことにあり、金を好めば心は金を好むことにある。そうであれば主一とできるか。これは物を逐っているに過ぎない。主一ではない。主一は専ら天理を主とする。[22]

と言うのも、天理に意識を専一にしていればこそ、その心が書、客、色、金に対して、あるものは大きく浮かび上がり、あるものは土塊の如く無視されて、秩序づけられるのである。学ぶ者はまず志を立てねばならない。志を立てれば後は自然に生活の中に起こる万象に対して選択と秩序化とを施し、それに取り組んでいって成熟する。本体と工夫

とを全て組み込んだ意志の顕現、成熟こそ、陽明の説く立志である。

四、衝動

ここまで見てきて浮かんでくるのは、立志が仮に本体の顕現だとしても、「立てる」というからには、志（本体）は立てられる客体であり、自分を意識的に奮い立たせるような操作はしないのか、という疑問である。だが、仮にそのような操作があるとして、何かに触れた時の感動が、対象に一途に向かってそれに結びつこうと人を嗾ける、あの極めて情的な意志が、そのように理性的な操作の下、機械的に噴き上がってくるものであろうか。よしそうだとしても、そのような意志は、既に感動の炎が消えた後の燃えかすのような感情に過ぎないのではないか。確かにこれまで見てきた陽明の志は善に向かう意志であり、それは本体と工夫とを併せ持つ心という理屈を付けられたために、通常一般の志に比べて遙かに理性的であるから、善に向かおうと自分を奮い立たせるような、意識的な心理操作を施せそうにも見える。しかしながら、それが志である限り、やはり内発的な衝動がなくてはならない。志がみずから成熟していく所以であるその切実さは、その都度立てることで顕現するような簡単なものだとは考えにくいし、それだと陽明が批判した「持志」との違いがよく分からなくなる。この疑問を解くべく、陽明が立志について、その所説を集大成した「示弟立志説」（『全書』巻七、「文録」四）を検討する。これは陽明四十四歳の時、異母弟守文に宛てたものであり、その説く所もまた非常に丁寧に組み立てられている。[23] 以下、これを八項目に分けて見ていく。

①根

学問は立志より先立つものはない。志が立たないのは、根を植えず徒に培養灌漑を事とするようなものである。労苦しても成果がない。世間の連中が何事もいい加減にし、世俗に随い悪事を習って、最終的に浅ましい思考に帰着するのは、全て志が立たないからである。故に程子は「聖人と為るを求むるの志ありて、然る後与に共に学ぶべし」と仰ったのだ。

陽明はまず、聖人になろうという強い意志がなければ学問は一貫しないと述べる。ここで言う「立志」は、志のない人がそれを意識的に操作して立てているようにも見える。

②衝動

人はかりそめにも誠に聖人になろうと求める志があれば、必ず聖人の聖人たる所以はどこにあるのだろうかと思うだろう。聖人の聖人たる所以は、その心が天理に純であり、人欲の私がないからではないか。聖人の聖人たる所以は、ただその心が天理に純であり、人欲の私がないからであれば、私が聖人になろうとするのもまた、ただこの心が天理に純であって、人欲の私がないようにすることに他ならない。この心が天理に純であり、人欲の私がないようにと欲すれば、必ず人欲を去って天理を存する。務めて人欲を去って天理を存すれば、必ず人欲を去って天理を存する方法を求める。人欲を去って天理を存する方法を求めたら、必ず先覚に正し古訓に考える。そうして凡そ学問の功というものはその後に講じることができ、また已むを得ないものがあるのだ。

次に②、心に志があれば「已むを得ないものがある」ので、聖人へと向かう方法を必死に考え、取り組んでみて、その方法を確固たるものにしていくとある。「已むを得ない」のが志であるならば、志は単なる意志ではなくて、ある種の感動に触発されて噴き上がった衝動的意志とした方が良い。そうすると、「立志」は、よしやろうと自覚的に意志を持ってみるのではなくて、知らず識らずの内にそうせずにはおれない衝動的意志が噴き上がった状態を指すように見える。この段階ではまだどちらで解釈すべきか不明である。

③先覚

先覚に正すというのは、その人が先覚であると思って師事したのなら、心を専らにし志を致して、先覚に聴かねばならない。師の言葉が自分の意見に合わないとしても、それを捨て置くことはできない。必ず先覚の言葉に従って思い、思っても分からなければ、また先覚の言葉に従って弁じ、一生懸命に理解を求めて、進んで疑うようなことがあってはならない。故に『礼記』は「師厳にして然る後道尊し。道尊くして然る後民学を敬するを知る」と言う。かりそめにも尊崇篤信する心がなければ、必ず侮ってかかる意識がある。話しても審らかに聴かなければ、聴いていないも同様である。聴いていても思うことに慎まなければ、思ってないも同様である。これはこの人を師としていると言ったとしても、師としていないも同様である。

④古訓

古訓に考えるということであるが、聖賢が訓を垂れるのは、人欲を去り天理を存する方法を人に教えるからに他ならない。五経四書などがこれである。自分が人欲を去り天理を存しようとしてもその方法が分からない。こういう訳で人欲を去り天理を存する方法を五経四書に求めれば、書物を開く際、饑えた者が真に満腹を求め、病人が薬による治癒を求め、暗闇にいる人が灯を求め、足が不自由な者が杖によって行くことを求めるようなものである。どうして徒に記誦講説を事として、耳学問に終始するような弊害があろうか。

③④は②の過程中に当然行われるものであり、それらはしなければならないからするのではなく、そうせずにはおれないからするのである。つまり、先覚や五経四書の正当性は我が心によって承認されるのであるが、その心は聖人へ向かう心（志＝本体）なのであるから、人の心には志のような本体が自然に具わっていることを先験的に認め、その心を通して五経四書に改めて儒教倫理を感じ取らねばならない、という主張である。

②〜④で注目すべきは、志がみずから「已むを得ないもの」としてこうした展開をしていることであり、これら一つ一つの行為ごとに、何度も志を立て直している訳ではないということである。志は立ち続けている。故に⑤では「志を立てる」ではなくて「志が立つ」に「立」の行為主体が移行している。

⑤志が立つ

志を立てることは簡単なことではない。孔子は聖人である。それでもなお「吾十有五にして学に志す。三十にして立つ」と仰った。「立つ」とは志が立つのである。矩を踰えない所に至ったと言っても、志が矩を踰えないのである。志は侮って視ることができない。「志は気の帥」である。人の命である。木の根である。水の源である。源が深くなかったら流れは息んでしまう。根を植えなければ木は枯れてしまう。命をつなげなければ人は死んでしまう。志が立たなければ気は昧んでしまう。こういう訳で君子の学はいつでもどこでも志を立てることを問題にしているのである。

⑥知覚

目を正して視ればよそ見をしない。耳を傾けて聴けばよそ聞きをしない。猫が鼠を捕らえるように、鶏が卵を覆うように、精神心思が凝集融結して、決して他のあることを知らないのである。そうして後志は常に立ち、神気は透きとおっていて義理は明らかとなる。一度私欲があれば、知覚して自然と留め置かない。

⑤ははじめに「志を立てることは簡単なことではない」と言い、終わりに「君子の学はいつでもどこでも志を立てることを問題にしている」と結んでいるものの、その間で説かれるのは、志が立つことで不惑、知命、耳順、従心へと成熟していく過程であり、その志は命、根、源とされ、起点に止まらず、後の生長全てを貫く存在とされている。そして、「立つとは志が立つのである」と言うのだから、「立」の行為主体の移行は自覚的に為されていると見て良い[24]。そうして立った志が⑥の知覚を行うのであり、「一度私欲があれば、知覚して自然と留め置かない」のだから、工夫をしつつ成熟しているのは志である。

志が立つのは而立からであり、それが断続的に不惑から従心まで成熟するのであれば、「立」とは立ち続けること、すなわち断続的に顕現していることを指している。であれば反対に、志学から而立までの間は断続的に志が立ち続けてはいなかったということになる。また、立ってからは②③④で確認したように、志自身が天理を存し人欲を去るためのあらゆる方途を試み、実際に工夫し、成熟しているのであって、工夫は志自身が行っている。したがって、志と別の心で工夫する訳ではなく、こうした志自身のする工夫によって成熟するのである。志という本体が本体を明らめる工夫をする、それは「志が立つ（顕現する）ことで志を立てる（顕現させる）」ということになる。所謂「本体の機能活性化による工夫の自動発生、工夫の完遂による本体の明徴化」という工夫論の骨子がここに提示されている。

ここに陽明が「立志」を「志を立てる」から「志が立つ」に読み替える理由がある。つまり、志が断続的に立つように工夫しているのは志であり、志が工夫するから志は断続的に立つのであるから、「立志」を「(志が立つことで) 志を立てる」と読んでも、「志が立つ (ことで志を立てる)」と読んでも、両者は矛盾しないのである。ただ、孔子でさえもこの而立に達するまでは、志の力が弱く、断続的に顕現することができなかった。だから「志を立てることは簡単なことではない」とされ、この本体と工夫との関係を自得する難しさを強調している。そもそも①で既に「志が立たない」と言っているように、陽明ははじめから志以外の心による意識的な操作を想定してはいない。

⑦責志

故にあらゆる事態で、少しの私欲が萌す時、志が立っていないことを責めれば私欲は退く。少しの客気が動く時、志が立っていないことを責めれば客気は消え失せる。あるいは怠け心が生じる時、志が立っていないことを責めれば怠らない。忽せにする心が生じる時、志が立っていないことを責めれば忽せにしない。(中略) やはり一時として立志、責志の時でないものがなく、一事として立志、責志の場でないものはない。故に責志の工夫は人欲を去ることにおいて、烈火が毛を焼き、太陽が一度出でて魍魎が消え去るようなものがある。

全てが志に集約されていることを裏付けるものとして、⑦の責志がある。これは志が顕現していない時、志から離れたために人欲や客気、怠け心が萌してくると、志が立っていないことを責めて、立志状態を恢復してこれらを消すのであるが、責志はあくまで志が立っていないことを責めるのであって、志とは別の心で人欲らを消して志を恢復するのではない。責められて恢復した志が人欲らを去るのである。すなわち、立志の構造中に落とし込まないと人欲らは去ることはできないのであって、必要とされるのは志という主体を顕現するよう、自分を奮い立たせることである。一般に膾炙している立志がこれに当たり、また、工夫を行うための工夫として立志を捉えようとする陽明立志説の理解がこれに当たる。[25] だが、人欲らが萌すことを知覚するのは⑥で確認した通りである。そうすると、志が立っていないことを志とは別の心が知覚して責め、改めて志を立てるのではなく、志が衰えていき、私欲らが萌してくると、その異常状態を志が知覚し、再び奮い立つということになる。責志は、志が再び顕現してきた瞬間の働きと捉えねばならない。ここには志が完全に消えてしまうという事態は想定されていないのである。故に「やはり一時として立志、責志の時でないものがなく、一事として立志、責志の場でないものはない」と言う。

ここで敢えて立志を天理を存することとし、責志を人欲を去ることとして、その関係を捉え直してみると、人欲を知覚し、それらを消し去るのは志であるから、責志は立志を通じて人欲を消そうとする。責志は人欲に直接手を下さない。全ては「烈火が毛を焼き、太陽が一度出て魍魎が消え去る」志の衝動に委ねられているのであって、天理を存する内に人欲を去ることが組み込まれている。[26] これは丁度「私が学問をするのにも、心髄の微かな処に力を用いるのである。そうすれば自然と篤実光輝し、私欲が萌しても全く行燈に雪が点るようなもので消え去り、天下の大本が立つのである」と説かれた立誠と全く同じ説き方である。[27] つまり、「責志の工夫は人欲を去ることにおいて」立志の一側面を強調するために設定された言葉であり、両者が並列するのではない。

こうして見てくると、通常一般の志は、立てられた時に最も生々しく人を衝き動かし、その後衝撃力が弱まっては改めて初心に返り、目的の達成に近づくにつれ次第次第に落ち着いていくのに対し、陽明の説く志は、はじめ一点の衝動が工夫を促して自ら成熟し、「志は気の帥である」と孟子を引くように、工夫が拡大していくにつれて、志もまた弥益に衝撃力を強化する。それはまるで、衝動の炎が手の付けられない程に一気に燃え広がり、全てを焼き尽くすまで止まらないかの如くである。立志は、誰かが点火するのではなく火がみずから噴き上がり、燃え広がるのである。第百十六条「私がここに論じる学問は、無中に有を生じる工夫である」というのはこの意であろう。それに続く「諸君がこれを信じ、これに与りたいと思うなら、ただ志を立てよ。学ぶ者が一筋に善を為さんとする志は、樹を植えるようなものだ」とは、あれこれ議論する前に、諸君らが私の話を聞きに来ようとしたその動機、一筋に善を為さんとする志を感じ取れ、それでもう自然と生成していく樹は植えられたのだ、と解するのが良いだろう。そうでなければ「無中に有を生じる」工夫とはならない。根を植えることと根を育てることとは共に樹の比喩に引きずられ、根とは別の主体による外からの働きかけであるように理解されがちであるが、根はもともと根付いており、みずから灌漑培養するのである。「示弟立志説」は樹の比喩を全面に出してこないので、志の自律性を鮮明にできたのだと考えられる。陽明においては、善に対する衝動的意志の自覚がそのまま本体の顕現として認められているのだから、感じ取ったというのもまた志が顕現してきたのである。「已むを得ない」「饑えた者が真に満腹を求め、病人が薬による治癒を求め、暗闇にいる人が灯を求め、足が不自由な者が杖によって行くことを求めるよう」「猫が鼠を捕らえるように、鶏が卵を覆うように」「烈火が毛を焼き、太陽が一度出て魍魎が消え去るよう」に顕現し、成熟していく志を確認してきた今、立志が、よしやろうと自覚的に意志を持つような理性的なものではあり得ないことを、改めて強調しておきたい(28)。

五、無垢

⑧道は一つ

昔から聖賢は時に応じて教えを立て、言葉は違うようでもその工夫を用いる主旨は少しも違わない。『書経』に「惟れ精惟れ一」と言い、『易経』に「敬以て内を直くし、義以て外を方にす」と言い、孔子は「格致誠正」「博文約礼」と言い、曽子は「忠恕」と言い、子思は「徳性を尊びて問学に道る」と言い、孟子は「義を集め気を養う」「その放心を求む」と言う。人は自分の実感に照らして説を作るので、強いて同じ発言をすることはできないとはいえ、これらの要領帰宿を求めれば符節を合するようである。何故ならば、道は一つだからである。道が同じであれば心も同じである。心が同じならば学も同じである。最終的に同じでないものは皆邪説である。後世の大患は志がないことにある。故に今立志で説を作った。中間の字字句句は立志でないものはない。やはり終身問学の工夫は、ただ志を立てるだけである。もしこの説を精一に合すれば、字字句句は皆精一の工夫である。この説を敬義に合すれば、字字句句は敬義の工夫である。その諸々の格致、博約、忠恕等の説も吻合しないものはない。ただ真実なる心でこれを自得して、そうして後私の言葉が虚妄でないことを信ずるが良い。

最後に⑧を見ると、聖賢の教は様々あれど、その本旨は全て同じだと述べられ、それを今回は立志を用いて説明したのだと語られている。「言葉は違うようでもその工夫を用いる主旨は少しも違わない」ということであれば、「示弟立志説」を通して表白された立志には、全ての工夫を通貫する工夫論の骨子が投影されているということになる。志には本体と工夫の相即が語られ、今また立志にて工夫論の骨子が語られていることを思えば、陽明の説く志には、陽明の思想における重要な要素が詰め込まれていたのであり、その内容はこれまで縷縷述べてきたものである。

⑧で話を終えるに当たり、陽明が経書ごとの様々な言葉を引き、これらは立志と同じだと述べたにも拘わらず、それらがどのように同じなのかは語らないことから、第三章で確認した誠のように、他の経書を統合する役割を、志に

は期待していなかったのであろうと推測される。それは誠の方が『大学』や『中庸』にもともと語られており、そこに陽明の心理解を投影した誠理解を反映させていくことで、『大学』『中庸』で語られた工夫の構造転換ができたからであるが、その反面、陽明以前の誠理解を転換するために、質問者の理解に応じて多くの言葉や理屈を用いねばならず、また質問者のもっていた印象と陽明の説明の背後にある印象とが会話中に交錯しているため、これに触れる人々は多く思考上の混乱に陥ることとなる。

志は、そうした煩わしさのない、横説竪説の可能な無垢な言葉である。それは、陽明の如く志にこれ程までの重要性を与えて工夫論を組み立てた思想家があまり存在しなかったことに起因する。故にこれに触れる人は、『全書』や『伝習録』で語られた陽明の志に関する発言を丁寧に並べていって注意深く見守ることで、繋ぎ合わされ、並べられた用例から、自然とその思う所を読み取っていくことが可能である。それが可能なだけの完結的な構造を志が保有していたこと、これもまた、陽明が志に見ていた役割が低くないことの証拠ではないだろうか。本章で試みたのは、そうした志の完結性に信頼し、その構造を論証してみることであった。ただ、志はあまりに無垢過ぎた。それ故に知や誠と同じ本旨をもちながら、知行合一のように教として大々的に採り上げられることもなく、また誠意のように他の経書の言葉との相互援用による説明が余りになく、それに従って先行研究でも余り採り上げられなかった、あるいは採り上げられても、それに相応しい地位を認められなかったことは事実である。しかし、志については「立志の説は已に煩瀆に近し」（立志之説、已近煩瀆）（『全書』巻四「文録」一「与黄誠甫一」）とあるように、『全書』中で説かれる回数、その内容を見てみれば、これが等閑に付されて良い理由はない。

志が共有する本旨とは、陽明の心理解と工夫論の骨子である。その中で、志に特徴が認められるとすれば、それは炎の如き衝動の力であり、樹の如き意志の生成力である。こうした力によって行われる工夫とは、具体的にどのようなものなのか。そして、知、誠、志に通貫する形式が心に認められた時、陽明の心とは、一体どのようなものとして映るのか。それらは陽明の見ていたものをどのように形作っているのか。そうしたことを検討してみてはじめて陽明の思想なるものに近づけるのではないか。

以上の問題を改めて確認した上で本章を終了する。

第四章注釈

（1）ここでは「教条示龍場諸生」中の「立志」「勤学」を挙げる。

「立志」

志不立、天下無可成之事。雖百工技芸、未有不本於志者。今学者曠廃隳惰、玩歳愒時、而百無所成。皆由於志之未立耳。故立志而聖、則聖矣。立志而賢、則賢矣。志不立、如無舵之舟、無銜之馬、漂蕩奔逸、終亦何所底乎。昔人有言。使為善而父母怒之、兄弟怨之、宗族郷党賤悪之、如此而不為善可也。為善則父母愛之、兄弟悦之、宗族郷党敬信之、何苦不為善為君子。使為悪、而父母愛之、兄弟悦之、宗族郷党敬信之、如此而為悪可也。為悪則父母怒之、兄弟怨之、宗族郷党賤悪之、何苦而必為悪為小人。諸生念此、亦可以知所立志矣。

「勤学」

已立志為君子、自当従事於学。凡学之不勤、必其志之尚未篤也。従吾遊者、不以聡慧警捷為高、而以勤確謙抑為上。諸生試観儕輩之中。苟有虚而為盈、無而為有、諱己之不能、忌人之有善、自矜自是、大言欺人者、使其人資稟雖甚超邁、儕輩之中、有弗疾悪之者乎。有弗鄙賤之者乎。彼固将以欺人、人果遂為所欺、有弗窃笑之者乎。苟有謙黙自持、無能自処、篤志力行、勤学好問、称人之善、而咎己之失、従人之長、而明己之短、忠信楽易、表裏一致者、使其人資稟雖甚魯鈍、儕輩之中、有弗称慕之者乎。彼固以無能自処、而不求上人。人果遂以彼為無能、有弗敬尚之者乎。諸生観此亦可以知所従事於学矣。

（2）問、知止者、知至善只在吾心、元不在外也。而后志定。曰、然。

（3）問、知至善即吾性、吾性具吾心、吾心乃至善所止之地、則不為向時之紛然外求而志定矣。定則不擾擾而静。静而不妄動則安。安則一心一意只在此処。千思万想、務求必得此至善。是能慮而得矣。如此説是否。先生曰、大略亦是。

（4）水野実氏は『王守仁の『大学古本傍釈』の考察』（『日本中国学会報』四六集、一九九四年）で「至善なる者は心の本体。至善惟だ吾心に在るを知れば、則ち之れを求むるに定向あり」（第三条）と『伝習録』当該条との近似を指摘している。筆者の当該条解釈はこの対応関係に基づく。

（5）侃問、持志如心痛。一心在痛上、安有工夫説閑語管閑事。先生曰、初学工夫如此用亦好。但要使知出入無時、莫知其郷、心之神明原是如此。工夫方有着落、若只死死守着、恐於工夫上又発病。

（6）曰、出入無時、莫知其郷。此雖就常人心説、学者亦須是知得心之本体亦原是如此。則操存功夫始没病痛。不可便謂出為亡入為存。若論本体、原是無出無入的。若論出入、則其思慮運用是出、然主宰常昭昭在此、何出之有。既無所出、何入之有。程子所謂腔子、亦只是天理而已。雖終日應酬、而不出天理、即是在腔子裏。若出天理、斯謂之放、斯謂之亡。又曰、出入亦只是動静。動静無端。豈有郷邪。

（7）至善者性也。性元無一毫之悪。故曰至善。止之是復其本然而已。

（8）山下龍二氏は『陽明学の研究・成立編』（現代情報社、一九七一年、一三三頁）で「聖人たらんと志すことはすでに心内の聖人（良知）の発現であり、それはその人がすでに聖人であるが故に可能であった」としている。

（9）先生曰、人須是知学。講求亦只是涵養、不講求只要涵養之志不切。（中略）（侃）曰、正恐這些私意認不真。（先生）曰、総是志未切。志切、目視耳聴皆在此。安有認不真的道理。是非之心人皆有之、不仮外求。

（10）唐詡問、立志是常存個善念、要為善去悪否。曰、善念存時、即是天理。此念即善、更思何善。此念非悪、更去何悪。此念如樹之根芽。立志者長立此善念而已。従心所欲、不踰矩、只是志到熟処。

（11）先生曰、只念念要存天理、即是立志。能不忘乎此、久則自然心中凝聚。猶道家所謂結聖胎也。此天理之念常存、馴至於美大聖神、亦只従此一念存養拡充去耳。

（12）問、知識不長進如何。先生曰、為学須有本源。須従本源上用力、漸漸盈科而進。仙家説嬰児亦善譬。嬰児在母腹時、只是純気、有何知識。出胎後方始啼、既而後能笑、又既而後能認識其父母兄弟、又既而後能立能行能持能負、卒乃天下之事無不可能。皆是精気日足、則筋力日強、聡明日開。不是出胎日便講求推尋得来。（中略）又曰、立志用功、如種樹然。方其根芽、猶未有幹。及其有幹、尚未有枝。枝而後葉、葉而後花実。初種根時、只管栽培灌漑、勿作枝想、勿作葉想、勿作花想、勿作実想。懸想何益。但不忘栽培之功、怕没有枝葉花実。

（13）孟源有自是好名之病。先生屢責之。一日警責方已、一友自陳日来工夫請正。源従傍曰、此方是尋着源旧時家当。先生曰、爾病又発。源色変議擬、欲有所言。先生曰、爾病又発。因喩之曰、此是汝一生大病根。譬如方丈地内、種此一大樹。雨露之滋、土脉之力、只滋養得這箇大根、四傍縦要種些嘉穀、上面被此樹葉遮覆、下面被此樹根盤結、如何生長得成。須用伐去此樹、繊根勿留、方可種植嘉種。不然任汝耕耘培壅、只是滋養得此根。

（14）種樹者必培其根、種徳者必養其心。欲樹之長、必於始生時、删其繁枝。欲徳之盛、必於始学時、去夫外好。如外好詩文、則精神日漸漏泄、在詩文上去。凡百外好皆然。又曰、我此論学、是無中生有的工夫。諸公須要信得及、只是立志。学者一念為善之志、如樹之種。但勿助勿忘、只管培植将去、自然日夜滋長、生気日完、枝葉日茂。樹初生時、便抽繁枝、亦須刊落、然後根幹能大。初学時亦然。故立志貴専一。

（15）因論。先生之門、某人在涵養上用功、某人在識見上用功。先生曰、専涵養者、日見其不足。専識見者、日見其有余。日不足者、日有余矣。日有余者、日不足矣。

（16）本文中で分けて引いた第七十八条の原文を、ここではまとめて引く。

問顔子没而聖学亡。此語不能無疑。先生曰、見聖道之全者惟顔子。観喟然一嘆可見。其謂夫子循循然善誘人、博我以文、約我以礼、是見破後如此説。博文約礼如何是善誘人。学者須思之。道之全体聖人亦難以語人。須是学者自修自悟。顔子雖欲従之末由也已、即文王望道未見意。望道未見、乃是真見。顔子没而聖学之正派遂不尽伝矣。

（17）問、孔門言志、由求任政事、公西赤任礼楽。多少実用。及曽皙説来、却似要的事、聖人却許他。是意何如。曰、三子是有意必。有意必便偏着一辺、能此、未必能彼。曽点這意思、却無意必。便是素其位而行、不願乎其外。素夷狄行乎夷狄、素患難行乎患難、無入而不自得矣。三子所謂汝器也。曽点便有不器意。然三子之才、各卓然成章、非若世之空言無実者。故夫子亦皆許之。

（18）こうした印象を抱かせるものに「贈郭善甫帰省序」（『全書』巻七「文録」四）がある。

君子の学問における様は、農夫の田におけるようなものだ。良い種を認めたからには、深く耕し整地して草刈り、虫を駆除して灌漑の時を伺い、朝早く起きて夜には種のことを思い、あれこれと種のことだけを憂えている。そうして後秋の実りを待ち望むのだ。

志は種と同じである。学問思弁して篤く行うのは、耕し、草刈り、灌漑して、秋の実りを求めることである。精査されていない志は、いぬ稗やくさ稗である。志が精査されていても、工夫を継続しないのは、五穀が熟せず、いぬ稗やくさ稗と大差ない。私は以前、君が良い種を求めていたのを見ている。しかしながら、それがいぬ稗やくさ稗でなかったかと恐れている。君が勤めて耕し、草刈っていたのを見ている。しかしながら、いぬ稗やくさ稗を育てるのにも及ばないのではなかったかと恐れている。

農業が春植えて秋に成るのは時である。志学から立つまでは春から夏に該当する。立ってから不惑までは夏から秋に該当する。その時は過ぎてしまったのにまだ種を植えようか迷っているのは、大いに恐るべきことではないか。時を過ぎてしまった学問は、「人一たびすれば己百たびする」のでなければ、もう望みはない。かてて加えて、作業したりやめたりしているようではどうしようもない。大いに哀しむべきことではないか。私に従って遊学する者は多く、彼らに何度も説いてはいるものの、立志できているものはいない。故に私は君の行いについて、立志を措いて別のことを説くことはできない。君もまた努力する方法を疑ってはならない。

陽明子曰、君子之於学也、猶農夫之於田也。既善其嘉種矣、又深耕易耨、去其蝥莠時其灌漑、早作而夜思、皇皇惟嘉種之是憂也。而後可望於有秋。夫志猶種也。学問思弁而篤行之、是耕耨灌漑、以求於有秋也。志之弗端、是荑稗也。志端矣而功之弗継、是五穀之弗熟、弗如荑稗也。吾嘗見子之求嘉種矣。然猶懼其或荑稗也。見子之勤耕耨矣。然猶懼其荑稗之弗如也。夫農春種而秋成時也。由志学而至於立、自春而徂夏也。由立而志於不惑、去夏而秋矣。已過其時、猶種之未定、不亦大可懼乎。過時之学、非人一己百、未之敢望。而猶或作輟焉。不亦大可哀乎。従吾游者衆矣、雖開説之多、未有出於立志者。故吾於子之行、卒不能舎是、而別有所説。子亦可以無疑於用力之方矣。

ここでは一見、志とは別の心が意識的に志を立てているように見える。それというのも、ここで説かれる「立」には、「種を植える」「種を育てる」「種が育つ」の三つの意味があり、前二者は、種を植えるという比喩の印象に引きずられて、志とは別の心があるように見えるからである。しかし、種を植え、種を育てるのもまた志がそうしていることは、以後に検討した「示弟立志説」の構造によって明らかにされる。

（19）義理無定在、無窮尽。吾与子言、不可以少有所得、而遂謂止此也。再言之。十年、二十年、五十年、未有止也。他日又曰、聖如堯舜、然堯舜之上、善無尽。悪如桀紂、然桀紂之下、悪無尽。使桀紂未死、悪寧止此乎。使善有尽時、文王何以望道、而未之見。

（20）或問。為学以親故不免業挙之累。先生曰、以親之故、而業挙為累於学、則治田以養其親者、亦有累於学乎。先正云、惟患奪志。但恐為学之志不真切耳。

(21)　第百四条と全く同じ話が「寄聞人邦英・邦正一」（『全書』巻四「文録」一）にも存在する。

(22)　陸澄問、主一之功、如読書、則一心在読書上、接客、則一心在接客上。可以為主一乎。先生曰、好色則一心在好色上。好貨則一心在好貨上。可以為主一乎。是所謂逐物。非主一也。主一是専主一箇天理。

(23)　「示弟立志説」の全文。これは陽明が弟守文に対して語った、立志に関するいくつかの発言を、守文に頼まれて一つにまとめ、脈絡をつけたものである。故に今回、私はこれに①〜⑧と番号をふり、その構成要素を分類してみた。

予弟守文来学、告之以立志。守文因請次第其語、使得時時観省、且請浅近其辞、則易於通暁也。因書以与之。

①夫学、莫先於立志。志之不立、猶不種其根、而徒培擁灌漑。労苦無成矣。世之所以因循苟且、随俗習非、而卒帰於汚下者、凡以志之弗立也。故程子曰、有求為聖人之志、然後可与共学。

②人苟誠有求為聖人之志、則必思聖人之所以為聖人者安在。非以其心之純乎天理而無人欲之私歟。聖人之所以為聖人、惟以其心之純乎天理而無人欲、則我之欲為聖人、亦惟在於此心之純乎天理而無人欲耳。欲此心之純乎天理而無人欲、則必去人欲而存天理。務去人欲而存天理、則必求所以去人欲而存天理之方。求所以去人欲而存天理之方、則必正諸先覚、考諸古訓。而凡所謂学問之功者、然後可得而講。而亦有所不容已矣。

③夫所謂正諸先覚者、既以其人為先覚而師之矣、則当専心致志、惟先覚之為聴。言有不合、不得棄置。必従而思之、思之不得、又従而辨之、務求了釈、不敢輒生疑惑。故記曰、師厳、然後道尊。道尊、然後民知敬学。苟無尊崇篤信之心、則必有軽忽慢易之意。言之而聴之不審、猶不聴也。聴之而思之不慎、猶不思也。是則雖曰師之、猶不師也。

④夫所謂考諸古訓者、聖賢垂訓、莫非教人去人欲而存天理之方。若五経四書是已。吾惟欲去吾之人欲存吾之天理、而不得其方。是以求之於此、則其展巻之際、真如饑者之於食求飽而已、病者之於薬求愈而已、暗者之於灯求照而已、跛者之於杖求行而已。曽有徒事記誦講説、以資口耳之弊哉。

⑤夫立志亦不易矣。孔子聖人也。猶曰、吾十有五而志於学。三十而立。立者志立也。雖至於不踰矩、亦志之不踰矩也。志豈可易而視哉。夫志気之帥也。人之命也。木之根也。水之源也。源不濬則流息。根不植則木枯。命不続則人死。志不立則気昏。是以君子之学、無時無処而不以立志為事。

⑥正目而視之、無他見也。傾耳而聴之、無他聞也。如猫捕鼠、如鶏覆卵、精神心思凝聚融結、而不復知有其他。然後此志常立、神気精明、義理昭著。一有私欲、即便知覚、自然容住不得矣。

⑦故凡一毫私欲之萌、只責此志不立、即私欲便退聴。一毫客気之動、只責此志不立、即客気便消除。或怠心生、責此志、

即不怠。忽心生、責此志、即不忽。懆心生、責此志、即不懆。妬心生、責此志、即不妬。忿心生、責此志、即不忿。貪心生、責此志、即不貪。傲心生、責此志、即不傲。吝心生、責此志、即不吝。蓋無一息而非立志責志之時、無一事而非立志責志之地。故責志之功、其於去人欲、有如烈火之燎毛、太陽一出、而魍魎潜消也。

⑧自古聖賢因時立教、雖若不同、其用功大指無或少異。書謂惟精惟一、易謂敬以直内、義以方外、孔子謂格致誠正、博文約礼、曽子謂忠恕、子思謂尊徳性、而道問学、孟子謂集義養気、求其放心。雖若人自為説、有不可強同者、而求其要領帰宿、合若符契。何者、其道一而已。道同則心同。心同則学同。其卒不同者、皆邪説也。後世大患尤在無志。故今以立志為説。中間字字句句、莫非立志。蓋終身問学之功、只是立得志而已。若以是説而合精一、則字字句句、皆精一之功。以是説而合精義、則字字句句、皆敬義之功。其諸格致、博約、忠恕等説無不吻合。但能実心体之、然後信予言之非妄也。

(24)「林以吉帰省序」(『全書』巻七「文録」四)「志が立って道は半ばである」（志立而道半）と説き、「与克彰太叔」(『全書』巻二十六「続編」一）には「悪念とは習気である。善念とは本性である。本性が習気に乱されるのは志が立たないからである。故に学ぶ者は全て、習に移され、気に負けてしまえば、志を痛懲することに務めよ。久しくすれば志も段々と立ってくる。志が立ってから習気は段々と消えていく。学問は志を立てることに基づくのである。志が立って学問の功は半ばを過ぎる」（夫悪念者、習気也。善念者、本性也。本性為習気所汨者、由於志之不立也。故学者為習所移気所勝、則惟務痛懲其志。久則志亦漸立。志立而習気漸消。学本於立志。志立而学問之功已過半矣）と説く。ここでいう「半ば」とは、志学から而立への移行を言うのであろう。

(25)吉田公平氏は『陸象山と王陽明』（研文出版、一九九〇年、三四六頁）で「本来の基地に現実のわが身を重ね合わせて、本来態に視点をすえてそこから現実態を照らしてこそ、はじめて現実態が欠如態であることがみえてくる。ここに王陽明が聖人（本来態）を志す所謂立志説を強く主張する理由がある」として、「本来態」と「欠如態」更にはそれらに視線を向ける「中間者」を設定し、この「中間者」が「本来態」へ立ち位置を移動して「本来態」を体認することを立志と見なしている。また角田達朗氏は「王守仁における致良知説の形成」（『斯文』一〇〇号、一九九一年）で、「恐らくは、常人の心が本来の聡明さを失いがちであるという観点から、反観内省を着実にするためには強靭な意志力が不可欠であるということを、特に強調したのであろう」（八七頁）と言う。だが天理も人欲も分からないその意志力には正当性がない。故に、「意志的な営為が、かえって心の本体の自然な発現を損なう危険性も否定できないであろう」（八七頁）という指摘が発生し、「本体の発現が明瞭でない場合には、存すべき天理も去るべき人欲も明瞭には把握できず、工夫に十分な動機が与えられないことになる。

そこで、工夫を為す上で、強靭な意志力の発揮と、意志力の抑制とが、同時に要求されるのである」（八八頁）として、天理も人欲も判別不能な人間が、とにかく工夫を続けるための程よい意志力の確保こそ陽明の立志であると結論づけている。

大西晴隆氏は『王陽明』（講談社、一九七九年）で「立志とは自己の生を自覚的に方向づける意志的努力」（一三頁）であり、学の「全過程を貫く推進力」（同上）で、「立志が念念不断に相続し、もはや意志的緊張をまつことがなくなってはじめて志が立つ」（同上）、「立志は為学の「心」、為学は立志の「事」というに過ぎない」（一四頁）としている。

（26）岡田武彦氏は『王陽明と明末の儒学』（明徳出版社、一九七〇年、六五頁）で、立誠と立志との相似について「陽明の立志説は、後述の立誠と同じく、根源的で抜本的、渾一的で全体的な教法であった」と指摘している。

（27）山下氏前掲書では、心即理と致良知との違いについて、心即理は天理と人欲との共存を認め、その教法が存天理去人欲であったことから、心即理の心には心そのものよりも理への傾斜があり、去欲に力点が置かれ、致良知登場によって心そのものへの傾斜が起こり、存理に力点が移ったとしている。ここでは、心即理と致良知との違いがそのまま致良知登場前と後との心の捉え方、及び工夫論の違いとして説かれているが、立志を見れば心そのものへの傾斜は一貫して保持されているということができるのではないだろうか。

（28）「答王天宇書一」（『全書』巻四「文録」一）では志が発生する様が以下のように説かれる。

「書物を繙けば得るものがあります。賢人君子に接すれば自ずから触発されます」と言うが、触発するものは何物かお前は知らないのだ。またこの二事によって触発すれば、二事の他に何を務めとする必要があるのか。この時にあたり、志なるものは果たしてどこにあるのか。

謂開巻有得。接賢人君子、便自触発。不知所触発者何者。又頼二事而後触発、則二事之外、所作何務。当是時、所謂志者、果何在也。

終章　心即理

一、形式と目的

ここまで、王陽明の心理解と工夫論の骨子が、前期思想における主要な議論に一貫して反映されていることを見てきた訳だが、その形式を表に表すと次頁のようになる。

心の本体と言われる「知行の本体」「誠」「未発の中」「志」が顕現すると、それらが自動的に必要なものを知覚し、必要な行為をする。それがそのまま工夫となって、みずから成熟していく。太枠部分がその形式を示している。

致良知説提唱後は、太枠部分がより明確に語られるようになるため、この形式理解は容易である。それに対し、前期思想で展開された議論ではその前に「本体の機能活性化」というものが存在するため、ともすれば後期思想に比べて煩雑となり、「人欲を去って天理を存する」「本体を押し立てる」（本体の機能活性化）→「天理を存して人欲を去る」「本体が工夫する」（工夫の自動発生による本体の明徴化）のようにも見えてしまう。つまり、本体が工夫をすると言っているのに、その本体を顕現させるための工夫が必要で、屋上屋を重ねるような工夫論が存在するように見えてしまうのである。こうなると結局、不完全と見なされた現実の心に対して意識的操作を加える工夫が必要となり、一般的な工夫論と何が違うのかという話になる。

	龍場大悟	知行合一	誠	志
本体の機能活性化	従者への思いやり	知行の本体を恢復する工夫	思誠 立誠 誠意 誠身	立志 責志
工夫の自動発生 本体の明徴化	従者への思いやり↓知覚↓行為（看病）↓成就	知行の本体↓知覚↓行為（工夫）↓成熟（知行の本体） ［知覚↓行為（工夫）↓成熟：知行の工夫］	誠↓知覚↓行為（工夫）↓成熟（誠） 大本（未発の中）↓已発の和↓大本（未発の中）	志↓知覚↓行為（工夫）↓成熟（志）

しかし、龍場大悟の時に従者を思いやったのは、別に人欲を去ったり本体を立てようと努力したから思いやりが出てきた訳ではない。また、心には天理と人欲が同居しないと明言した陽明にとって、天理一枚になったら自動的に人欲が消えた、または、本体がみずから顕現した、という状況以外に人欲を去ったり本体を顕現する手段は存在しない。故に格物について語った議論でも「存天理」「明明徳」「去人欲」が同一視され、天理を存する中に人欲を去ることが組み込まれているのであり、「誠意」「誠身」「立志」には、誠や志がみずから顕現するという意味が与えられていた。「立誠」や「思誠」「責志」などでは意識的に操作するニュアンスが残るが、これも最終的には誠や志自身が恢復している構図に組み込まれ、同等に対置されることはない。

そうなると「本体の機能活性化」で意識的な操作を言っているのは「知行の本体を恢復する工夫」だけのように見えるが、これも用例を見てみると切実でないことを譴責する際に使用されている論理に過ぎず、別段細かい議論が展開されていない。つまり、陽明としては「本体の機能活性化」といっても、日常生活で誰でもが自然と抱く倫理的意識が顕現したことを言っているのであり、結局は太枠部に回収されているのである。

そうであればはじめから「本体の顕現」と直截的に言えばいいのではないかと思ってしまうが、このような事態になったのは、陽明がみずからの心理解や工夫論の骨子を表現した場がほとんど弟子との問答や語りかけであり、論文や経書の注釈で純粋に表現しなかったということに原因がある。というのも、これまで見てきた用例では、はじめに弟子が一般的な心理解や工夫論を根拠に陽明の心理解や工夫論を批判し、それに対して陽明が弟子の論拠を崩して再構築しながら自説に誘導していくというパターンで一貫している。また、語りかけも弟子の通念に沿って行われるため、説き起こしは彼らの通念となる。この場合、弟子の議論や通念の形式を崩し、再構築するという作業が必要となるから、どうしても弟子の形式を陽明の形式に誘導していく過程で発生する、曖昧な表現が存在してしまう。

また、「誠意」を筆頭とする経書の工夫論を整合的に解釈できなければ、陽明の心理解や工夫論の骨子は単なる思いつきとなって正当性を失う。しかし「立誠」や「誠意」「誠身」「立志」はどう考えても普通に読めば「誠を立てる」「意を誠にする」「身を誠にする」「志を立てる」としか読めないのであり、またそう読むのであれば、誠や志は意識的操作の対象となるのであって、誠や志がみずから顕現するという読み方は常識的に考えて不可能である。そこで「立てる」「誠にする」という操作を行っているのは誠や志、とすることで「(誠が) 身を誠にする」「(志が) 志を立てる」などという解釈で意識的な操作を否定し、太枠部の形式に引き込むのである。

このように、弟子との対話、経書解釈という二つの課題があり、それを太枠部の形式に引き込む際に発生したニュアンス上の曖昧さや言葉の組み替えが、本体が顕現するのか意識的な操作を加えるのかはっきりしない議論の原因であったと思われる。結局「(志が) 志を立てる」などというからには、太枠部の形式が理解されてしまえば、「本体の機能活性化」には特別な意味を認める必要がない。

そうした形式がよって立つ根拠は、日常生活上で心に浮かんだ倫理的意識は全面的に信頼しうるという信念である。一般的に工夫が要求されるのは、日常生活で心に浮かぶ意識が完全には信頼できないという信念によるのであるが、陽明はそれを否定し、倫理的意識がみずから知覚し、行為した先に成熟していくことに全てを賭けよと言う。ここには、単に意識的な操作を拒むということのみならず、そうした一般的な工夫が前提とする所の「観念された心から現実の心を反省する」という心理解、そして「現実の心から観念的に理想とされる心へと向上する」という工夫論への否定が存在する。心は観念されるものではなく、また人の生々しい意識や日常生活に発生する善といったものも、個別性を離れて観念に昇華されてはいけないという思想がある。本体は常に日常生活上に生々しい倫理的意識として現れており、それは日常生活上で成熟している。故に「心即理」というのであり、それは「理 (倫理) は心の倫理的意識があればこそ獲得される」というより進んで「現在する倫理的意識だけが理である」と言っているに等しい。つまり、「心即理」とはまず第一に、観念的議論は必要ないという宣言であり、第二に、日常生活上の生々しい倫理的意識にのみ本体を認めよという訴えである。これによって、本体はそこらじゅうで顕現して成熟しているから日常生活に切実に取り組めば良い、という議論を展開することができたのである。こうした意味で、王陽明の前期思想を全て表現した言葉は「心即理」であると言えるし、また太枠部の形式を共有することから、龍場大悟の内容は「心即理」でありそれは「良知の旨」であると言えるだろう。

こうしたことが理解された上で、更にもう一歩踏み込むべきことがある。それは陽明が理に観念を認めない時点で、観念的境地の獲得が工夫の目的ではないことが分かるのであるが、それと同様、こうした形式を議論する際にもまた、日常生活を離れて学術的に理解したことに満足してはならず、それを用いて日常生活上における心の働きを理解し、さらに生活に密着することが要求されていた、ということである。

その事例として「贈周瑩帰省序」（『全書』巻七「文録」四）がある。周徳純は陽明の弟子応元仲の弟子であり、陽明の下に馳せ来たって工夫の仕方について教えを請おうとするが、始めはにべもなく断られる。


（陽明）あなたがわざわざお越しになったのは、まだ信じられない所があってのことですか。

（徳純）信じております。

（陽明）信じているのに来るとはどうしたことでしょう。

（徳純）方法が分からないのです。

（陽明）あなたは既に方法を得ているでしょう。私にかかずらわる必要などないのです。

周は恐ろしくなり、やや時間をおいて言った。

（徳純）先生、我が応先生に免じてどうかお教え下さい。

（陽明）あなたは既に方法を得ているでしょう。私にかかずらわる必要などないのです。

周は恐ろしさのあまりついに起ち上がり、どうしたものか茫然としつつ、やがて言った。

（徳純）私は愚かで方法を得てはいないのです。先生、私をからかわないで下さい。どうか教えてもらえないものでしょうか。

（陽明）あなたが永康からここまで来た距離はどの程度でしたか。

（徳純）遙か千里です。

（陽明）遠いですね。舟ですか。

（徳純）舟もそうですし、陸路もとりました。

（陽明）ご苦労でしたね。六月ですと暑かったでしょう。

（徳純）暑いなどというものではありません。

（陽明）それは大変でしたね。食料などを準備し、童僕を従えて来たのですか。

（徳純）途中で童僕が病気になってしまったので、童僕をそこに置き、かわりに食料を借りてここまで来ました。

（陽明）それは益々大変なことでした。

（陽明）あなたがここまで来るには遠かったし、また疲れてもおりましょう。それほど大変だったのです。どうして結局帰らずに来たのでしょうか。あるいはあなたにそこまで強いるものがあったのでしょうか。

（徳純）私が先生の門に至るまでは、労苦艱難しても誠に楽しいものでした。結局帰ったり、人に強いられることなどあるはずもございません。

（陽明）私が、あなたは既に方法を得ていると言ったのはそれです。あなたの志が私の門に至ろうと欲したならば、最終的に私の門に至るものなのです。人にどうこうされることではありません。あなたが聖賢の学に志したなら、絶対に聖賢に至るものなのです。人にどうこうされるものですか。あなたが舟を捨てて陸路をとり、童僕を捨てて食料を借り、猛暑を冒して来たのであれば、さらに方法などを人から授かる必要などない。

周は嬉しさのあまり起ち上がり、拝して言った。

（徳純）これぞ方法を教えて下さったというもの。そもそも私は方法にこだわるあまり、学説に惑ってしまっておりました。先生の言葉を聞かないとこのように嬉しくならないのはどうしてでしょう。

（陽明）あなたは石を焼いて灰を求める者を見たことがありますか。火力が具足すれば、水を掛けることでついに灰へと変化するものです。さあ、帰って応先生に就いて火力を足しなさい。私は少しばかりの水を持って、あなたと再び見える日を待ちましょう。(1)

ここでは立志について説いているが、陽明は別に立志説という「学説」を準備して待ち構えていたのではなく、周徳純という人物を見、その心の感じる所に応じて、彼の心が知らず識らずに行っている立志の過程を言葉で追ってみただけである。徳純が陽明に会わんと志す中に、数々の困難をものともせず、寧ろ楽しいと思いながらやって来た、その心の働きがそのまま「方法」である。その時の心が志であったために、たまたま立志を用いて説いたというに過ぎない。問題は、陽明の説き方が、学ぶ者の心から「方法」を引き出すというそのやり方である。

心の働きを言葉で反復してやることによって「方法」を生々しく実感させるというやり方は、その場にいて教えを受ける側から見れば、陽明と会話している内に、我が心に本体が顕現していることが唐突に感じ取られるのであって、意識的にそれを感じ取っている、あるいはそう教え込まれているつもりはないだろう。そうでなければ周徳純のように、嬉しさのあまり起ち上がることはない。陽明にしてみても、「寄希淵三」(『全書』巻四「文録」三)で「いささか諸君の媒酌をするだけだ」(聊為諸君之媒酌而已)と言うように、教えを与えたつもりはあるまい。故に我が心の内にこうした働きを自覚した途端、思考がこの形式に落とし込まれ、陽明の語る工夫論の形式と、自分の心の働きとが一致していたことに気付く。しかしながら、学ぶ者がこの瞬間に喜んだのは、自分の心の働きが「方法」としてしっかりと機能していることに気付いたからであって、それが如何に整然とした形式を持っていようと、自分の心と無関係に「学説」として説かれた場合は左程の感激はない。

心理解や工夫論の骨子を「学説」として議論することは可能だし、現にこれまで本書が行ってきたのは、そうした行為である。しかしそのやり方では周徳純が言うように、「方法」にこだわるあまり「学説」に惑う可能性がある。つまり、既に行っている心の働きを文字に起こして議論することに喜びを見出し、却ってみずからの日常における心の働きを閑却してしまい、ついに心を失うのである。徳純としても、自分には志があり、それによって方法を模索し、聖賢になろうと進んできた自覚はある。だが、志の働きによって聖賢を目指しながら、更に学術的な保証を受けた正確な「方法」があるのではないかと考え、「学説」を究めようとしたために、自分の志が目の前で働いている、その現実こそ本体の顕現であり工夫であることを忘れてしまったのである。徳純がそこを突破し、何かを見て歓喜したのだとすれば、彼が見たものは形式というよりも、みずからの心の働きと言うより他はない。

みずからの心を忘れるということは、それ以外のものに心が支配されていることを意味するのであるが、ここの場合心を支配しているのは「学説」である。実感できない心を「学説」によって追い求め、理解を試みるというやり方は、各人各様の心を閑却し、如何なる個人にも属さない「心」という存在を措定する。その「心」は個人の心を不完全なものとした上で、その上位概念として措定されるという性格上、永遠に追求されるべきものとして設定される。そうした場合、我が心と「心」との二つが存在し、我が心に「心」を見ることはできない。したがって、仮に陽明が徳純が来るや否や立志説を説いた場合、徳純は再び立志説によって我が心とは無関係な「志」という「心」を観念するだけで、ここまで来るまでに我が心が働いた、立志の軌跡を見ることはない。彼は立志説を観念的に把握しようとし、その「学説」が理解できたとしても、彼が現実に行った立志は永遠の彼方に忘却される。そのような場合、陽明にとって「立志説」を説くことに何の意味があるだろうか。故に陽明はまずにべもない態度で徳純の気を挫くことによって、「学説」追求の意志を破摧し、改めて彼が実際に行った心の働きを言葉で反復し、それがそのまま工夫論の形式を備えていることを指し示さねばならなかったのである。

ここで重要なことは、心は形式に先立つ、ということである。個々人の心の働きが現にそう働いているからこそ、それは知、誠、志と呼ばれ、その働きが工夫論として形式変換されて言葉に上ってくるに過ぎない。この場合形式は、「あるべき」ことを指し示すのではなく、今の心より発せられ、その心が「そうである」ことを指し示すことに限定される。また工夫論も「そうせねばならない」ことではなく、今の心より発せられ、その心が「そうしている」こととして語られなければならない。「書玄黙巻」(『全書』巻八「文録」五「雑著」)で「徳は根のようなものである。言葉は枝葉のようなものである。根を植えずに枝葉のことを気に掛ける者で、樹が生じたことなど見たこともない」(徳猶根也。言猶枝葉也。根之不植、而徒以枝葉為者、吾未見其能生也)と言うのがそれに当たる。この「植える」という行為は、徳純の例で言えば、聖賢を追い求め、陽明に会うには千里も辞さない志が顕現していることである。

それはある瞬間彼の心に噴き上がった衝動である。この心は彼が「学説」を聞く以前に既に存在し、みずから自然に生成している。だが、徳純のようにそれを閑却し、「学説」の保証を気にして現実の心を忘れることによって、その生成は疎外される。この心の生成は、「書王天宇巻」（『全書』巻八「文録」五「雑著」）で誠にも認められているし、知行の功夫によって知行の本体が成りゆく様は第二章で論じた通りである。

形式は、我が心の働きを自覚させるために存在している。そして、我が心を指し示すために言葉が費やされているという事実は、陽明の信じる聖学が、人々の生活の中で実感されていくべきものであって、学術的な議論を場とするものであってはならないと確信していたことを物語る。陽明が『伝習録』刊行を非常に嫌がった話は序章に引いた通りであり、また「文録」編集の際も同様に「これは文辞を愛惜する心である。昔孔子が六経を刪述した時、文辞を心としていたならば、唐虞三代の文献は二典三謨以下数篇に止まらない。孔子はひたすら道を明らかにすることを志した。故に残された言葉で万世に垂教できたのである。吾が党は道を明らかにすることに志がある。文字を愛惜する心があれば、「堯舜の道に入るべからず」である」と述べ(2)、鄒東廓はそれに基づき、「文録」の体裁を一切整理せずに編集するよう、銭徳洪に依頼した。彼にとって言葉は薬や鍼のようなものであり、それらが有効なのは、目の前の人に限定される。目の前の人を離れて思想を共有するために整理された言葉は、彼にとって用のないものである。すなわち、目の前の人を離れた形式理解は、彼の思想のどこにも存在価値を認められない。

ならば陽明がみずからの思想を語り、心理解と工夫論の骨子とを形式展開した先に見据えていたものは何だったのか。これを明らかにすることで、ようやく「心即理」にはじまる前期思想の全容が明らかとなるであろう。

二、自得

陽明は心を重んじた。それは誰しも認める所である。そして、その主張の仕方として、「別湛甘泉序」(『全集』巻七「文録」四)に以下のような発言がある。

やはり、孟氏は楊墨を患い、周程の時は釈老が大いに流行した。今、世の学ぶ者は皆孔孟を宗とし、楊墨を賤しみ、釈老を斥けることを知っている。聖人の道は大いに世に明らかなようだ。しかし、私が現下の情勢に従って求めてみても、聖人は見ることができない。墨子の兼愛のような者はいるか。楊子の為我のような者はいるか。老氏の清浄にしてみずから守り、釈氏の心の性命を究める者はいるか。私はどうして楊墨老釈を思うのか。彼らは聖人の道において異なってはいるが、しかしそれでもなお自得しているからである。

(中略)

今の時にあって、仁義を学び性命を求めて、記誦詞章を外にして修めない者があれば、楊墨老釈の偏ったものに陥ったとしても、私はまだ賢であるとする。彼の心は自得を求めているからである。自得しようと求め、そうして後にこの者と聖人の道を学ぶことについて語れるのである。(3)

陽明当時の儒教内部を批判しつつ、その自得への希求があまりに希薄なことに憤慨し、自得を求めることにおいては楊墨釈老の方がずっと優れている、という発言だが、ここだけ切り取ると、この発言には二つの可能性がある。一つは自得が強調されてくるに従って心理解が儒教を離れ、儒仏道を超えた「心」の自得が主張される可能性。もう一つは儒教における心理解を改めて確認し、儒教における自得の重要性を徹底的に強調してくる可能性。いずれにせよ、帰趨を決めるのは心理解である。

「文録」を見ると、あちらこちらに隠遁への願いが語られている。黄宗賢、湛甘泉とは将来雁蕩山で廬を結ぼうと約束した所謂「雁蕩の約」があり、「与黄宗賢四」（『全集』巻四「文録」一）では「（隠遁のために折角作ってくれた）草亭も席空しく、集まれる日がまだない」（草亭席虚、相聚尚未有日）と落胆している。黄や湛に対してばかりではない。黄誠甫に対して送った書簡でも、科挙に登第した蔡希淵、薛尚謙、陸原静に「今日の諸君のために喜ぶのではない。陽明山中に他日、良き友を得るために喜んでいるのだ」（非為今日諸君喜。為陽明山中異日得良伴喜也）と書き送ったと告げ、「私が誠甫の帰らないことを思うのも同じ気持ちだ」（吾於誠甫之未帰亦然）と言う。この他、許台仲、季明徳にも同じことを言っている[4]。

そして、「与黄宗賢七」（『全書』巻四「文録」一）では「宮仕えは泥沼の穴のようであり、そこに落ち込んでしまえば出るのはなかなか難しい」（仕途如爛泥坑、勿入其中、鮮易復出）と述べ、陸原静には「人が宮仕えをしているのは、馬が泥田の中を歩いているようなものだ。たとえ駿馬であっても足が立ったり陥ったりする。駑馬であればそのまま沈んでいくだけだ」（人在仕途、如馬行淖田中。縦復馳逸、足起足陥。其在駑下、坐見淪没耳）と心の底からうんざりした気持ちを吐露し、原静が帰郷したことを「お前が今故郷に帰れたのは、譬えるなら田の畦に小休憩したようなものだ。ここから急いで平らかな路を尋ねれば、直ちに大通りへ出て、万里を馳せ巡ることができるだろう」（乃今得還故郷、此亦譬之、小歇田塍。若自此急尋平路、可以直去康荘、馳騁万里）と喜ぶ。だが、同じ書簡で一転して子夏は聖門の高弟だが、曽子がその欠点を責めると「吾過てり。吾群を離れて索居することまた已に久し」と言った。群を離れて索居するのは昔の賢者であっても過ちがない訳にはいかないのだ。まして吾が同輩であればなおさらのこと。お前の英敏を以てすればもとより堕落することはないだろうが、山間に切磋砥礪して、果たしてどれだけ深く至って自得するだろうか(5)。

と説く。ここでは朋友と共に学んでいかねば過つと戒めているが、陽明は朋友に止まらず、人事全般を通さなければ工夫はできないと主張する。「寄希淵一」（『全書』巻四「文録」一）では、上司と衝突し、辞表を叩きつけて帰郷しようとした蔡希淵をなだめて、

そのように上司と衝突したのなら、お前が帰郷するのは誠に結構だ。ただ、少々急迫なのが残念だ。もし二三ヶ月待って、病気を口実にして行くならば、お互いにうやむやにできるし、人には激怒されず、また自分の節操も失わないだろう。聖賢が末世に処して人と相対し、物に応じる方法は時として変則的にはなるけれど、その道は常にまっすぐである。己を君子として人を小人にしてしまうのは、仁人の忠恕惻怛の心ではない。お前は私の説を非常に回りくどいとするだろうが、しかし道理とは実にこうしたものだ(6)。

と諭し、次の「寄希淵三」では親の喪に服する希淵を励まし

患難憂苦は全て実学である。今喪の仮小屋にいても、意思はまた進歩するであろう[7]。

と言う。更に「寄希淵四」では、上司との折り合いが悪化の一途を辿る希淵に対して

最近鄭子冲から書信を得た。当路者とずいぶん折り合いが悪いと聞いている。お前は徳性が謙厚和平であって、世間の栄辱炎涼のことは、つむじ風やもやのようにしか見えない。その中にわだかまりを抱くことなどない。聞いてみれば果たしてそうだった。突拍子もないことをするのは賢者のやることではない。（お前が突拍子もないことはしないと十分分かったが）しかしここに人がいたとする。その人が私に対して横逆をしてくるならば、君子は自分を反省して、私が無礼だったのだろうと言うだろう。自分を反省してみて礼があったとする。それでもまた自分を反省して、私に真心が足りなかったのだろうと言うだろう。お前の克己の功は日に精しく、日に切実である。まさか自分に真心が足りているとは思わないだろう。昔、私は貴州に流謫された。横逆が加えられることといったら、毎月のようだった。今になって思えば、これが最も心を動かし性を忍ばせ、砥礪切磋する場所であったが、当時はまだいい加減にしてしまい、空しく過ごしてしまった。非常に惜しいことだ[8]。

と非常に気を遣い、希淵が暴発しないようになだめすかしている。だがこれは単に苦難の中で苦しむ希淵を慮ったというのではない。正にこれこそ学問の場に他ならないのである。「与薛尚謙二」（『全書』巻四「文録」一）で欧陽崇一の議論は当て推量に過ぎないとし、丁度その時、賊の掃蕩戦を展開中のみずからを例として、学問とは如何にある

べきかを言う。

欧から書信が来た。志がある者と言える。中に子悔の言葉を引いているのはやや真を失っているようだ。恐らくはまた子悔がある時ここで引かれているようないい加減なことを言ったのだろう。大抵、工夫は実落になしていくのをまって、はじめて見えてくるものがある。やってもいないのに議論して当て推量すれば、みずからを誤らせ、人を誤らせるものだ。

ここの賊巣は広東山後の諸賊と相連なり、残党は往々にしてそちらへ逃げていく。もし根を断って絶滅させなければ、思うに、恐らくは後日必ず連合して起ち上がり、両省の患いとなるだろう。故に更に作戦計画を十日ほど遅らせ、これを剪除しなければならぬ。兵難は長きにわたっているので、予め推量することができないことは大抵このようなものである(9)。

これは単に作戦指導の努力を例として議論を批判しただけではない。ここにこそ「実落の工夫」があるのだと陽明は繰り返す。これに続く「与薛尚謙三」では以下のように言う。

近頃兵事は紛擾し、体の弱い私は、これによって益々工夫に力を得るように思える。以前はあまり実落に力を用いず、当て推量していい加減に説いていただけであった。これからは諸君と努力して鞭撻し、死を誓って進歩しなければならない。（中略）

ただ、征旅に従う官属はすでに里心が萌し、互いに声を合わせて、必ずしも長く駐屯しなくても良いのではないかと言い出した。天下の事が尽く人の意の如くならないのは、大抵皆こうした連中によるのだ。嘆かわしいことだ。嘆かわしいことだ。(10)

陽明はみずからを謙遜しているが、南・贛・汀・漳の軍事都督として、この征戦で数十年にわたって長く明朝を悩ませた福建、江西、湖広、広東の四省にまたがる匪賊をわずか一年で次々に伐ち（正徳十二年二月、動員下令。四月、福建の詹師富軍などを撃破、詹師富を誅殺。五月、兵制改革。六月〜八月、江西の陳曰能軍を急襲。十月〜十二月、湖広の謝志珊、藍天鳳軍を撃破。謝、藍両名を誅殺。翌十三年一月、広東の賊首池仲容を謀殺、掃蕩戦開始。三月、四省の討伐完了。四月、凱旋）、その後の統治もきめ細やかであったことはつとに知られている。その準備には徹底して意が用いられており、各省五、六百名を選抜した精鋭からなる小部隊と、それを率いるに足る部隊長とを選出して猛訓練を施し、小部隊の自律性と機動性とを活かして神速を以て敵の中枢に浸透し、指揮系統を分断して一気に壊滅に追い込んだ手際は「年譜」に記されている通りである。また、「十家牌法」を制定して防諜を厳にし、「諭俗四条」「南贛郷約」などを定めて民の遵法自律を促し、税制を改革して財源を確保し、学校を作って教育を施し、流民の出現を防いだ。また、縦横に間諜を放って敵の動向を探り、正間反間を駆使して敵を欺き、誘い出してこれを誅殺した。彼は戦闘をしていたのではなく、戦争をしていたのである。

ここにおいて「実落の工夫」とは、政治における、軍事における、人事百般に相対した我が心に対してでなければ行い得ないことは疑いを容れない。そうした上で講学によって検討するから学問は向上するのである。故に陽明は「与薛尚謙一」で尚謙に対し、

もしも進歩に力を欠くようであれば、火の海に来て涼に乗じるが良い。如何。(11)

と言う。尚謙ばかりではない。「答徐成之」(『全書』巻四「文録」一)にて「己を修めるのと人を治めるのとは、もともと二つ道があるのではない。政事は繁劇であるとはいえ、皆学問の場である」(修己治人、本無二道。政事雖劇、亦皆学問之地)と言い、「与王純甫一」(『全書』巻四「文録」一)にて

汪景顔が近頃大名の知事になった。赴任するに当たって益さんことを請うてきたので、私は気質を変化することについて告げた。平常は見る所がなくても、利害に当たり、非常事態を経過し、屈辱に遭えば、平常で憤怒する者も、ここに至っては憤怒しないだろう。憂えて取り乱す者も、ここに至っては憂えて取り乱さないだろう。そうしてはじめて力を得る場であり、力を用いる場である。天下の事は万変するといっても、私がこれに応じるやり方は、喜怒哀楽の四つを出ない。これが学問を修める要であり、政を為すのもその中にある。(12)

と言う。「修己治人」はここにあるのであって、ここでも工夫はできるのではなく、ここでしか工夫はできないのである。陽明自身が希淵に語っているように、これらの苦難は龍場に類似するものである。苦難の中にいて、苦しみ抜いてこそ自得は可能だと陽明は説く。これらの書簡に共通しているのは、苦難における具体的な心持ちを経書に求め、自得しようとする態度である。それは丁度、陽明が従者に対して思いやり、万策を尽くして奔走する中に、艱難死生を忘れ、格物致知の大旨を大悟したように、この状況だからこそ分かる聖賢の心持ちを、自己の心に見出していこうとする仕方である。こうした仕方について、『伝習録』上巻、第三十二条には以下の通り述べられる。

（質問者）書を看ても明らかになりません。どうしたら良いでしょう。

（陽明）これは文義上に求めているのである。だから明らかにならないのだ。このようであれば、また昔のやり方で学問をして、多くの書物を看て解釈するのにも及ばない。その学問は、解釈が極めて明晰であるといっても、死ぬまで得ることはない。心体上に工夫を用いなければならないのだ。明らめられず、行えないならば、自分の心に反って体当するのをまって通じることができる。やはり四書五経は心体を説いているのだ。心体とは道心である。体が明らかであれば道は明らかとなる。更に二つあるのではない。これは学問をする頭脳である。(13)

「明らめられず、行えないならば、自分の心に反って体当するのをまって通じる」ことでしか、自得は達せられない。そして、この自得だからこそ、我が心体と四書五経とは共に明らめられる。両者は「更に二つあるのではない」。これが学問の頭脳ならば、従者の病を何とかしてやろうと思って奔走する心体に、格物致知の大旨を悟ったあの龍場大悟の経験こそ、「学問の頭脳」である。

大悟の内容を仮に「心即理」と言うならば、その意味する所は、個別状況に密着した倫理的意識にそのまま理、あるいは本体を認めていこうとする思想的態度だと言えるだろう。それらの意識は当然行為に移される。何故なら苦難においてまず求められるのは適切な判断と対処であり、それ故に、何とかしなくてはという倫理的意識が、何をすべきか判断し、敢然事に当たるのは自然の流れだからである。これは心に関する新たな説を提示したというよりも、心の自然を写し取ったというべきである。知行は合一していると言った所で、それはこうした心の当たり前の働きを指しているに過ぎない。誠の切実さ、志の衝動、それらに共通する専一が説かれるのも、こうした苦難の中にあっては当たり前の心的態度を言っているのである。そうした倫理的意識に理を認めた場合、「人欲」と呼ばれるものは、心から倫理的意識が消えた状態ということになる。『伝習録』上巻、第三十五条はそれについての問答である。

（質問者）人には皆この心があります。心即理です。どうして善を為すことがあり、また不善を為すことがあるのでしょう。

（陽明）悪人の心はその本体を失ったのだ。[14]

心即理というのに悪が発生するのは何故かという疑問は意味をなさない。何故なら、陽明の言う心即理とは、常人の心に浮かび上がる倫理的意識に理をそのまま認め、それが浮かび上がった瞬間の心に心の本体を見ていくという心理解なのだから、常人の意識の自然がそうであるように、浮き上がったりあるいは消えたりするのもまた自然なのである。したがって「心即理」と言いながら、心は恢復し、明徴化し、成熟するのである。

二、自得

個別の倫理的意識を回収して捨象し、観念的に措定された「心」や「理」はそうした内容を持たない。また、苦難の中で自得された経書の精神でなければ、人にその状況における判断と対処とを提供できない。故に陽明は文辞を嫌う。

では龍場流謫のような艱難の中に積極的に飛び込まなければならないかというと、そうとは言えない。確かに陽明が弟子に大悟と類似の状況で自得するように求めていたとはいえ、陽明自身は大悟前に様々な精神上の苦難があり、その都度何がしかの発見があった。それが龍場で従者に対して意識を働かせたことによって華開いたのである。この場合、陽明のように流謫されたり、希淵のように上司と折り合いが悪いというような外から来る艱難ばかりが苦難とは言えない。苦難は、今日的な言葉で言えば問題意識があればこそ、安易にやり過ごせない出来事が日常に満ちあふれていることに気付き、それをどう解決しようかと考え始めた途端に襲ってくるものであって、必ずしも治乱を問わないのである。ここに、日常に発生する苦難を通じて行う、陽明の工夫論が成立する基盤がある。

だが苦難は楽しみを生むものである。「答王虎谷」(『全書』巻四「文録」一)には以下のように説かれている。

弘毅の説は極めて正しい。ただ「棄て去ってはならない。軽減してはならない。やめてはならない。至らなければならない」というのは已むを得ないという意図があるようだ。已むを得ないという意図と、自ずから已むことができないものとは一層を隔てている。程子は「これを知りて至れば、則ち理に循うを楽しみと為し、理に循わざるを楽しみならずと為す」と言った。自ずから已むことができない者は、理に循うことを楽しみとする者である。真に性を知る者でなければ、ここに及び難い。性を知れば仁を知る。仁は人心である。心の体はもともと弘毅である。(15)

「已むを得ない意図」と、これまで陽明が本体の性格として述べてきた「已むを得ない」とが異なるのは、前者は嫌がる気持ちを意識的に押さえつけているのに対し、後者は自ずからそうせずにはいられない切実さや衝動として説かれていることからも明らかである。ともあれ、ここで重要なことは、理に循うことを楽しみとする者は性を知る者であり、性を知る者は仁、すなわち人心を知る者だと説かれていることである。人心を知る者は理に循うことを楽しみとする。それは丁度周徳純が千里も遠しとせずにやってきた、あの心を性、仁と言っているのである。徳純は道程を楽しかったと言ったが、彼の道のりが楽だった訳ではない。苦難中に楽しみを覚えるのも、それによって解決を得られると信じる、その希望が已むべからざるものだからである。苦難と楽しみとは分けられない。これもまた自然であり、我々は特に新奇な思想を見たようには思わないどころか、寧ろ極めて常識的な心理解を見ているような錯覚さえ覚える。尤も、それは「復唐虞佐」(『全書』巻四「文録」一)にて「聖賢の道は平らかなること大通りのようなものであり、凡人の愚かなものでさえ与り知ることができる」(聖賢之道、坦若大路、夫婦之愚、可以与知)と言った陽明の狙う所であり、その上で百死千難の事跡と、疲れ果て、隠遁を希求しながらも、なお社会に生きてこその工夫であると踏み止まり続ける彼の信念とに支えられて、学ぶ者に十分な覚悟を要求してくる凄みを備えている。

それ故に、陽明の説く心理解や理理解は、あまりに具体的個人に引き付けられている。心と言い、理と言い、知と言い、行と言い、誠と言い、志と言うも、全てこの個別性に引き下ろされる。そこでは「心」とは何かという設問自体があまり意味をなさない。心は我々に具わっており、それはいつもではないが、経書の精神と一致している。故に「天下の事は万変するといっても、私がこれに応じるやり方は、喜怒哀楽の四つを出ない。これが学問を修める要であり、政を為すのもその中にある」ということになる。全ては人事百般に取り組む我が心に尽くされる。倫理的意識というのも、つまるところ日常に見ることのできる、人として素晴らしい心持ちという所に止まる。「父母が愛し、兄弟は悦び、宗族郷党は敬い信ずる」心持ちである。

ここまで確認した上ではじめの問題、「別湛甘泉序」に立ち戻ってみると、そこで説かれているのは経書を自得することの主張であって、意は徹頭徹尾儒教倫理の自得にあると考えるべきである。心もまた経書の精神と共通する倫理的意識を具えているが故に、経書は心によって自得されなければならないと説いているに過ぎない。この心は儒教倫理を超えて儒仏道を包み込む可能性を持たない。仏老を好む王嘉秀に与えた「書王嘉秀請益巻」(『全書』巻八「文録」五「雑著」)にてそれは決定づけられる。

君子の学は己のためにする学である。己のためにするが故に必ず己に克つ。己に克てば己はない。己がないものは我がない。世の学ぶ者で、その自私自利の心に執着して、己のためにすると思いこみ、とらえどころもなく破壊堕落、断滅禅定の中に入って、我がないと思いこんでいる者を私は多く見る。ああ、みずから聖人の学に志があるとしながら、末世の仏老の邪僻の見に堕ちて覚らないのは哀しむべきことである。

一言にして終身行うべきものがある。それは恕か。務めて恕して行い、仁を求める、これよりも近いものはない。恕の一言は、学ぶ者の最も喫緊の所である。あなたにとっては病に対する良薬のようなものだ。いつも勤めてこれを服用しなさい(16)。

仏老が否定されるのは、言うまでもなく倫理がないからである。「別湛甘泉序」で楊墨釈老が出てくるのは、仁義を学び、性命を求めたが、道を得ないで偏った例としてであり、訓詁記誦に惑って仁義を求める気もないような儒者よりもましだという意味しか持たない。

三、聖人

個別の心に理が認められ、何を語ってもその心について語るように設定された形式が存在する。そうまでしてこの心を示すことに執念を燃やした陽明にとって、聖人の印象もまた個別性の強いものとして捉えられていたであろうことは、想像に難くない。だが、それを後期に語られた「満街聖人」として片づけてしまっては、これまでの前期思想の検討には意味がない。個別性の強い聖人とは何なのか。恐らく陽明は、もっと明確な印象を持っていたはずである。

聖人について述べたもので最も人口に膾炙している『伝習録』上巻第百条を確認する。

（希淵）「聖人学んで至るべし」と言います。しかしながら、伯夷、伊尹を孔子に較べてみますと、才力は同じではありません。同じく聖人と言うのは何を根拠にしているのですか。

（陽明）聖人の聖人たる所以は、ただその心が天理に純であって、人欲が雑わっていないことにある。精金の精である所以が、ただその無垢で銅や鉛が雑わっていないからというのと同じである。人は天理に純である状態に到ってはじめて聖人であり、金は無垢に到ってはじめて精である。しかしながら、聖人の才力にも大小の違いがある。金の分両に軽重があるのと同じである。堯、舜は万鎰で、文王、孔子は九千鎰、禹、湯、武王は七、八千鎰で、伯夷、伊尹は四、五千鎰といった具合だ。才力は同じではないが、天理に純であることは同じである。皆聖人と言わねばならぬ。分両が同じではないといっても、無垢であることは同じなので、皆精金と言うのと同じである。五千鎰の者を万鎰の中に入れても、その無垢なることは同じである。夷、伊を堯、孔子の間に交えても、天理に純であることに変わりはない。やはり精金である所以は、無垢にあって分両にはない。聖人たる所以は天理に純であることにあって、才力にはない。故に凡人であっても敢えて学問し、心を天理に純にさせれば、聖人となれる。一両の金を万鎰に較べるように、分両は隔絶しているとはいっても、無垢という点では恥じることはない。故に「人皆以て堯舜たるべし」と言うのは、こういう訳である。学ぶ者が聖人を学ぶのは、人欲を去って天理を存するに過ぎない。金を精錬して無垢を求めるようなものである。金の無垢を争うことが多くなければ、煆錬の工は少なくて済み、功は成り易い。無垢の質が悪くなれば、煆錬はますます難しくなる。

（中略）

時に曰仁が傍らにあって言った。

(曰仁) 先生のこの喩えは、世儒の支離の惑いを破るに十分です。後学に対して大いに功績がありますね。

先生がまた仰った。

(陽明) 私が功を用いるのは、ただ日に減らすことを求めて、日に増すことを求めない。一分の人欲を減らすことができれば、一分の天理を恢復することができるのである。何とあっさりしたことではないか。何と簡単なことではないか。[17]

天理に純であることを求め、外から増すことを求めない。それが工夫である。外から才力を増してはならない。何故外から求めてはならないのかというと、それは天理の純粋性を害するからである。したがって、日に減らすことを求めて、日に増すことを求めない。減らすとは人欲を減らすということであり、所謂「煅錬の工」がそれに当たる。

この説明から聖人を知ろうとしても、分かったようでほとんど何も分からない。何故かというと、天理に純であることはどういうことなのか。人欲とは何なのか。心の中に天理と人欲とが同居し、それが増減するのか。学問して天理を純にするとは具体的に何をすることなのか。才力は聖人たる要素として全く関係ないのか。そのいずれも何ら解説されず、比喩の面白さによって分かり易いように見えても、その実際は、聖人の要素は天理に純粋であることだから、心に意識を向けて工夫せよと語るに止まり、それ以上の説明は何ら為されていないのである。したがって、曰仁も聖人についてよく説いているとは言わず、「支離の惑いを破るに十分です」と、ここで語られている唯一の内容を指摘するのである。陽明がここで聖人観を披瀝しているとは思えない。陽明は天理に純粋なことを聖人の要件とした、と言っても、陽明以外の儒者が天理に純粋ではない聖人観を唱えていない限り、これに取り立てて価値があるとは思えない。結局、これは聖人について説いたのではなく、学ぶ者が陥りやすい「支離の惑い」について戒めたのである。故にこの曖昧な条を以て聖人観を代表させた場合、聖人観はどうとでも解釈可能であるから、これを以て聖人の説明を代表させることには首肯できない。

精金の比喩については、第百八条でも同様に為されているが、論旨はほとんど変わらないのでここでは詳説しない。「煆錬の工」について示唆的なのが、「与王純甫一」（『全書』巻四「文録」一）である。

お前と別れた後、武城から来た人が「純甫がはじめて実家に帰った時、彼の父は全く喜びませんでした。帰郷ですら衝突が多いのです」と言った。はじめは聞いて驚き悲しんだが、後には大いに喜んだ。久しくして南京から来た人が「純甫は赴任先で上司とも部下とも仲が悪いのです」と言った。はじめは聞いて驚き悲しんだが、後には大いに喜んだ。私が驚き悲しんだのは世俗の私情であり、大いに喜んだ訳は、お前がみずから知らねばならない。私はどうしてお前に小さい堪忍をさせないものか。心を動かし性を忍んで、その成就する所を大にさせないものか。これを金が鍛冶屋にあって烈火を経過し、鉗鍾を受けるのに譬えると、この時に当たっては金は甚だ苦しむ。しかしながら、他人から見れば、金がますます精錬されるのを喜んで、火力や鍾煆が十分でないのを恐れるだけである。鍛冶屋を出たら、金もみずから挫折煆煉が完遂されたことを喜ぶであろう。私は普段同輩を見下し、世の慣習を軽蔑する心があった。その後、やや自制してはみたが、外側を無理に押さえつけるだけであった。貴州に流謫されること三年にして百難を嘗め尽くして後、見る所があった。そうしてはじめて、孟氏の「憂患に生くる」という言葉は私を欺かなかったと信じたのである。(18)

天理に純とは、小さい堪忍をし、心を動かし性を忍んで、その成就する所を大にしていこうとする意識に専一なことであり、人欲とはそうしようとせずにひたすら不満を抱く意識であろう。ここでも苦難の中で我が心に経書の精神を見出していくことが説かれているのだが、そうすると天理とは「小さい堪忍」「心を動かし性を忍ぶ」ことなり、人欲とはそれに外れることとなる。そうした中で「煆錬の工」とは、遭遇してしまった苦難に対して自暴自棄になる人欲を我が心に認め、苦しみ抜いて打ち克っていくことと解釈できる。

だが、陽明の説き方であれば、そうした人欲を直接去るのではなく、今どのように対処するべきか苦しむ中で浮かび上がってくる倫理的意識に、この状況に適合する経書の精神、すなわち「小さい堪忍」「心を動かし性を忍ぶ」を感じ取り、それを徹底的に純化していく行為が、そのまま人欲に打ち克つ行為となっている。したがって第百条では「金の無垢を争うことが多くなければ、煆錬の工は少なくて済み、功は成り易い。無垢の質が悪くなれば、煆錬はますます難しくなる」と説かれる。これは日常不断に行われる。故に「私が功を用いるのは、ただ日に減らすことを求めて、日に増すことを求めない。一分の人欲を減らすことができれば、一分の天理を恢復することができるのである。何とあっさりしたことではないか。何と簡単なことではないか」と説かれる。

また天理の純化に伴う行為については、純甫の周りの人々がどのような人であるか、また純甫がどのような人であるかに随って状況は変化するのだから、定まった規範がある訳ではない。あるいは舜のように下は家庭から上は天下に至るまで、その範囲を拡大させられるかもしれないし、あるいは孔子のように周室の興復は断念しても、万世に垂教できるかもしれないし、あるいは名もなき人は家を斉えるだけで天下のことには関われず、幸福の内にその生涯を閉じるかもしれない。だが、これらは全て、その状況に応じて我が心の天理が純化されているのだから、それで十分偉大である。ただ日々の状況に応じて天理を純化し、人欲を減らせ。陽明は第百条でそう言っているのである。

さて、そうしてみると、外からの規範を拒否した結果、その人の個別性が天理に純であることの基盤となってくるのだから、その人が何であるかをしっかりと把握すること、それが天理を純にするための第一要件となるはずである。「寄希淵二」（『全書』巻四「文録」一）では以下のように述べられる。

人品は斉しくない。聖賢もまた生まれつきに沿って成就する。孔門の教は相手によって言うことが異なるのである。後世の儒者になってはじめて同じ結果を要求する議論がある。しかしながら、徳を成し、生まれつきを達成する者が少ないのは何故だろうか。[19]

この生まれつきというのが個別性に該当する。生まれつきは単に性格というに止まらない。周囲の人間と交際し、仕事に取り組み、そこで感じられた喜怒哀楽を通じてこそ、生まれついた性格はより明らかになるのであって、環境を束縛と感じ、そこから逃れることを自由とする、あるいは、そこから逃れなくても、心はそれに囚われず、自由であろうとすることは、結局「同輩を見下し、世の慣習を軽蔑する心」を養っているに過ぎず、その自由は小さな自尊心を守るための自由に過ぎない。したがって、生まれつきは、何ができるか、何ができないかにも顕著に表れているのである。『伝習録』上巻、第六十八条には次のように語られる。

人は生まれつきに随って成就することが必要だ。生まれつきとは自分のできることであって、夔が音楽を主管し、稷が農業を主管したように、彼らの資質はそうだったのである。これを成就するには、ただ心体の天理に純であろうとすることが求められる。その運用となるものは、天理上から発現したのであり、そうして後に生まれつきと言う。天理に純であることに到れば、器とならない。夔、稷に仕事を交換させたとしても、よくできたであろう。

「富貴に素しては富貴に行い、患難に素しては患難に行う」というのは、皆器ではない。ただ心体を養って正しい者だけがよくできるのである。[20]

人は生まれつきに随って成就することが必要であり、生まれつきとは自分のできることであって、夔や稷が音楽や農業を主管したのがそれに当たると言う。そしてこれを成就するためには、心体の天理に純であることを求めよ、と語られるならば、天理に純であることは、正にみずからの仕事に対する心を純にしていくことに他ならない。その仕事を選択し、一つ一つの問題に取り組んでいる心を見つめてこそ、生まれついた性格も分かれば能力も分かる。そして、その性格や能力を純化していく中に、仕事はより高度なものとして完成され、自分の生まれついた性格、能力の可能性が見えてくる。ならば、ここでいう天理とは、仕事に対する積極的な意識を指し、人欲とは怠け心や不満を指すはずである。積極的な意識を持っているからこそ良い仕事ができるのであって、その逆ではない。誠や志が次第次第に成熟していく様を説いているのと全く同じである。そういう人であれば、何をやらせてもきちんとした仕事をする。故に「器とはならない」のである。興味のないことは全くやらないという人が器に当たる。陽明の説く天理人欲とはこのように個人の心と密着している。したがって、「「富貴に素しては富貴に行い、患難に素しては患難に行う」というのは皆器ではない。ただ心体を養って正しい者だけがよくできるのである」と結ぶ。

この問答は名物度数についての質問であるが、陽明は第百条と同様、我が心を強調する。第百条で外から求めないと言われたのは才力である。しかし、仕事をする上で才力を獲得しない人間を果たして積極的な意識を持った人間と言えるだろうか。知識や技術は、積極的な意識が働き、仕事に取り組み続けた結果として獲得されているはずである。このような心と才力の関係を理解せず、誠を立てる他にも色々と学ばなければならないのでは、と質問した林典卿に対し、陽明はその必要はないと答え、その理由を述べたのが「贈林典卿帰省序」(『全書』巻七「文録」四)である。

誠を立てる、これで尽くされる。誠は実理である。天地にあっては懸かる星辰、明なる日月、運行する四時と、類例を挙げて説明しても窮められないのが誠である。人や物にあっては蕃る草木、群がる禽獣、分かれる華夷と、例を挙げて説明しても尽くせないのが誠である。この故に智慮をつくし、精力を疲弊させても、その端緒も究めることがない。昼夜となく年を重ねても、言い尽くせない。蚕の糸を一つ一つ分け、牛の尾を一つ一つ抜くように細かく分析しても、その奥を尽くすことがない。誠は一つである。故に益すものがあってはならない。益せば二つになる。二つになれば偽りである。故に誠は益してはならない。益してはならないが故に至誠は息むことがない。(21)

類例を挙げて説明しても窮められないのが誠だということは、万物は誠の中にある。ここで典卿は知識の獲得について質問し、星辰、日月、四時、草木、禽獣、華夷などの知識は、立誠とは別に学習する必要があるのではないですか、と聞いたことに対する回答であるから、陽明は、それらの知識は誠の中にあると答えたことになる。故に益してはならないと言う。ならば、これらの知識は誠を立てる中に必要に応じておのずから獲得されていくものであり、表現を変えれば「心から出てくる」と言える訳だが、その誠とは何か。

第三章で確認した通り、誠には、是非を知覚し、人を指導して専一に徳行を行わせ、弥益に倫理的秩序(誠)になりきるよう導き、徳行を通じた強烈な感化力を以て社会を秩序化する力が認められている。ならば、その誠から知識が出てくるというのは、帝都へ向かおうと本気で思う中に、舟や車を用意し、旅費を整え、地理を把握することが自然と行われることを意味しているのである。つまり、倫理的意識が浮かび上がってきて判断と行為とを創出しようとする時、そのために獲得され、そのために活用される知識こそ本当の知識であり、それ以外の動機でかき集められた知識には価値がないと言っているのである。

であれば、第百条で外から増してはならないと説かれた才力は、才力自体が必要ないのではなく、それらは天理を純にする中に自然と獲得されるものだから、功利の心や知識欲に動かされて、外から増してはならないと説いていることになる。つまり、誠が立った結果として知識が獲得されていることを「誠から出る」と言い、誠を立てる以外で別に知識を獲得することを「外から増す」というのである。『伝習録』上巻、第六十二条に

『律呂新書』について質問があった。

（陽明）学ぶ者は務めることに急でなければならない。数を数えて熟しても用はない。必ず心中に礼楽の本を具えてはじめて良いのだ。[22]

と説くのはその一例である。別に知識や技術は不要であると言っている訳ではない。陽明が重視しているのは天理の純化であるが、その具体的方法は常に、何かに取り組んで苦しみつつ、その心に倫理的意識を浮き上がらせることである。ここで倫理的意識が浮き上がった結果として判断と行為とが自動的に執行されると言う場合、それは仕事における情報の収集、知識経験の蓄積、成果実績の創出を意味する。これは仕事に止まらず、生活の全方面に実行されな

ければならない。第四章で引いた『伝習録』第百四条だと科挙勉強もまた親を喜ばすために取り組めば、それは立派に工夫の場となる。前に引いた「与陸元静一」では、原静が世俗の交わりを一切謝絶しようとすることを注意し、それは本末終始を知らぬ所行だと戒める。

博学という言葉については以前すでに詳しく論じた。今だこのように文義に引き付けられて拘泥しているとは何事だ。これは志が堅く定まらず、世の習いに撓められてしまったからだろう。自分に功利の心がないようにすれば、銭穀、兵甲、搬柴、運水といっても、どれも実学である。何に従事しても天理である。子、史、詩文の類ならなおさらだ。

（中略）

一切謝絶するという言葉は、まだ旧習に泥み、平常の工夫が力を得ていないからそのように言うのだ。俗見を一度洗って初志に帰り、平日の飲食身を養うという喩えと、種樹、栽培、灌漑の喩えとを思ってくれれば、おのずから釈然として融解するであろう。「物に本末あり。事に終始あり。先後する所を知れば、則ち道に近し」である。お前の言葉はまだ終始本末が一致していない。本末終始、天理の順序に循わずに、私意によって速成しようと欲しているからだ。(23)

ここまで見てくると、それぞれの人々がそれぞれの生まれつきに応じて仕事を含めた生活に取り組み、積極的な意識を持って良い生活を作ろうとする中に、天理の純化は達成されるのだから、聖人の要件が天理に純であることに限られる以上、人々は何か超越的存在にならずとも、生活の中で倫理的に生きることがそのまま聖人として認められることになる。つまり、陽明の言う聖人とは、誤解を恐れず言うならば、良き生活人とでも言うべき存在にまで引き下ろされるのである。また、その聖人はそれぞれの生活に従事し、良い生活を送っている。したがって、これらの聖人達は、社会の各層にくまなく生活し、良い生活を通じて社会の維持に参与することとなる。そうすると、聖人と凡人との違いは、日常の中で倫理的であり続けることができるかそうでないかの違いになってくるが、その例として「寄諸弟」（『全書』巻四「文録」一）が挙げられる。

もしも堯、舜の心であれば自然に過ちがないとするならば、それは聖人たる要件ではない。その相授受する言葉に「人心惟れ危うく、道心惟れ微なり。惟れ精、惟れ一、允にその中を執れ」とある。彼はみずから人心は危ういとした。堯、舜の心も人と同じなのである。危ういとは、過ちのことである。ただ戦々恐々として精一の功を加えた。こういう訳で允にその中を執って過ちを免れることができたのである。古の聖賢も、いつもみずから己の過ちを見て改めた。こういう訳で過ちがないようにできたのである。その心は結局人と異ならない。「睹ざるに戒慎し、聞かざるに恐懼す」とは、いつもみずから己の過ちを見るという功である。[24]

聖人であっても過ちがあり、それを戒慎恐懼によって見出し、改めていく。ここには君子や凡人と何ら変わらない心がある。違いがあるとすれば、過ちを速やかに改め、倫理的であり続けられる時間が極めて長いことである。そうであっても、聖人の心は過ちのない心ではないのだから、彼らはいつも戒慎恐懼して過ちを見つづけ、無窮に改め続けなければならない。

陽明の見ていた聖人とは、確かにそう簡単に存在するものではないが、しかし我が心にその可能性を実感でき、また学んで至る希望を持つことのできる人物である。我々が日常の中で生活に精励し、倫理的意識を以て臨んでいく中で、時々にみずからの聖人性を実感し、それを延伸していく努力は、聖人ですら行っている。そして、そこを離れて聖人は存在しない。聖人は我々と同じ日常を、我々と同じ心で生きている。彼我の違いはただ倫理的である時間の差である。だとすれば聖人とは、日常の中で絶えず倫理的に生きようと格闘し、人欲に対し、また生活上の苦難に対して、より多くの勝利を収め続ける生活の英雄ということになる。

四、親民

工夫の必要を認める思想にとって、一般的に人間は生活において不十分であるとされる。些細なことで我を張り、周囲と軋轢を生み、また仕事に支障を来し、知らず識らずに苦難に落ち込んでしまっている。これが根深い問題なのは、当の本人がそうであることに気付いていないことである。生活に秩序をもたらさねばならない。秩序があってこそ、良い生活ができる。では秩序は何によって構築されるか。前引の「与薛尚謙一」では以下のように説く。

数年行ってきた切磋は、志を立て、義利を弁ずることであった。もしここにおいて力を得るものがなければ、却って平日講ずるものは尽く虚語となり、平日見るものは皆実得ではない。猛省せねばならぬ。一度つまづいた者は一つの智を長じ、今日の失敗は必ずしも後日の収穫とならない訳ではないが、ただすでに第二義に落ちている。第一義から力をつけなければならない。一つ真であれば、一切が真である。もしも既に是ならば、是ではないものを検討する必要はない(25)。

兎にも角にも実践をすれば分かると言うのではない。善をなさんとの志を以て義利を判断し、行為していかねばならない。「第一義」から力をつけるのである。その中で経験した様々な苦難は、我が心を強靭に鍛え上げていく。鍛え上げられた我が心は、やがて攻勢に転ずる。これまでは訳も分からず眼前の生活に振り回されていたが、苦難を通じて鍛え上げられた我が心は、倫理的意識一枚の状態で統制され、一つである我が心が真であれば、一切が真となる、すなわち、心が必要を選択し、生活を支配する。我が心こそ秩序の源泉である。ここに返らなければ、生活中の苦難はその場限りであり、その原因も、その対処も分からず、生活に振り回され、押し流されてしまう。

ではそこで構築される秩序とはなんであるか。それは、自らの倫理的意識に基づいて絶えず自己を反省し、倫理的生活を作り上げる個人の出現であろう。これまで陽明が門弟達に求めてきたのは、一貫してそれである。だが、個人の生活が安定していれば良いのか。そうではない。『伝習録』上巻、第九十一条で陽明は言う。

ただ明明徳を説いて親民を説かなければ老仏に似ている。(26)

国家社会とは無関係にみずからの一身は潔くなり得る、と考える儒者は老仏と変わりない。陸原静、王嘉秀の如きがそれである。陸は儒教を奉じ、王は陽儒陰仏という違いはあるが、どちらも個人のことばかり考えて、国家社会に対する関心が切実ではない。その前の第九十条では、明明徳と親民とは一つであり、親民は明明徳に含まれると説く。

格物致知から平天下に至るまで、これは明明徳であり、親民といってもまた明徳の事である。明徳はこの心の徳、仁である。「仁者は天地万物を以て一体と為す」のである。一物でも所を失わせてしまえば、我が仁に尽くさな

いものがあるのである。(27)

では親民によって構築される国家社会の秩序とはどのようなものか。『伝習録』上巻、第一条にて、陽明は徐曰仁に告げる。

「君子はその賢を賢として、その親を親しみ、小人はその楽しみを楽しみとして、その利を利とす。赤子を保んずるが如し。民の好む所はこれを好み、民の悪む所はこれを悪む、これをこれ民の父母と謂う」というような類は、皆親字の意である。

親民は『孟子』に「親を親しみ、民を仁す」と言うのと同じである。親しむとは仁するのである。「舜典」に「百姓親しまず、舜、契をして司徒たらしめ、敬しみて五教を敷く」とあるのは、親しむためのやり方である。「堯典」に「克く峻徳を明らかにす」とあるのは、明徳を明らかにしているのである。「以て九族を親しむ」から「平章協和」に至るまで、民を親しむのであり、明徳を天下に明らかにするのである。また孔子の「己を修めて以て百姓を安んず」と言うのも、己を修めるのは明徳を明らかにするのである。百姓を安んじるのは、民を安んじるのである。親民と説けば教養の意を兼ね、新民と説けば偏る。(28)

親民とは五教を教え、人々と価値観を共有することである。だがそれは、外から教え込むのではない。人々が生まれながらにして保有する心に働きかけ、五教が彼らの欲求として銘々に浮かび上がってくるようにする。民の好む所を好み、民の悪む所を悪んで「赤子を保つ」が如くするのである。教え込むのが働きかけとして適切でなければ、みずからのあり方を正しくして人々に接する中に、そういう人間を見て心地よく感じる彼らの心に、五教が先天的に存在していることを実感させなければならない。したがって、明明徳に親民は含まれるということになる。

明明徳に親民があるということは、逆を言えば親民なくして明明徳はないということになる。「一物でも所を失わせてしまえば、我が仁に尽くさないものがある」という使命感が要求される。「以て九族を親しむ」から「平章協和」に至るまで、全て親民だと説くならば、人々に対して五教を遵守して接し、人々がそれに感発されて五教を行うよう努めはじめる所まで含めて明明徳である。親民によって五教に努める人々が目指すのは、みずからもまた父子君臣の道を尽くすことである。ならば、それによって構築される秩序とは、自律的に五教に努める人々が国家社会の隅々に存在し、その場その場で家庭の、職場の秩序を構築して、国家社会を支えている状態を指す。

故に陽明は秩序を希求しても、秩序的世界の様子を言葉によって描いてみせない。その具体的有り様は一人の頭で観念されるものではなく、今ここにいる天下の人々の生活によって、無限に作り上げられるものだからである。ただ、その世界は五教、すなわち倫理的価値観を共有する人々によって構築されることだけを求める。そのためには今目の前の自己が工夫に励むより他にすることはない。『伝習録』上巻、第百二十九条では、黄誠甫に対して以下のように説く。

（誠甫）先儒は、顔淵が国を治める技術を質問した際に、孔子が答えた内容を以て、「万世常行の道を立つ」としていますがどうでしょう。

（陽明）顔子は聖人を具現化していた。その邦を治める大本大原においては、全て完備していたのである。夫子は平日このことを深く知っていたので、ここに至っては必ずしも全て言わず、ただ制度文為について説いた。これらのものも忽略にしてはならない。必ずこのようにしてはじめて善を為すのである。

（中略）

もしも他の人であれば、「政を為すは人に在り、人を取るに身を以てし、身を修むるに道を以てし、道を修むるに仁を以てす」「達道、九経」及び「誠身」ら多くの工夫を語ったであろうし、そうしてはじめてこれを為して、はじめて万世常行の道である。そうではなくてただ夏の暦を用い、殷の輅に乗り、周の礼服を着用し、韶舞を作しても、天下は治められない。[29]

嘗て聖人が己を修め、人を治める中に出現してきた国家秩序。そこには礼制があり、文物があり、それらを全て括る文化、それを生んだ国家があった。陽明は、聖人がみずから生きた時代に応じて作り上げたそれら外的なものを真似ても、その国家の偉大さは恢復できないと考える。それよりも、それらを作り上げた聖人の心にならねばならない。その心とは、五教に努める心である。

ここで語られている心と国家秩序との関係は、宦官劉瑾を弾劾し、龍場に流謫され、復職してまた遙か江南に蟠踞する賊を伐ち、民の生活の基盤を整え、教育を施し、そして再び皇族の大規模な反乱を征討した、陽明自身の人生を反映している。そこには、悪化する結核にさいなまれ、幾度となく辞職して日常生活の中に工夫をしたいと願いながらも許されず、常人を超えたすさまじい「煆錬の工」を経ていく中に、彼の経歴として出現した政治的、軍事的成果がある。秩序は確かに彼の心を通じて、目の前に構築されたのである。嘗て少年の日に伏波将軍を夢み、また聖賢を志した陽明は、明明徳の中に親民を含むことによって、それらを共に達成する道を見出し、実行した。これらの秩序は全て、王陽明という人物の心から創出されたものであり、外から得たものではない。だが、それは明朝全体を救うものではなく、一物も所を得ない迄には至っていないので、みずからの工夫は終わらない。

五、事上磨錬

かかる秩序世界の実現は、儒者であれば大なり小なり希求されている。

但し、それは儒者によって仕方が異なる。あるいは廟堂にあって大命を拝することを目指す者もあるし、あるいは学術を以て後生を俟つ者もある。秩序実現へ向けた社会的行動の違いは、工夫論と共に、儒者の思想的立場の特徴を示す重要な要素の一つであろう。修己治人を放擲する儒者は少ない。だが、修己と治人とを相互に必要としながらも、修己してからの治人とする場合、治人は必ず後になる。または、治人を社会的な関わり方に広げ、必ずしも政治目標を掲げない場合、人たる者は社会なしには生きられないと主張するに過ぎない。王陽明にとって重要なのは、明明徳が親民として、その政治効果を発揮すると説いている点である。

それは一見当たり前に見えるかもしれない。何故なら、己を修める中に人を治めることが達成されると説くのは儒者の常識だからである。だが実際はどうだろう。原則的にそうではあっても、それを実現するのは極めて困難である。修身、斉家、治国、平天下という、己を軸とした同心円状の波及効果拡大によって五教による国家秩序は実現されるとするが、実際には己と社会との不完全に対し戦い抜き、まだ見ぬ国家の真の偉大さを求め、後生に託し続けたのが孔子以来の歴史である。その中で、あるいはあくまで今日の政治課題に取り組み続けた者もあるし、あるいは学術を以て後生を俟つ者もあったのである。修己治人という原則がありながら、現実にそうはいかない状況で、如何に方途を探るか、その危機感の中で、思想的立場は決定されてきたと言うべきである。ならば、原則を以て陽明も当たり前のことを目指したと終わらせるべきではない。原則から時局を見、方途を決定する。その方途の決定にこそ、儒者の思想的特徴は存在する。

陽明は、その状況下で幾度も辞職を願いながら、一方で飽くまで現下の時局に密着して打開する中に「実落の工夫」を見出した。だとすれば、まず第一に、「己を修めるのと人を治めるのとは、もともと二つ道があるのではない。政事は繁劇であるとはいえ、皆学問の場である」と言うように、陽明の工夫は、眼前の秩序構築と一体となっていることを確認しておく必要がある。具体的な政治行動ばかりではない。陽明の説く聖人や親民がそうであるように、工夫によってなるべき人物は、社会的役割を果たす中で周辺の秩序を構築し、国家社会を下支えする人物である。皆が超越的な「聖人」を目指すのではなく、今目の前のあるべき人物になりきり、そこに止まり続け、相互に連携して国家社会を下支えしなければならない。そこに生活の英雄として聖人は現れる。それには、今目の前の事に取り組んで苦しむみずからの心の中に、経書に記された聖賢の具体的な心持ちを見出していく工夫が必要なのであって、個別事象を捨象した「心」や「理」の概念的価値を確定していくことは、必要ないのではなく、あってはならないことである。心も理も、生活に密着していなければ意味がない。

「平常は見る所がなくても、利害に当たり、非常事態を経過し、屈辱に遭えば、平常で憤怒する者も、ここに至っては憤怒しないだろう。憂えて取り乱す者も、ここに至っては憂えて取り乱さないだろう。そうしてはじめて力を得る場であり、力を用いる場である」と言うように、この状況でなければ心は顕れてこない。その心とは、苦難の中であるべき心、それが経書に記された聖賢の心持ちと重なるという意味で、倫理的な意識である。この意識の顕現を積み重ね、己を鍛え上げていく内に、生活を、そして国家社会を秩序化していく。だとすれば、秩序の源泉は心である。その心を鍛え上げるというのは、一に経書の精神に一致することにあるのだから、聖賢の心持ちを心に自得しなければばならない。つまり、王陽明にとっては、学術研究や言論空間における観念的議論ではなく、個別的な生活と仕事における一貫した秩序実現こそが、真の思想的営為であると考えられていたのである。

ここで、序章で述べた問題、陽明が心や理という言葉で、どこに、何を回収しようとしていたのかという問題が明らかとなる。

個別事象を捨象して「心」や「理」を概念化し、意味の世界を構築するという作業には、恐らく二つの目的がある。一つは純然たる意味の世界を構築し、その中で個々の事物の本質を確定してみせること、もう一つは、その合理性を根拠に、個別事象における対処方法の正当性を主張することである。そのために個別事象は一旦捨象され、概念の中に回収されていく。個々の対処は何故に理と言えるかと議論し、理解を共有しようとする努力に意義があるのはそれによる。

これに対し陽明は、個別事象に対して顕れた倫理的意識にそのまま天理を認める。では、天理とは何かという疑問は当然予想されるが、この場合天理とは「正しい」という意味しか持たない。では、正しいとは何か。五教に合致していることであり、経書の精神に心が一致していることである。しかしながら、そう簡単に五教に合致し、経書の精神を心に一致させることなどできない。個別事象が無限であるのと同様、それへの対処の仕方も無限であり、天理もまた無限である。そのような中で、どうして安易に五教に合致し、経書の精神と心とが一致するなどと言えようか。故に陽明は、知、誠、志の生成を説くのである。つまり、例えば病に苦しむ従者を思いやる心は惻隠の情であり、倫理的意識であるから正しい。ここに議論の余地はない。そして、その意識が続く限り、みずからの疲労や我欲に負けて彼を見捨てることはない。だが、その意識を行為に移し、彼を回復させてやるためには、様々な試みをせねばならない。その過程には、失敗もあるし、打ち続く苦難のために疲労や我欲が萌すこともある。これが人欲である。しかし、この意識が切実にある限り、それらは自然と消え去り、また不断の努力によって従者は回復する。回復した正にその時、陽明の倫理的意識は完全に生成を遂げ、五教に合致し、経書の精神と心とが一致したと言えるのである。ここには意識的努力がなく、已むを得ない専一な努力しか存在しない。人欲が萌しながら天理を維持することなど不可能であり、またそうしている者がいればそれは偽善である。

これが聖人になろうとする志、倫理獲得に対して切実になる誠、是非を知覚する知という言葉で回収された時、回収の行く先は我が心である。我が心は、この状況で確かにこうした倫理的意識（志・誠・知）を浮き上がらせ、かかる行為と努力を重ね、それを明徴化して人欲を消し去った。故に我が心には正しさが具わっている。これを万事に敷衍していくと、ある時は人欲が萌し、ある時は天理が顕現している。それら一つ一つを我が心の要素として回収し、工夫を下していくことで、天理、すなわち倫理的意識一枚の心を常に顕現する人物を作り上げていくのである。これが自得を目的とした、言葉による回収作業である。天理、人欲、心、理、知、誠、志という言葉は全て、我が心の全要素を、「正しい」「正しくない」と選り分け、秩序化していくための言葉であり、我が心を離れて抽象的意味を構築することはない。

個別事象を捨象し、概念による意味の世界を構築する代わりに、個別事象に対して浮き上がった倫理的意識にそのまま理を認め、自得の効果として、目の前に秩序を実現していく人物を出現させる。意味の世界はなくとも、眼前に秩序を実現する人物が存在すれば、それは我が心を軸として生活を意味化する、思想的営為以外の何者でもない。

陽明学を表現して「愛国親民」の思想であるとしたのは山下龍二氏である。[30] また、王陽明を、生活に密着し、道徳の緊張を生活の全域に回復した思想家としたのは大西晴隆氏である。[31] これまで見てきたように、陽明には、龍場の経験を色濃く反映した説き方をする傾向がある。苦難の中で実落の工夫をし、弥益に我が心を鍛え上げた陽明にとって、それは工夫になくてはならぬ要素だったのであろう。工夫は生活上の個別事象に対する我が心に行われなくてはならない。『伝習録』上巻、第二十三条に言う。

(質問者) 静時でもまた意識が安定していて良いように思われます。しかし、少しでも事に遇えば同じようにはいきません。如何でしょう。

(陽明) これは徒に存養を知っているだけで、克己の工夫を用いていないからだ。このようであって事に臨んでもひっくり返ってしまうだろう。人は事上にあって磨かねばならぬ。そうしてはじめて立ち止まることができるであろう。そうしてはじめて静にも定まり、動にも定まるであろう。(32)

全ては事上に磨錬されねばならない。磨錬されるのは我が心である。一つ一つの事に対して妥協なく徹底的に取り組み、天理と人欲とを識別して我が心に回収し、天理を存して人欲を去り、卒には我が心を倫理的意識一枚に磨き鍛え上げ、自分をとりまく全てを秩序化するのである。工夫はそこにのみある。事上磨錬の緊張感が生活に反映された時、そこで行われる工夫は闘争の如く、徹底して緊張したものとなる。また生活は果てしない。それは正に「与楊仕徳薛尚謙」(『全書』巻四「文録」一) に語られる通りである。

四方面から進軍中の兵は、皆既に予定通り並進し、賊を必ず破るの勢がある。私は以前横水にいた時、仕徳に書信を送って言った。「山中の賊を破るは易く、心中の賊を破るは難し」と。こそどろのような賊を剪除することはとりたてて驚くに値しない。もし諸君が心腹の寇を掃蕩し、廓清平定の功績を収めれば、これは誠に大丈夫不

世の偉績である。数日来、既に必勝の策を得た。戦捷を上奏できる日も近かろう。これに勝る喜びはない。(33)

心中の賊を破る戦いには、第一義が必要である。戦いを行うのは心であり、その心に倫理的意識が浮かび上がってこそ、心は己に克ち、自得を通じて生活に秩序を実現することができる。これまで検討してきた心と工夫とに関する陽明の様々な対話は、このことを説明し、対話する者にこの倫理的意識を実感させ、再び生活の闘争場裡に送り出すために行われたのではないか。

この闘争が生活で行われる限り、それは極めて内省的で、かつ五教の実現のために行われているのだから、傍目には温厚篤実なものとして映る。陽明が門弟に当てたこれまでの書簡で説かれるあり方とは、いつもみずからに非がなかったか反省する人物である。苛烈な闘争は我が心の中だけで展開する。議論は闘争の場ではない。

こうして見てみると、王陽明が目指したものは、それぞれの人々が自分の生活を通じてどのような社会的役割を果たすか自覚し、また一人一人が自分の社会的役割を通じて生活を秩序化していくという、個人と国家とが有機的に結びついた国家社会であり、それはまた儒学者の理想としては常識の範疇に属する理想であったことが分かる。

ただ、彼の生きた時代の学術は観念的議論に終始して、生活と倫理とが全く乖離しているように思われたため、陽明は「理は倫理的意識に他ならぬ」と言うことで観念の世界を排除しつつ、「倫理的意識があれば不断の工夫をして秩序が生み出されているはずだ」と説くことで場当たり的な生活に一貫した秩序を与えようとした。

したがってその議論はいきおい複雑、観念的な論理展開を排除し、全ての議論を単純化された一つの形式のくり返しに落とし込むように展開される。意味内容が異なるはずのいくつかの言葉のどれを使っても、結局は単純化された一つの形式が繰り返され、しかもそれが「性即理」と対照するように「心即理」という標語で代表されたことで、観念的な議論の場に慣れた人々にとっては、陽明の議論もまた観念的に新奇なことを言い出したように映り、分析や批判を試みる。加えて陽明が言う「理」の実感は、個別具体的な生活においてしかできないのに、そう言っている陽明の実感を観念的に探ろうとし、あるいは「理」は倫理であると言っているのに、生活における「理」の多様性を重視するあまり倫理から逸脱してしまい、陽明学はその支持者、批判者を巻き込んで、同じ思想について議論しているにはあまりに振り幅の大きい、ダイナミックな議論の派生を引き起こしていくのである。

いずれにせよ、こうした生活と倫理の一貫を説く陽明の言葉には、本書で論じてきた知、誠、志などを通して表白された心理解、そして、知行合一、誠意、立誠、立志などを通して表白された工夫論の骨子の出現が自ずから予定されている。「我が心は理である」という断定は、生活における事上磨錬と、国家社会の有機的結合とを目的に据えることではじめて機能する。

王陽明の前期思想はやがて致良知説の登場と共に再編成されるが、それがどのようであるかは本書の論じる所ではない。ただ、前期思想において形式転換されて説かれた心理解や工夫論の骨子、そしてその形式が写し取ろうとした心の自然、その心に具わる倫理、生活において実現されるべき秩序、そうしたものが後期思想と無関係であるとは考えにくい。龍場大悟で良知の旨を知ったと言うように、前期思想は決して、思想的に見劣りするものではない。その表現に満足していなかっただけである。

そのような前期思想を以上のように理解し、心即理にその象徴的価値を認めた上は、後期思想理解にもまた新たな視線が生まれる可能性があることを指摘して本書を終了する。

終章注釈

（1）曰、子之来也、猶有所未信乎。曰、信之。曰、信之、而又来何也。曰、未得其方也。陽明子曰、子既得其方矣。無所事於吾。周生悚然、有間曰、先生以応子之故、望卒賜之教。陽明子曰、子既得之矣。無所事於吾。周生悚然、而起茫然、有間曰、瑩愚不得其方。先生毋乃以瑩為戯。望卒賜之教。陽明子曰、子之自永康而来也、程幾何。曰、千里而遙。曰、遠矣。従舟乎。曰、従舟而又登陸也。曰、労矣。当茲六月、亦暑乎。曰、途之暑特甚也。曰、難矣。具資糧、従童僕乎。曰、中途而僕病、乃舎貸而行。曰、茲益難矣。曰、子之来、既遠、且労。其難若此也。何不遂返、而必来乎。将亦無有強子者乎。曰、瑩至於夫子之門、労苦艱難誠楽之。寧以是而遂返、又俟乎人之強之也乎。曰、斯吾之所謂子之既得其方也。子之志欲至於吾門也、則遂至於吾門。無仮於人子。而志於聖賢之学、有不至於聖賢者乎。而仮於人乎。子之舎舟従陸、捐僕貸糧、冒毒暑而来也、則又安所従受之方也。生躍然起拜曰、茲乃命之方也已。抑瑩由於其方、而迷於其説。必俟夫子之言、而後躍如也、則何居。陽明子曰、子未覩乎爇石以求灰者乎。火力具足矣、乃得水而遂化。子帰就応子、而足其火力焉。吾将儲担石之水、以俟子之再見。

（2）銭徳洪「刻文録叙説」の記述。

此愛惜文辞之心也。昔者孔子刪述六経、若以文辞為心、如唐虞三代、自典謨而下、豈止数篇。正惟一以明道為志。故所述可以垂教万世。吾党志在明道。復以愛惜文字為心、便不可入堯舜之道矣。

（3）蓋孟氏患楊墨、周程之際、釈老大行。今世学者、皆知宗孔孟、賤楊墨、擯釈老。聖人之道、若大明於世。然吾従而求之、聖人不得而見之矣。其能有若墨氏之兼愛者乎。其能有若楊氏之為我者乎。其能有若老氏之清浄自守、釈氏之究心性命者乎。吾何以楊墨老釈之思哉。彼於聖人之道異、然猶有自得也。（中略）居今之時、而有学仁義、求性命、外記誦辞章、而不為者、雖其陥於楊墨老釈之偏、吾猶且以為賢。彼其心猶求以自得也。夫求以自得、而後可与之言学聖人之道。

（4）「与希顔台仲明徳尚謙原静」（『全書』巻四「文録」一）参照。

（5）子夏聖門高弟、曾子数其失、則曰、吾過矣。吾離群而索居、亦已久矣。夫離群索居之、在昔賢已不能無過。況吾儕乎。以元静之英敏、自応未即摧堕、山間切磋砥礪、還復幾人深造自得。

（6）所遇如此、希淵帰計良是。但稍傷急迫。若再遅二三月、托疾而行、彼此形迹泯然、既不激怒於人、亦不失己之介矣。聖賢処末世、待人応物、有時而委曲、其道未嘗不直也。若己為君子、而使人為小人、亦非仁人忠恕惻怛之心。希淵必以区区此説為太周旋、然道理実如此也。

（7）患難憂苦、莫非実学。今雖倚廬、意思亦須進。

（8）近得鄭子冲書。聞与当事者頗相牴牾。希淵徳性謙厚和平、其於世間栄辱炎涼之故、視之何異飄風浮靄。豈得尚有芥蔕於其中耶。即而詢之果然。出於意料之外、非賢者之所自取也。雖然、有人於此。其待我以横逆、則君子必自反曰、我必無礼。自反而有礼、又自反曰、我必不忠。希淵克己之功、日精日切、其肯遂自以為忠乎。往年区区謫官貴州。横逆之加、無月無有。迄今思之、最是動心忍性、砥礪切磋之地、当時亦止搪塞排遣、竟成空過甚。可惜也。

（9）欧生有一書。可謂有志。中間述子晦語、頗失真。恐亦子晦一時言之、未瑩耳。大抵工夫、須実落做去、始能有見。料想臆度、未有不自誤、誤人者矣。此間賊巣、乃与広東山後諸賊相連、余党往往有従遁者。若非斬絶根株、意恐日後必相連而起、重為両省之患。故須更遅遅旬日、与之剪除。兵難遙度、不可預料、大抵如此。

（10）日来因兵事紛擾、賤軀怯弱、以此益見得工夫、有得力処。只是従前大段未曽実落用力、虚度虚説過了。自今当与諸君努力鞭策、誓死進歩。（中略）但従征官属已萌帰心、更相倡和、已有不必久屯之説。天下事不能尽如人意、大抵皆坐此輩。可歎。可歎。

（11）若進歩欠力、更来火坑中乗涼。如何。

（12）汪景顔近亦出宰大名。臨行請益、某告以変化気質。居常無所見、惟当利害、経変故、遭屈辱、平時憤怒者、到此能不憤怒。憂惶失措者、到此能不憂惶失措。始是能有得力処、亦便是用力処。天下事雖万変、吾所以応之、不出乎喜怒哀楽四者。此為学之要、而為政亦在其中矣。

（13）問看書不能明、如何。先生曰、此只是在文義上穿求。故不明如此。又不如為旧時学問、他到看得多解得去。只是他為学雖極解得明暁、亦終身無得。須於心体上用功。凡明不得、行不去、須反在自心上体当、即可通。蓋四書五経不過説這心体。這心体即所謂道心。体明即是道明。更無二。此是為学頭脳処。

（14）或曰、人皆有是心。心即理。何以有為善、有為不善。先生曰、悪人之心、失其本体。

（15）弘毅之説、極是。但云既不可以棄去、又不可以減軽、既不可以住歇、又不可以不至、則是猶有不得已之意也。不得已之意、与自有不能已者、尚隔一層。程子云、知之而至、則循理為楽、不循理為不楽。自有不能已者、循理為楽者也。非真能知性者、未易及此。知性則知仁矣。仁、人心也。心体本自弘毅。

（16）夫君子之学、為己之学也。為己、故必克己。克己、則無己。無己者、無我也。世之学者、執其自私自利之心、而自任以為為己。漭焉入於隳堕断滅之中、而自任以為無我者、吾見亦多矣。嗚呼、自以為有志聖人之学、乃堕於末世仏老邪僻之見、而弗覚亦可哀也。夫有一言而可以終身行之者。其恕乎。強恕而行求仁、莫近焉。恕之一言、最学者所喫緊。其在吾子、則猶対病之良薬。宜時時勤服之也。

(17) 希淵問、聖人可学而至。然伯夷、伊尹、於孔子才力終不同。其同謂之聖者、安在。先生曰、聖人之所以為聖、只是其心純乎天理、而無人欲之雑。猶精金之所以為精、但以其成色足、而無銅鉛之雑也。人到純乎天理、方是聖、金到足色、方是精。然聖人之才力、亦有大小不同。猶金之分両有軽重。堯、舜、猶万鎰、文王、孔子、猶九千鎰。禹、湯、武王、猶七八千鎰、伯夷、伊尹、猶四五千鎰。才力不同、而純乎天理、則同。皆可謂之聖人。猶分両雖不同、而足色則同、皆可謂之精金。以五千鎰者、而入於万鎰之中、其足色同也。以夷、尹而厠之堯、孔之間、其純乎天理、同也。蓋所以為精金者、在足色、而不在分両。所以為聖者、在純乎天理、而不在才力也。故雖凡人、而肯為学、使此心純乎天理、則亦可為聖人。猶一両之金、比之万鎰、分両雖懸絶、而其到足色処、可以無愧。故曰、人皆可以為堯舜者。以此学者学聖人、不過是去人欲、而存天理耳。猶錬金而求其足色。金之成色所争不多、則煅錬之工省、而功易成。成色愈下、則煅錬愈難。（中略）時曰仁在傍曰、先生此喩、足以破世儒支離之惑。大有功於後学。先生又曰、吾輩用功、只求日減、不求日増。減得一分人欲、便是復得一分天理。何等軽快脱洒、何等簡易。

(18) 別後、有人自武城来云、純甫始到家、尊翁頗不喜。帰計尚多牴牾。始聞而惋然、已而復大喜。久之又有人自南都来者云、純甫己莅任、上下多不相能。始聞而惋然、已而復大喜。吾之惋然者、世俗之私情、所為大喜者、純甫当自知之。吾安能小不忍於純甫、不使動心忍性以大其所就乎。譬之金之在冶、経烈焰、受鉗錘、当此之時、為金者甚苦。然自他人視之、方喜金之益精煉、而惟恐火力錘煅之不至。既其出冶、金亦自喜其挫折煅錬之有成矣。某平日亦毎有傲視行輩、軽忽世故之心。後雖稍知懲創、亦惟支持抵塞於外而已。及謫貴州三年、百難備嘗、然後能有所見。始信孟氏生於憂患之言、非欺我也。

(19) 人品不斉。聖賢亦因材成就。孔門之教、言人人殊。後世儒者、始有帰一之論。然而成徳達材者鮮、又何居乎。

(20) 人要随才成就。才是其所能、為如夔之楽、稷之種、是他資性合下、便如此成就之者、亦只是要他心体純乎天理。其運用処皆従天理上発来、然後謂之才。到得純乎天理処、亦能不器。使夔、稷、易芸而為、当亦能之。又曰、如素富貴行乎富貴、素患難行乎患難、皆是不器。此惟養得心体正者能之。

(21) 陽明子曰、立誠尽之矣。夫誠実理也。其在天地、則其麗焉者、則其明焉者、則其行焉者、則其引類而言之、不可窮焉者、皆誠也。其在人物、則其蓄焉者、則其群焉者、則其分焉者、則其引類而言之、不可尽焉者、皆誠也。是故殫智慮、弊精力、而莫究其緒也。靡昼夜、極年歳、而莫竟其説也。析蠶絲、擢牛尾、而莫既其奥也。夫誠一而已矣。故不可復有所益。益之、是為二也。二則偽。故誠不可益。不可益故至誠無息。

（22）問律呂新書。先生曰、学者当務為急。算得此数熟、亦恐未有用。必須心中先具礼楽之本、方可。

（23）博学之説、向已詳論。今猶牽制若此、何耶。此亦恐是志不堅定、為世習所撓之故。使在我果無功利之心、雖銭穀、兵甲、搬柴、運水、何往而非実学。何事而非天理。況子、史、詩文之類乎。（中略）一切屏絶之説、是猶泥於旧習、平日用功、未有得力処。故云、爾請一洗俗見、還復初志、更思平日飲食養身之説、種樹、栽培、灌漑之喩、自当釈然融解矣。物有本末、事有終始、知所先後、則近道矣。吾子之言、是猶未是終始本末之一致也。是不循本末終始、天然之序、而欲以私意速成之也。

（24）若堯舜之心、而自以為無過、即非所以為聖人矣。其相授受之言曰、人心惟危、道心惟微、惟精惟一、允執厥中。彼其自以為、人心之惟危也。則其心亦与人同耳。危即過也。惟其兢兢業業、嘗加精一之功。是以能允執厥中、而免於過。古之聖賢、時時自見己過而改之。是以能無過。非其心果与人異也。戒慎不睹、恐懼不聞者、時時自見己過之功。

（25）数年切磋、只得立志、弁義利。若於此未有得力処、却是平日所講、尽成虚語、平日所見、皆非実得。不可以不猛省也。経一蹶者、長一智、今日之失、未必不為後日之得、但已落第二義。須従第一義上著力。一真、一切真。若這些子既是、更無討不是処矣。

（26）只説明明徳、而不説親民、便似老仏。

（27）自格物致知至平天下、只是一箇明明徳。雖親民、亦明徳事也。明徳、是此心之徳、即是仁。仁者以天地万物為一体。使有一物失所、便是吾仁有未尽処。

（28）君子賢其賢、而親其親、小人楽其楽、而利其利。如保赤子。民之所好好之、民之所悪悪之。此之謂民之父母之類、皆是親字意。親民猶孟子親親仁民之謂。親之即仁之也。百姓不親、舜使契為司徒、敬敷五教。所以親之也。堯典、克明峻徳、便是明明徳。以親九族、至平章協和、便是親民、便是明明徳於天下。又如孔子言修己以安百姓、修己便是明明徳。安百姓便是親民。説親民、便是兼教養意、説新民、便覚偏了。

（29）黄誠甫問、先儒以孔子告顔淵為邦之問、是立万世常行之道、如何。先生曰、顔子具体聖人。其於為邦的大本大原、都已完備。夫子平日知之已深、到此都不必言。只就制度文為上説。此等処亦不可忽略。須要是如此、方尽善。（中略）若在他人、須告以為政在人、取人以身、修身以道、修道以仁。達道、九経、及誠身許多工夫、方始做得、這箇方是万世常行之道。不然、只去行了夏時、乗了殷輅、服了周冕、作了韶舞、天下便治得。

（30）山下龍二氏『王陽明』（集英社、一九八四年、二三二頁）に「陽明学は、一人の主君に対するというよりも天下・国家・民衆に対する忠誠心というべきものが強かったように思われる。皇帝の恣意が国をあやまることをよく知っていたからである」「方考孺や于謙が明王朝すなわち朱家の犠牲者であったように、陽明の苦難もまた、同じ原因によっている。したがって、陽明学は忠君であるよりも愛国親民である」とある。

(31) 大西晴隆氏『王陽明』(講談社、一九七九年、五～一二頁)参照。

(32) 問、静時亦覚意思好。才遇事、便不同。如何。先生曰、是徒知静養、而不用克己工夫也。如此臨事、便要傾倒。人須在事上磨、方立得住。方能静亦定、動亦定。

(33) 四路兵、皆已如期並進、賊有必破之勢。某向在横水、嘗寄書仕徳云。破山中賊易、破心中賊難。区区翦除鼠窃、何足為異。若諸賢掃蕩心腹之寇、以收廓清平定之功、此誠大丈夫不世之偉績。数日来、諒已得必勝之策。捷奏有期矣。何喜如之。

参考文献（敬称略。出版年は西暦で統一）

王陽明や陽明学に関する著作・論文は大量に存在し、その全てを挙げることは難しいので、ここでは本書に特に関係するものを挙げるにとどめる。

【『王文成公全書』『伝習録』関係】
『王文成公全書』三十八巻（「四部叢刊」）
『王陽明全集』全十巻（安岡正篤監修、明徳出版社、一九八三～一九八七年）
『陽明学大系』全十二巻、別巻一（宇野哲人、安岡正篤監修、明徳出版社、一九七一～一九七四年）
『王陽明集』（島田虔次、朝日新聞社、「中国文明選」6、一九七五年）
『王陽明全集』上下巻（呉光、銭明、董平、姚延福編校、上海古籍出版社、一九九二年）
『王陽明全集抄評釈（上下）』（岡田武彦、明徳出版社、「岡田武彦全集六」、二〇〇六年）
『伝習録講義』第一～三編（松山堂、一九〇六年）
『伝習録』（雲井龍雄、杉原夷山、千代田書房他、一九一〇年）
『伝習録』（山田準、鈴木直治、岩波書店、一九三六年）
『伝習録』（近藤康信、「新釈漢文大系」第十三巻、一九六一年）

『伝習録　王陽明語録』（山本正一、法政大学出版局、一九六六年）
『周易、伝習録』（冨山房編輯部、冨山房、一九七六年）
『伝習録』（吉田公平、「鑑賞中国の古典」第十巻、一九八八年）
『伝習録　「陽明学」の真髄』（吉田公平、「タチバナ教養文庫」、一九九五年）
『伝習録講話』（山田準、明徳出版社、二〇〇一年）
『伝習録』（溝口雄三、「中公クラシックス」E12、二〇〇五年）
『陽明先生集要（上下）』（施邦曜、北京・中華書局、「理学叢書」、二〇〇八年）

【単行本】

東正堂
『陽明学要義』（陽明学会、一九二四年）
伊東貴之
『思想としての中国近世』（東京大学出版会、二〇〇五年）
井上哲次郎
『日本陽明学派之哲学』（冨山房、一九〇〇年）
荒木見悟
『明代思想研究』（創文社、一九七二年）
『朱子・王陽明』（中央公論社、「世界の名著19」、一九七八年）

『仏教と陽明学』（第三文明社、レグルス文庫、一九七九年）
『陽明学の開展と仏教』（研文出版、一九八四年）
『中国思想史の諸相』（中国書店、一九八九年）
『明清思想論考』（研文出版、一九九二年）
『陽明学の位相』（研文出版、一九九二年）
『仏教と儒教』（研文出版、一九九三年）
『中国心学の鼓動と仏教』（中国書店、一九九五年）
『陽明学と仏教心学』（研文出版、二〇〇八年）
岩間一雄
『中国政治思想史研究』（未来社、一九九〇年）
大西晴隆
『王陽明』（講談社、「人類の知的遺産25」、一九七九年）
岡田武彦
『王陽明と明末の儒学』（明徳出版社、一九七〇年）
『王陽明文集』（明徳出版社、「中国古典新書」、一九七〇年）
『坐禅と静坐』（大学教育社、「大教選書」、一九七七年）
『中国思想における理想と現実』（木耳社、一九八三年）
『王陽明（上）』（明徳出版社、「シリーズ陽明学２」、一九八九年）

『王陽明（下）』（明徳出版社、「シリーズ陽明学3」、一九九一年）
『現代の陽明学』（明徳出版社、一九九二年）
『儒教精神と現代』（明徳出版社、一九九四年）
『王陽明小伝』（明徳出版社、一九九五年）
『警世の明文王陽明抜本塞源論　王陽明の万物一体思想』（明徳出版社、一九九八年）
『陽明学つれづれ草　岡田武彦の感涙語録』（明徳出版社、二〇〇一年）
『王陽明大伝1』（明徳出版社、「岡田武彦全集一」、二〇〇二年）
『王陽明大伝2』（明徳出版社、「岡田武彦全集二」、二〇〇三年）
『王陽明大伝3』（明徳出版社、「岡田武彦全集三」、二〇〇三年）
『王陽明大伝4』（明徳出版社、「岡田武彦全集四」、二〇〇四年）
『王陽明大伝5』（明徳出版社、「岡田武彦全集五」、二〇〇五年）
『王陽明紀行（上）』（明徳出版社、「岡田武彦全集八」、二〇〇七年）
『王陽明紀行（下）』（明徳出版社、「岡田武彦全集九」、二〇〇七年）
『王陽明と明末の儒学（上）』（明徳出版社、「岡田武彦全集十」、二〇〇四年）
『王陽明と明末の儒学（下）』（明徳出版社、「岡田武彦全集十一」、二〇〇四年）
『宋明哲学の本質（上）』（明徳出版社、「岡田武彦全集十七」、二〇〇八年）
『宋明哲学の本質（下）』（明徳出版社、「岡田武彦全集十八」、二〇〇九年）

編著

『陽明学の世界』（明徳出版社、一九八六年）
垣内景子
『「心」と「理」をめぐる朱熹思想構造の研究』（汲古書院、二〇〇五年）
楠本正継
『宋明時代儒学思想の研究』（広池学園出版部、一九六二年）
小島毅
『宋学の形成と展開』（創文社、一九九九年）
『朱子学と陽明学』（放送大学教育振興会、二〇〇四年）
『近代日本の陽明学』（講談社、「講談社メチエ」369、二〇〇六年）
志賀一朗
『王陽明と湛甘泉』（新塔社、一九七六年）
島田虔次
『中国に於ける近代思惟の挫折』（筑摩書房、一九四九年）
『朱子学と陽明学』（岩波書店、岩波新書、一九六七年）
『中国の伝統思想』（みすず書房、二〇〇一年）
『中国思想史の研究』（京都大学学術出版会、「東洋史研究叢刊59」、二〇〇二年）
高瀬武次郎
『王陽明詳伝』（文明堂、一九〇四年）

『支那哲学史』（文盛堂、一九一〇年）
土田健次郎
『道学の形成』（創文社、二〇〇二年）
『近世儒学研究の方法と課題』（汲古書院、二〇〇六年）
『儒教入門』（東京大学出版会、二〇一一年）
『江戸の朱子学』（筑摩書房、二〇一四年）
編著
『21世紀に儒教を問う』（早稲田大学出版会、「早稲田大学孔子学院叢書3」、二〇一〇年）
中田勝
『王陽明靖乱録』（明徳出版社、「中国古典新書」続編9、一九八八年）
『儒教道徳の美　王陽明の『論語』解釈』（中央法規出版、一九九八年）
永冨青地
『王守仁著作の文献学的研究』（汲古書院、二〇〇七年）
編著
『儒教その可能性』（早稲田大学出版会、「早稲田大学孔子学院叢書4」二〇一一年）
福田殖
『宋元明の朱子学と陽明学』（研文出版、「福田殖著作選1」、二〇一六年）
三島復

『王陽明の哲学』（大岡山書店、一九四二年）
溝口雄三
『中国前近代思想の屈折と展開』（東京大学出版会、一九八〇年）
『中国の思想』（放送大学教育振興会、一九九一年）
『中国の公と私』（研文出版、一九九五年）
『中国思想史』（溝口雄三、池田知久、小島毅、東京大学出版会、二〇〇七年）
三宅雪嶺
『王陽明』（政教社、一八九三年）
安岡正篤
『王陽明研究』（明徳出版社、一九六〇年）
『王陽明と朱子』（郷学研修所・安岡正篤記念館、二〇一四年）
保田清
『王陽明』（弘文堂、一九四二年）
安田二郎
『中国近世思想研究』（弘文堂、一九四八年）
山下龍二
『陽明学の研究（成立編）』（現代情報社、一九七一年）
『陽明学の研究（展開編）』（現代情報社、一九七一年）

『王陽明　百死千難に生きる』（集英社、「中国の人と思想」9、一九八四年）
『陽明学の終焉』（研文社、一九九一年）
『儒教と日本』（研文社、二〇〇一年）
山井湧
『明清思想史の研究』（東京大学出版会、一九八〇年）
『方法としての中国』（東京大学出版会、一九八九年）
山田準
『陽明学講話』（二松学舎大学出版部、一九八〇年）
『陽明学精義』（金鈴社、一九四二年）
『陸象山王陽明』（岩波書店、一九四三年）
山本正一
『王陽明』（中文館、一九四三年）
山本命
『明時代儒学の倫理学的研究』（理想社、一九七四年）
吉田公平
『陸象山と王陽明』（研文出版、一九九〇年）
『陽明学が問いかけるもの』（研文出版、「研文選書」78、二〇〇〇年）

【論文】

伊香賀隆
「王陽明の〈陸象山〉論―象山の〈未だ及ばざる〉点とは何か」(『白山中国学』一七号、東洋大学中国学会、二〇一一年)
石田和夫
「王陽明と郷愿」(『九州中国学会報』三八号、九州中国学会、二〇〇〇年)
岩間一雄
「王陽明「竜場の大悟」について」(『岡山大学法学会雑誌』四八(3/4)号、岡山大学法学会、一九九九年)
上田弘毅
「王陽明の知行合一説」(二松学舎大学東アジア学術総合研究所陽明学研究部、『陽明学』一一号、一九九九年)
「王陽明の心即理について――島田虔次氏の心即理理解の再検討」(中国文史哲研究会、『集刊東洋学』九〇号、二〇〇三年)
大西晴隆
「王陽明に於ける近代化への可能性とその限界」(汲古書院、『明清はいかなる時代であったか』、二〇〇六年)
「陽明学の祖―王守仁」(『中国思想の流れ』(下)、晃洋書房、二〇〇六年)
大場一央
「王陽明の「立志」について――衝動に集約される修養」(『日本中国学会報』五八集、日本中国学会、二〇〇六年)

「王陽明の思想形成における龍場大悟の位置」(『早稲田大学大学院文学研究科紀要』五二号、第一分冊、早稲田大学大学院文学研究科、二〇〇七年)
「王陽明の前期思想における知行合一の位置」(『東洋の思想と宗教』二五号、早稲田大学東洋哲学会、二〇〇八年)
小川晴久
「王陽明の前期思想における誠について」(『論叢・アジアの文化と思想』一七号、二〇〇八年)
「王陽明の実心実学性」(『陽明学』二〇号、二松学舎大学東アジア学術総合研究所陽明学研究部、二〇〇八年)
角田達朗
「王守仁における致良知説の形成」(『斯文』一〇〇号、一九九一年)
久保友美
「陽明学研究——致良知を中心に」(『国語の研究』二六号、大分大学国語国文学会、二〇〇〇年)
小島毅
「人格の完成——王陽明のなかに安岡正篤が見たもの」(『陽明学』二〇号、二松学舎大学東アジア学術総合研究所陽明学研究部、二〇〇八年)
小林和彦
「朱子から王陽明へ——「孝」と「中庸」解釈を通しての一考察」(『中国学論文集　竹内照夫博士古稀記念』、竹内照夫博士古稀記念論文集刊行会、一九八一年)
近藤康信

「王守仁」（『中国の思想家　宇野哲人博士米寿記念論集（下巻）』、東京大学文学部中国哲学研究室編、頸草書房、一九六三年）
蔡仁厚
「王陽明的知行思想」（『21世紀の地球と人類に貢献する東洋思想』、将来世代国際財団、二〇〇一年）
佐藤錬太郎
「王守仁の孔子観」（『中国哲学』三〇号、北海道中国哲学会、二〇〇一年）
「「心学無法」の系譜――王陽明の「心外無理」と山岡鉄舟の「心外無刀」（『明代中国の歴史的位相』（山根幸夫教授追悼記念論叢）、汲古書院、二〇〇七年）
佐野公治
「名古屋大学蔵『陽明先生全集』について――王陽明『文録』の一資料」（『名古屋大学中国哲学論集』一号、名古屋大学中国哲学研究会、二〇〇二年）
「明代嘉靖年間の講学活動――陽明学派の講学」（『陽明学』一六号、二松学舎大学陽明学研究所、二〇〇四年）
志賀一朗
「王陽明の死生観」（『斯文』一〇八号、斯文会、二〇〇〇年）
小路口聡
「良知心学の血脈――陸九淵・王陽明・王龍渓」（『陽明学』一七号、二松学舎大学東アジア学術総合研究所陽明学研究部、二〇〇五年）
孫路易

「王陽明の「良知」の再検討」(『中国思想史研究』二六号、京都大学文学部中国哲学史研究会、二〇〇三年)
高畑常信
「王陽明の思想 中国伝統思想と陽明学」(『香川大学国文研究』二四号、香川大学国文学会、一九九九年)
田中正樹
「王陽明の「物」の周辺——「物各付物」を中心に——」(『陽明学』二〇号、二松学舎大学東アジア学術総合研究所陽明学研究部、二〇〇八年)
鶴成久章
「王陽明作「九声四気」の歌法資料について」(『汲古』三五号、古典研究会、一九九九年)
「明代余姚の『礼記』学と王守仁——陽明学成立の一背景について」(『東方学』一一一号、東方学会、二〇〇六年)
「嘉靖二年会試の策題における陽明学批判について」(『九州中国学会報』四五号、九州中国学会、二〇〇七年)
「王守仁の白鹿洞書院石刻をめぐって——「大学古本序」最終稿の所在——」(『陽明学』二〇号、二松学舎大学東アジア学術総合研究所陽明学研究部、二〇〇八年)
土田健次郎
「朱熹の思想における認識と判断」(『日本中国学会創立五十年記念論文集』、汲古書院、一九九八年)
「感応する世界　朱子学における気」(『21世紀の地球と人類に貢献する東洋思想』、将来世代国際財団、二〇〇一年)
「「万物一体の仁」再考」(『宮沢正順博士古稀記念　東洋——比較文化論集——』、青史出版、二〇〇四年)

土田秀明
「王陽明・知行合一説再検討への一試論——徐愛所記にかかるテキストの語法論的理解——」(『白山中国学』二一号、白山中国学会、二〇一五年)
中純夫
「王守仁の文廟従祀問題をめぐって」(『明清はいかなる時代であったか』、汲古書院、二〇〇六年)
永冨青地
「閭東本「陽明先生文録」の価値」(『東洋の思想と宗教』一六号、早稲田大学東洋哲学会、一九九九年)
「王守仁の佚存書『歴朝武機捷録』について」(『九州中国学会報』三九号、九州中国学会、二〇〇一年)
「王陽明の言葉と文章はどのように記録されてきたのか」(『21世紀の地球と人類に貢献する東洋思想』、将来世代国際財団、二〇〇一年)
「現存最古の王守仁の詩文集——北京・上海両図書館蔵の『居夷集』について——」(『東洋の思想と宗教』一九号、早稲田大学東洋哲学会、二〇〇二年)
「最古の王守仁の伝記『王陽明先生図譜』について」(『アジア文化の思想と儀礼』、春秋社、二〇〇五年)
「上海図書館蔵『新刊陽明先生文録續編』について」(『東洋の思想と宗教』二三号、早稲田大学東洋哲学会、二〇〇六年)
「上海図書館蔵『陽明先生与晋渓書』について」(『汲古』四九号、汲古書院、二〇〇六年)
「銭徳洪編『朱子晩年定論』について」(『人文社会科学研究』四七号、早稲田大学理工学部複合領域人文社会科学研究会、二〇〇七年)

永冨青地・水野実
『陽明兵筴』の基礎的研究（1）」（『人文社会科学研究』四一号、早稲田大学理工学部複合領域人文社会科学研究会、二〇〇一年）
『陽明兵筴』の基礎的研究（2）」（『人文社会科学研究』四二号、早稲田大学理工学部複合領域人文社会科学研究会、二〇〇二年）
『陽明兵筴』の基礎的研究（3）」（『人文社会科学研究』四三号、早稲田大学理工学部複合領域人文社会科学研究会、二〇〇三年）
『陽明兵筴』の基礎的研究（4）」（『人文社会科学研究』四四号、早稲田大学理工学部複合領域人文社会科学研究会、二〇〇四年）
『陽明兵筴』の基礎的研究（5）」（『人文社会科学研究』四五号、早稲田大学理工学部複合領域人文社会科学研究会、二〇〇五年）
難波征男
「王陽明の龍場大悟と少数民族」（『21世紀の地球と人類に貢献する東洋思想』、将来世代国際財団、二〇〇一年）
林文孝
「あの人の〈世界〉はどこに？——「王守仁における死の問題」ノート」（『中国哲学研究』一四号、二〇〇〇年）
疋田啓佑

「陽明学について：陽明学を学ぶ人のために」(『陽明学』一五号、二松学舎大学東アジア学術総合研究所陽明学研究部、二〇〇三年)

福田殖

「第2部　王陽明の思想と明武宗時期の社会」(久留米大学比較文化研究科共同研究報告)(『比較文化年報』一〇号、久留米大学大学院比較文化研究科、二〇〇一年)

「岡田武彦先生の生涯と学問〔含　岡田武彦先生年譜・岡田武彦先生業績〕」(『中国哲学論集』三〇号、九州大学中国哲学研究会、二〇〇四年)

「王陽明の心学思想の構造――学三変・教三変をめぐって」『陽明学』二〇号、二松学舎大学東アジア学術総合研究所陽明学研究部、二〇〇八年)

馬淵昌也

「王陽明の知行合一説についての一解釈」(『言語・文化・社会』二号、学習院大学外国語教育研究センター、二〇〇四年)

「宋明期儒学における静坐の役割及び三教合一思想の興起について」(『言語・文化・社会』一〇号、学習院大学外国語教育研究センター、二〇一二年)

三沢三知夫

「王畿と王守仁の思想的差異について」(『早稲田大学大学院文学研究科紀要』四五号第一分冊、早稲田大学大学院文学研究科、一九九九年)

水野実

「明代における「古本大学」顕彰の基盤——その正当化の方法と後学の状況」(『日本中国学会報』四一集、日本中国学会、一九八九年)
「王守仁の「大学古本傍釈」の考察」(『日本中国学会報』四六集、日本中国学会、一九九四年)
『大学古本傍釈』の特質——解釈の方法とその実相」(『中国古典研究』四〇号、中国古典学会、一九九五年)
「王守仁の「誠意」宣揚の基盤」(『東洋の思想と宗教』一四号、早稲田大学東洋哲学会、一九九七年)
「「致良知」説の構造と意味」(『陽明学』一四号、二松学舎大学陽明学研究所、二〇〇二年)
「王守仁と歌唱(歌詩)」(『アジア文化の思想と儀礼』、春秋社、二〇〇五年)
「「知行合一」説の構造と意味:知行の本体と知行の工夫」(『斯文』一二七号、斯文会、二〇一五年)
水野実・永冨青地
「九大本『陽明先生詩録』小考」(『汲古』三五号、古典研究会、一九九九年)
『陽明先生要書』における王守仁の「遺言」について」(『汲古』三六号、古典研究会、一九九九年)
『先進遺風』における王守仁の遺言遺事考」(『防衛大学校紀要人文科学分冊』八〇号、防衛大学校、二〇〇〇年)
水野実・三沢三知夫
『諸儒語要』の王守仁逸言考」(『汲古』五二号、古典研究会、二〇〇七年)
溝口雄三
「「無善無悪」論の思想史的意義——荒木見悟『仏教と陽明学』『明末宗教思想研究』によせて」(『歴史学研究』四八七号、歴史学研究会、一九八〇年)

「今、儒教研究に期待されていること——陽明学を中心に——」(『21世紀の地球と人類に貢献する東洋思想』、将来世代国際財団、二〇〇一年)

吉田公平
「陽明学研究の今日的課題」(『東洋古典学研究』五号、東洋古典学研究会、一九九八年)
「王陽明の遺文遺言について」(『日本中国学会創立五十年記念論文集』、汲古書院、一九九八年)
「陽明学研究の一視点」(『村山吉広教授古稀紀念中国古典学論集』、汲古書院、二〇〇〇年)
「徐愛と伝習録」(『中国文人の思考と表現』、汲古書院、二〇〇〇年)
「幸田露伴の『努力論』と陽明学」(『季刊日本思想史』五七号、日本思想史懇話会、二〇〇〇年)
「王陽明と『論語』」(『月刊しにか』一三二号、大修館書店、二〇〇一年)
「王陽明の「朱子晩年定論」について」(『東洋大学中国哲学文学科紀要』九号、東洋大学文学部中国哲学科、二〇〇一年)
「王陽明の立志説について」(『東洋大学中国学会会報』九号、二〇〇二年)
「王陽明の「大学古本序」について」(『東洋大学中国学会会報』九号、二〇〇二年)
「王陽明「親民堂記」考」(『東洋大学中国哲学文学科紀要』一一号、東洋大学文学部、二〇〇三年)
「王陽明の「稽山書院尊経閣記」について」(『東洋古典学研究』一五号、東洋古典学研究会、二〇〇三年)
「王陽明の『大学問』について——朱子『大学章句』との比較」(『東洋学研究』四〇号、東洋大学東洋学研究所、二〇〇三年)
「王陽明の「博約説」について」(『アジア文化研究所研究年報』三八号、アジア文化研究所、二〇〇三年)

「王陽明の贈物——満街のひとは皆な聖人である——」（『陽明学』二〇号、二松学舎大学東アジア学術総合研究所陽明学研究部、二〇〇八年）

William Theodore de Bary

「Wang Yangming and Education for a World Community」（『21世紀の地球と人類に貢献する東洋思想』、将来世代国際財団、二〇〇一年）

Julia Ching

「Wang Yangming and Global Responsibility」（『21世紀の地球と人類に貢献する東洋思想』、将来世代国際財団、二〇〇一年）

Clinton Ian McMorran

「Interpreting Some Key Areas in Wang Yangming's Teachings」（『21世紀の地球と人類に貢献する東洋思想』、将来世代国際財団、二〇〇一年）

Lloyd A.Sciban

「Wang Yangming and The Welfare of Others」（『21世紀の地球と人類に貢献する東洋思想』、将来世代国際財団、二〇〇一年）

Mary Evelyn Tucker

「The Ecological Implications of Wang Yang-ming's Thought」（『21世紀の地球と人類に貢献する東洋思想』、将来世代国際財団、二〇〇一年）

【訳注】

庄兵・梁音・佐野公治 他
「口語訳 王晋渓に与えた王陽明の書簡（その1）」（『名古屋大学中国哲学論集』一号、名古屋大学中国哲学研究会、二〇〇二年）
「口語訳 王晋渓に与えた王陽明の書翰（その2）」（『名古屋大学中国哲学論集』二号、名古屋大学中国哲学研究会、二〇〇三年）

水野実・永冨青地
「「陽明王先生語要」（『諸儒理学語要』所収）の基礎的研究（1）」（『防衛大学校紀要人文科学分冊』七五号、防衛大学校、一九九七年）
「「陽明王先生語要」（『諸儒理学語要』所収）の基礎的研究（2）」（『防衛大学校紀要人文科学分冊』七七号、一九九八年）
「九大本『文録』における王守仁の逸詩文」（『汲古』三三号、古典研究会、一九九八年）
「『陽明先生則言上』訳注（一）」（『走水論叢』1、防衛大学校走水論叢同人会、一九九六年）
「『陽明先生則言上』訳注（二）」（『走水論叢』1、防衛大学校走水論叢同人会、一九九八年）
「『陽明先生則言上』訳注（三）」（『走水論叢』2、防衛大学校走水論叢同人会、一九九九年）
「『伝習則言』小考」（『汲古』42、汲古書院、二〇〇二年）
「現代語訳『陽明先生遺言録』（1）」（『防衛大学校紀要人文科学分冊』八四号、防衛大学校、二〇〇二年）
「現代語訳『陽明先生遺言録』（2）」（『防衛大学校紀要人文科学分冊』八六号、防衛大学校、二〇〇三年）

「現代語訳『陽明先生遺言録』（3）」（『防衛大学校紀要人文科学分冊』九〇号、防衛大学校、二〇〇五年）
「現代語訳『陽明先生遺言録』（4）」（『防衛大学校紀要人文科学分冊』九二号、防衛大学校、二〇〇六年）
水野実・永冨青地、三沢三知夫
『稽山承語』朱得之述（1）」（『論叢アジアの文化と思想』四号、一九九五年）
『稽山承語』朱得之述（2）」（『論叢アジアの文化と思想』六号、一九九七年）
『稽山承語』朱得之述（3）」（『論叢　アジアの文化と思想』七号、一九九八年）
『陽明先生遺言録』（1）」（『防衛大学校紀要人文科学分冊』七〇号、防衛大学校、一九九五年）
『陽明先生遺言録』（2）」（『防衛大学校紀要人文科学分冊』七一号、防衛大学校、一九九五年）
『陽明先生遺言録』（3）」（『防衛大学校紀要人文科学分冊』七二号、防衛大学校、一九九六年）
『陽明先生遺言録』（4）」（『防衛大学校紀要人文科学分冊』七三号、防衛大学校、一九九六年）
『陽明先生遺言録』（5）」（『防衛大学校紀要人文科学分冊』七四号、防衛大学校、一九九七年）

中国

【単行本】

郭美華
『与朱熹王陽明対話—与古聖賢対話叢書』（上海・上海古籍出版社、二〇〇二年）
『与朱熹王陽明対話』（上海・上海古籍出版社、二〇〇二年）
姜允明

『王陽明与陳白沙』（台湾・五南図書出版、二〇〇七年）
呉光
『陽明学研究』（上海・上海古籍出版社、二〇〇〇年）
呉震
『王陽明著述選評―新世紀古代哲学経典読本叢書』（上海・上海古籍、二〇〇四年）
『王陽明著述選評』（上海・上海古籍出版社、二〇〇四年）
黄信二
『王陽明「致良知」方法論之研究』（台湾・文史哲出版社、二〇〇六年）
高予遠
『王陽明哲学研究』（広州・広東科技出版社、二〇〇三年）
秦家懿（Julia Ching）
『王陽明』（台湾・東大図書公司、一九八七年）
『To Acquire Wisdom: The Way of Wang Yang-Ming』（Columbia University Press　一九七六年）
銭穆
『王守仁』（商務印書館、一九三〇年）
『中国思想史』（台湾・中華文化出版事業委員会、「現代国民基本知識叢書第1輯」、一九五二年）
『宋明理学概述』（台湾・中華文化出版事業委員会、「現代国民基本知識叢書第1輯」、一九五三年）
『陽明学述要』（台湾・正中書局、一九五七年）

銭明
『陽明学的形成与発展』(南京・江蘇古籍、二〇〇二年)
『儒学正脈：王守仁伝――浙江名人研究大系・浙江文化名人伝記叢書』(杭州・浙江人民出版 二〇〇六年)
『陽明学新探』(杭州・中国美術学院出版社、二〇〇二年)
張学智
『明代哲学史』(北京・北京大学出版社、二〇〇〇年)
『心学論集：従王陽明到牟宗三』(北京・中国社会科学出版社、二〇〇六年)
張君勱
『王陽明――中国十六世紀的唯心主義哲学家』(台湾・東大図書公司、一九八〇年)
陳栄捷（Wing-tsit Chan）
『王陽明与禅』(台湾・無隠精舎、一九七三年)
『王陽明伝習録詳註集評（一～三巻）』(台湾・学生書局、一九八三年)
陳来
『有无之境　王陽明哲学的精神』(北京・人民出版社、一九九一年)
『宋明理学』(沈陽・遼寧教育出版社、一九九一年)
『宋明儒学論』(香港・三聯書店出版、二〇〇八年)
陳立勝
『王陽明〝万物一体〟論：従〝身一体〟的立場看』(台湾・国立台湾大学出版中心、二〇〇五年)

杜維明（Tu Wei-ming）
『Neo-Confucian Thought in Action』（University of California Press　一九七六年）
唐君毅
『中国哲学原論』（香港・人生出版社、一九六六年）
『中国哲学原論　原性篇　中国哲学中人性思想之発展』（香港・新亜書院研究所、一九六八年）
『中国哲学原論　原道篇　中国哲学中之道之建立及其発展』（香港・新亜書院研究所、一九七三年）
『中国哲学原論　導論篇』（香港・新亜書院研究所、一九七四年）
『中国哲学原論　原教篇　宋明儒学思想之発展』（香港・新亜書院研究所、一九七五年）
牟宗三
『王陽明致良知教』（台湾・中央文物供応社、一九五四年）
『理則学』（台湾・国立編訳館出版、一九五五年）
『政道与治道』（台湾・広文書局、一九六一年）
『才性与玄理』（香港・人生出版社、一九六二年）
『中国哲学的特質』（香港・人生出版社、一九六三年）
『生命的学問』（台湾・三民書局、一九六六年）
『心体与性体』（台湾・正中書局、一九六六年）
『智的直覚与中国哲学』（台湾・商務印書館、一九七一年）
『現象与物自身』（台湾・学生書局、一九七五年）

『道徳的理想主義』（台湾・学生書局、一九七八年）
『歴史哲学』（台湾・学生書局、一九七八年）
『従陸象山到劉蕺山』（台湾・学生書局、一九七九年）
『政道与治道』（台湾・学生書局、一九八〇年）
『中国哲学的特質』（台湾・学生書局、一九八二年）
『認識心之批判』（台湾・学生書局、一九九〇年）
梁啓超
『王陽明知行合一之教』（台湾・中華書局、一九五八年）

【論文】

銭明
「王陽明与明代文人的交誼」（『中華文化論壇』、二〇〇四年）
陳清春
「王陽明早年〝出入仏老〟研究」（『山西大学学報』（哲学社会科学版）二四巻四期二〇〇一年）
陳徽
「王陽明〝以徳治世〟的社会思想」（『天津社会科学』二〇〇二年六期、二〇〇二年）
陳立勝
「儒学経伝的懐疑与否定中的論説方式——以王陽明、陳確的『大学』弁正為例」（『中国哲学史』、二〇〇二年）

「王陽明思想中的〃身体〃隠喩」（『孔子研究』、二〇〇四年）
「王陽明一体之仁的六个面向」（『江蘇行政学院学報』、二〇〇四年）
「王陽明思想中〃悪〃之問題研究」（『中山大学学報』（社会科学版）、二〇〇五年）
「良知与種子　王陽明思想之中的植物隠喩」（『江蘇行政学院学報』、二〇〇五年）
「視、見、知――王陽明一体観中的体知因素之分析」（『孔子研究』、二〇〇六年）
「聖人有過　王陽明聖人論的一个面向」（『学術研究』、二〇〇七年）
陳来
「王龍渓、鄒東廓集等所見王陽明言行録佚文輯録」（『中国哲学史』、二〇〇一年第一期二〇〇一年）
鮑暁東
「王陽明〃心外無物〃思想探微」（『咸寧学院学報』、二〇〇六年）

あとがき

本書は、平成二十二年に早稲田大学から授与された博士（文学）の学位論文を、改訂増補したものである。また、学位論文各章の内容は、これまで発表した以下の論文を改訂している。

Ⅰ王陽明の「立志」について〜衝動に集約される修養〜（『日本中国学会報』五八集、日本中国学会、平成十八年十月）

Ⅱ王陽明の思想形成における龍場大悟の位置（『早稲田大学大学院文学研究科紀要』五二輯第一分冊、早稲田大学大学院文学研究科、平成十九年二月）

Ⅲ王陽明の前期思想における知行合一の位置（『東洋の思想と宗教』二五号、早稲田大学東洋哲学会、平成二十年三月）

Ⅳ王陽明の前期思想における「誠」について（『論叢　アジアの文化と思想』一七号、アジアの文化と思想の会、平成二十年十二月）

この発表順からも分かるように、私がはじめに関心を持ったのは、王陽明が説く「立志」についてであった。これを修士課程入学後最初の研究テーマに選んだのは、早稲田大学教育学部で教育思想を学んでいた際、R・W・エマソンの「直観」をテーマに卒業論文を書いており、そのつながりでH・ベルクソンの「直観」などと比較研究していたこともあって、志という極めて個人的な信念が是非を弁別できると言い切る陽明の議論に、自然と興味をそそられたからである。だが、実際に研究を進めていくにしたがって、確かにそれは所謂「直観」的要素を持つものの、それ以前の問題として、西洋哲学の議論と中国思想のそれとの安直な類似を予想することは、その拠って立つ議論の枠組みや、用語そのものの持つ歴史的内容に決定的な断絶が存在し、事実上不可能であることを思い知らされ、再度全てをリセットしてゼロから考え直し、当該論文として発表することとなった。今にして思えば、そのようなことは初歩的なことではあるが、この挫折が「文学」（書かれたもの）を研究するという、文学研究の初歩を叩き込まれた最初であった。これ以後、私の関心は、王陽明という人間が書いた文章の論理形式、その形式に含まれるイメージに集中することとなり、更にその対象を前期思想にしぼりこむことで、可能な限り王陽明の思想内容をあぶりだすことに努力を傾注していった。いわば、私は最も基本的な「文学」研究の手法を採用したつもりである。その作業を通じて私自身の言葉に対する先入観や癖に何度も出くわすこととなり、王陽明の文章のみならず、私自身の無知にも幾度となく絶望と再出発とを繰り返していった。

このように、あちらを見てもこちらを見ても不安定な要素だらけの、覚束ない研究が何とか形になったのは、指導教授であった土田健次郎先生（早稲田大学文学学術院教授）の賜物である。土田先生には、主に朱子の文献読解演習を通じて中国思想研究を、江戸の儒学者の文献読解演習を通じて日本思想研究を教わったが、該博な知識や緻密な言語操作は言うに及ばず、個々の思想家の内的な思想展開を描き出す内に、自然と配列され編み出される思想史の全体図を見せて下さったことは、私にとって、研究に必要な要素の全てがそこに存在しているように思われた。したがって、先生の謦咳に接し、演習に参加していることがそのまま研究指導であり、刺激となるような、全的なご指導をして頂いたと思っている。加えて、研究以外でも土田先生には日本中国学会論文審査委員会、ならびに日本中国学会事務局の業務を幹事としてお手伝いさせて頂く中で、現実の職務に必要なさまざまな心得や技術を教えて頂き、また私的な場ではフランス文学や国文学についても貴重なお話を伺うことができた。そうした意味で私がなにがしか評価に値することができたとすれば、それは全て土田先生の公私にわたるご指導に因る。本書刊行がその御学恩に対するわずかな成果となればと思う。

また、王陽明研究については水野実先生（防衛大学校名誉教授）、永冨青地先生（早稲田大学理工学術院教授）にご指導を忝くし、多大な御学恩を賜った。水野先生は既に王陽明の思想分析に関する多くの論考を発表されており、「誠意」説に関する論考をはじめとする、その丹念な文章解析と陽明の心に迫る研究とには、多くの研究手法や王陽明という「人物」のイメージを学ばせて頂いた。永冨先生のテキスト批判や資料そのものへの研究には、常に自らの資料に当たる心構えを問われているような心地がして、厳粛な気持ちになった。永冨先生は学位論文でも森由利亜先生（早稲田大学文学学術院教授）と共に副査をして頂き、貴重なご意見を賜ったことが今日につながっている。水野先生、永冨先生には改めて本書の刊行を以て謝辞に代えさせて頂きたい。

こうした学恩を忝くしただけでも幸いだが、それのみならず、修士課程から研究に止まらず、さまざまな議論を通じて常にお互いに刺激を与えあい、また研鑽を共にしてきた同期の阿部光麿氏（早稲田大学講師）、松野敏之氏（国士舘大学准教授）の存在は、ともすれば視野が狭くなりがちな研究という作業において非常な幸いであった。土田研究室の先輩後輩諸氏は皆刺激になる存在であり、時に激しく時に和やかな読書会は、良い思い出となっている。日本中国学会事務局では江波戸亙氏に特に助けられた。土田研の皆様に深く御礼申し上げる次第である。

加之、幸いにも今日まで続けている私塾「陽明書院」では、研究内容を活用して社会に思想に触れる機会を持ってもらうよう試みているが、これは私にとって、文献批判を通じた厳密な学術研究というものの価値を、却って再確認させることとなった。書院の存在は研究の原動力となっているが、社会に思想を分かり易く砕いて説明する作業と、学術研究の水準を維持することのバランスとを取っている――と私は心細くも思っている――のも、終始無償のサポートに徹し、仕事でないからと手を抜くことなく必死に取り組んでくれている、吉田圭介氏、小池直氏、許家晟氏、米村頼人氏、石川太郎氏、滝口雅依子氏のおかげである。彼らの御恩を特にここに記し、深甚な謝意を表したい。

最後に、かかる幸運な環境に過ごすことができた、そもそもの大本となる宮の森大場家を一代で盤石にしてくれた亡父、亡父の志を継承して家を守り、私の価値観を形成し、心身共に支援してくれた母、いつも側で冷静な助言を与えてくれた妹、八歳の頃から共に過ごし、ただただ優しく温かかった亡き親友日詰伸之氏、そして私に第七師団の陸軍軍人として、また三井のグループ会社社会長としての仕事の仕方と生き方とを教え、一昨年まで愛育してくれた亡き祖父がいてくれたからこそ今日がある。身内事乍らここに謝意を記す。

本書刊行を以てこのような謝辞を申し上げる機会を得られたのも、本書刊行を薦めて下さった土田先生、本書刊行をご快諾下さった汲古書院社長の三井久人様、本書担当編集の小林詔子様のご尽力による。中国語要旨の作成については、劉珉氏のお力添えを頂いた。末尾乍らここに謹んで御礼申し上げる次第である。

本書を亡祖父伊藤　傳《つたえ》、亡父大場秀幸、亡友日詰伸之君に捧げる

平成二十九年　八月

大場　一央

心即理
——王阳明前期思想研究——

本书研究王阳明（1472～1529）的思想，尤其是他在提出“致良知”之前的前期思想。王阳明的思想，在后来他的弟子们各自为说的干扰下，很难纯粹地进行理解。因此本书中，依据王门认可的《王文成公全书・年谱》，重新梳理其思想的形成过程，并根据《传习录》上卷、《文录》等所见前期思想中的对话，分析了阳明对于朱子学，是在何处有着兴趣，何处有着疑问，又是依靠什么找到了自己独有的思想。

《年谱》作为史料，固然有其价值；然而其侧重点，在于描述阳明作为一个思想家的形成之路，是一部思想作品、文学作品。因此本书并不否认其中的记载存在与史实相背之处，但对此不认为它是史误，而是视为思想的表达，以此立场进行批判性分析。在这里，《年谱》得到王门的认可，这一事实具有重要意义。

以往的王阳明思想研究，主要围绕“心即理”、“知行合一”等思想术语的材料进行分析。本书则尝试注重王阳明与其弟子之间，在日常对话中不经意间所穿插进的此类思想术语之“形式”，同时对即便不使用此类思想术语的对话中所隐含的阳明工夫论也一并纳入视野，进行俯瞰性的整体分析。

在序章交代上述立场之后，本书讨论了王阳明前期思想中以下几个重要的问题：

一、龙场大悟；

二、知行合一；

三、诚；

四、志；

五、心即理。

通过这些讨论，本书阐明：王阳明在“龙场大悟”中确立了自己的思想；而“大悟”的内涵，给前期思想中提出的所有工夫论，都赋予了一个共通的“形式”。

也就是说，在“致良知”提出之前的阶段里，阳明为尽可能准确地表述“大悟”的内涵，苦苦摸索之下，采用了“知行合一”、“诚意”、“立诚”、“立志”等诸多提法；然而这些提法，实际上都是一个意思。

借助这些提法，阳明再三强调的是：所谓“理”，不是观念上的哲学境地，而是日常生活中，与具体而个别的他者相处之时涌现的、难以抑制的伦理情感。因此，“理”不出人伦之外，并且是极为日常化、个别化的伦理。在阳明那里，它还与儒教伦理相吻合，这个先验的信念，确立了阳明作为儒学者无可动摇的地位。

基于以上考察，本书的结论如下：王阳明的前期思想，一句话概括，就是“心即理”；而“心即理”并非简单地情之发动即是理，而是包含以上所述内涵，在这里，显示出阳明强烈的伦理使命感。

Xin-ji-li（心即理）

——Early Thought of Wang Yang-ming——

by

Kazuo　OBA

2017

KYUKO-SHOIN

TOKYO

著者紹介

大場　一央（おおば　かずお）

1979年北海道札幌市生まれ。早稲田大学教育学部教育学科教育学専修卒業。早稲田大学大学院文学研究科東洋哲学専攻博士後期課程満期退学。博士（文学）。早稲田大学非常勤講師、実践女子大学非常勤講師を務め、現在、明治大学非常勤講師、国士舘大学非常勤講師。専門は陽明学を中心とした中国思想と、水戸学を中心とした日本思想。

〔論文一覧〕

「王陽明の「立志」について～衝動に集約される修養～」（『日本中国学会報』第五八集、日本中国学会、2006）、「王陽明の思想形成における龍場大悟の位置」（『早稲田大学大学院文学研究科紀要』第五二輯第一分冊、早稲田大学大学院文学研究科、2007）、「王陽明の前期思想における知行合一の位置」（『東洋の思想と宗教』第二五号、早稲田大学東洋哲学会、2008）、「王陽明の前期思想における「誠」について」（『論叢　アジアの文化と思想』第一七号、アジアの文化と思想の会、2008）、「心即理－王陽明前期思想の研究」（博士論文、早稲田大学、2010）、「「弘道館記」をめぐる会沢正志斎の教学理念」（『東洋の思想と宗教』第二九号、早稲田大学東洋哲学会、2012）、「会沢正志斎の『論語』理解と実践」（『東洋の思想と宗教』第三二号、早稲田大学東洋哲学会、2015）

心即理――王陽明前期思想の研究

平成二十九年九月二十五日　発行

著　者　大　場　一　央

発行者　三　井　久　人

整版印刷　富　士　リ　プ　ロ　㈱

発行所　汲　古　書　院

〒102-0072東京都千代田区飯田橋二-五-四

電　話　〇三（三二六五）九七六四

ＦＡＸ　〇三（三二二二）一八四五

ISBN978 - 4 - 7629 - 6596 - 8　C3010